东大哲学典藏

碧海苍穹
——哲人萧萐父

陈天庆 编

商务印书馆
The Commercial Press
2018年·北京

图书在版编目（CIP）数据

碧海苍穹：哲人萧焜焘 / 陈天庆编. — 北京：商务印书馆，2018
ISBN 978-7-100-16588-4

Ⅰ. ①碧… Ⅱ. ①陈… Ⅲ. ①哲学－中国－文集 Ⅳ. ①B2-53

中国版本图书馆CIP数据核字（2018）第204087号

权利保留，侵权必究。

碧海苍穹：哲人萧焜焘

陈天庆 编

商 务 印 书 馆 出 版
（北京王府井大街36号　邮政编码 100710）
商 务 印 书 馆 发 行
三河市尚艺印装有限公司印刷
ISBN 978-7-100-16588-4

2018年10月第1版　　　开本 640×960 1/16
2018年10月第1次印刷　印张 21 3/4　插页 8

定价：158.00元

朱凝冷翠逆绽寒红冰影
摇曳雪朵垂晶心沁琼若海
意拢苍穹身归造化扬永
不融

萧焜焘吟于一九九三年一月五日凌晨

萧焜焘吟于 1993 年 1 月 5 日凌晨

萧焜焘先生　1998年12月26日摄于南京

萧焜焘与王月娥合影
1946 年 4 月摄于成都

1987 年 11 月萧焜焘在英国马克思墓前

1992 年萧焜焘在新加坡海滨

萧焜焘与李夜光（左一）、谢韬（左二）、福格逊（原金陵大学首任校长之子）
及王月娥合影　1988年5月金陵大学百年校庆日摄于南京大学

1992年9月萧焜焘在周辅成先生家
左起：萧焜焘、周辅成、周夫人王应娟、王月娥、谢韬

萧焜焘与研究生在一起　1986年11月摄于南京

萧焜焘与家人在一起　1987年5月摄于南京

未敢忘却的记忆

萧焜焘先生离开我们已经二十年了。也许,"萧焜焘"对当今不少年轻学者甚至哲学界部分学者来说是一个有点陌生的背影;然而,对任何一个熟悉当代中国学术史尤其是哲学发展史的学者来说,这却是一个不能不令人献上心灵鞠躬的名字。在学术的集体记忆中,有的人被记忆,或是因为他们曾经有过的活跃,或是因为他们曾经占据的那个学术制高点,当然更有可能是因为他们提出的某些思想和命题曾经激起的涟漪。岁月无痕,过往学者大多如时光映射的五色彩,伴着物转星移不久便成为"曾经",然而每个时代总有那么一些人,他们沉着而不光鲜,沉潜而不夺目,从不图谋占领人们的记忆,但却如一坛老酒,深锁岁月冷宫愈久,愈发清冽醉人。萧焜焘先生的道德文章便是如此。

中国文化中诞生的"记忆"一词,已经隐含着世界的伦理真谛,也向世人提出了一个伦理问题。无论学人还是学术,有些可能被"记",但却难以被"忆",或者经不住"忆"。被"记"只需要对神经系统产生足够的生物冲击,被"忆"却需要对主体有足够的价值,因为"记"是一种时光烙印,"忆"却是一种伦理反刍。以色列哲学家阿维夏伊·玛格利特提出了一个严肃的问题:"记忆的伦理"。它对记忆提出伦理追问:在被称为"灵魂蜡烛"的记忆共同体中,我们是否有义务记忆某些历史，同时也有义务忘却某些历史？这个命题提醒我们：记忆不只是一个生理事件，也是一个伦理事件；某些事件之所以被存储于记忆的海马区，本质上是因为它们的伦理意义。记忆，是一种伦理情怀或伦理义务；被记忆，是因其伦理贡献和伦理意义。面对由智慧和心血结晶而成的学术史，我们不仅有记忆的伦理义务，而且也有唤醒集体学术记忆的伦理义务。

我对萧先生的"记"是因着本科和研究生两茬的师生关系，而对先生那挥之不去的"忆"却是超越师生关系的那种出于学术良知的伦理回味。四十年的师生关系，被1999年元宵节先生的猝然去世横隔为前后两个二十年。前二十年汲取先生的学术智慧，领略先生的人生风采；后二十年在"忆"中复活先生的精神，承续先生未竟的事业。值此先生书稿再版之际，深感自己没有资格和能力说什么。但经过一年的彷徨，又感到有义务说点什么，否则便缺了点什么。犹豫纠结之中，写下这些文字，姑且作为赘语吧。

萧先生对于学术史的贡献留待时间去写就。当下不少学者太急于将自己和对自己"有意义的他人"写进历史，这不仅是一种不智慧，也是一种不自信。我记住了一位历史学家的告诫：历史从来不是当代人写的。学术史尤其如此。我们今天说"孔孟之道"，其实孟子是在死后一千多年才被韩愈发现的，由此才进入人类学术史的集体记忆；要不是被尘封的时间太久，也不至于今日世人竟不知这位"亚圣"的老师是谁——这个问题如此重要，以至于引起了"不知孟子从哪里来"的现代性的困惑。朱熹、王阳明同样如此，甚至更具悲剧色彩，因为他们的思想生前都被视为"伪学"，百年之后方得昭雪，步入学术史的族谱。我不敢妄断先生在未来学术记忆中的位置，因为学术史上的集体记忆最终并不以任何人的个体记忆为转移，它既考量学者对学术的伦理贡献，也考量学术记忆的伦理，这篇前言性的文章只是想对先生的学术人生或道德文章做一个精神现象学的还原：萧焜焘是一个"赤子"，他所有的学术秉持和学术成就，他所有的人生成功和人生挫折，都在于一个"真"字；不仅在于人生的真、学术的真，而且在于学术和人生完全合而为一的真。然而正如金岳霖先生所说，"真际"并非"实际"，学术和人生毕竟是两个世界，是存在深刻差异的两个世界，否则便不会有"学术人生"这一知识分子的觉悟了。先生年轻时追随现代新儒学大师牟宗三学习数理逻辑，后来专攻马克思主义哲学，又浸润于德国古典哲学尤其是黑格尔哲学，是国内研究黑格尔哲学的几位重要的代表性前辈之一。先生治学，真实而特立，当年毛泽东论断对立统一规律是唯物辩证法的核心，先生却坚持否定之否定规律是辩证法的核心，这就注定了他在"文革"中的命运。但是1978年我们进校师从先生学哲学时，他在课堂上还是大讲"否定之否定"的"第一规律"。当年，《中国社会科学》杂志复刊，约他写稿，先生挥笔写就了他的扛鼎之作《关于辩证法科学形态的探索》，此时先生依然初心不改，坚持当初的观点。萧先生是最早创立自然辩证法（即今天的科技哲学）学科的先驱者之一，但他首先攻克的却是"自然哲学"，建立起自然哲学的形上体系。直至今日，捧着这本当代中国学术史上最早的《自然哲学》，我们依然不能不对他的抱负和贡献满怀敬意。他试图建立"自然哲学—精神哲学—科学认识史"的庞大哲学体系，并且在生前完成了前后两部。遗憾的是，"精神哲学"虽然已经形成写作大纲，并且组建了研究团队，甚至已经分配好了学术任务，先生却突然去世，终使"精神哲学"成为当代中国学术史上的"维纳斯之臂"。

萧先生对东南大学百年文脉延传的贡献可谓有"继绝中兴"之功，这一点所有东大人不敢也不该忘记。自郭秉文创建东南大学起，

"文"或"秉文"便成为东大的脉统。然而1952年院系调整，南京大学从原校址迁出，当年的中国第一大学便只留下一座名为"南京工学院"的"工科帝国"。1977年恢复高考，萧先生便在南京工学院恢复文科招生，第一届规模较小，第二届招了哲学、政治经济学、中共党史、自然辩证法四个专业。我是七八级的。我们那一年高考之后，招生的批文还没有下发，萧先生竟然做通工作，将我们46位高分考生的档案预留，结果在其他新生已经入校一个多月后，我们的录取通知才姗姗来迟，真是让我们经受"烤验"啊。然而，正是这一执着，才使东大的百年文脉得以薪火相传。此后，一个个文科系所、文科学位点相继诞生。可以毫不夸张地说，萧先生是改革开放以后东大百年文脉延传中最为关键的人物，如果没有先生当年的执着，很难想象有今日东大文科的景象。此后，先生亲自给我们讲西方哲学，讲黑格尔哲学，讲自然辩证法，创造了一个个令学界从心底敬重的成果和贡献。

1988年以后，我先后担任先生创立的哲学与科学系的副系主任、主任；先生去世后，担任人文学院院长。在随后的学术成长和继续创业的历程中，我愈益感受到先生精神和学术的崇高。2011年，我们在人文学院临湖的大院竖立了先生的铜像，这是3700多亩东大新校区中的第一尊铜像。坦率地说，冒着有违校纪的危险竖立这尊铜像，并不只是出于我们的师生之情。那时，东大已经有六大文科学院，而且其中四个学院是我做院长期间孵化出来的。东大长大了，东大文科长大了，我强烈地感到，我们还有该做的事情没有做，我们还有伦理上的债务没有还，趁着自己还处于有记忆能力的年龄，我们有义务去唤起一种集体记忆。这是一种伦理上的绝对义务，也是一种伦理上的绝对命令，虽然它对我们可能意味着某些困难甚至风险。在东大哲学学科发展的过程中，我们曾陆续再版过先生的几本著作,包括《自然哲学》,但完整的整理和再版工作还没有做过。由于先生的去世有点突然,许多事情并没有来得及开展。先生生前曾经在中国人民大学宋希仁教授的建议和帮助下准备出版文集,但后来出版商几经更换,最后居然将先生的手稿和文稿丢失殆尽,造成无可挽回的损失。这不仅是先生的损失、东大的损失,也是中国学术的损失。最近,在推进东大哲学发展、延续东大百年文脉的进程中,我们再次启动完整再版先生著作的计划。坦率地说,所谓"完整"也只是一个愿景,因为有些书稿手稿,譬如先生的"西方哲学史讲演录",我们未能找到,因而这个对我们的哲学成长起过最为重要的滋养作用的稿子还不能与学界分享。

这次出版的先生著作共六本。其中,《自然哲学》、《科学认识史论》是先生组织大团队完成的,也是先生承担的全国哲学社会科学重大项目的成果。《精神世界掠影——黑格尔〈精神现象学〉的体系与方法》(原名《精神世界掠影——纪念〈精神现象学〉出版180周年》)、《从黑格尔、费尔巴哈到马克思》是先生在给我们讲课的讲稿的基础上完成的。《辩证法史话》在相当程度上是先生讲授的历时两学期共120课时的西方哲学史课程的精华,其内容都是先生逐字推敲的精品。《自然辩证法概论新编》是先生组织学术团队完成的一本早期的教材,其中很多作者都与先生一样早已回归"自然"。依现在的标准,它可能存在不少浅显之处,但在当时,它已经是一种探索甚至是某种开拓了。在这六本先生的著作之外,还有一本怀念先生的文集《碧海苍穹——哲人萧焜焘》,选自一套纪念当代江苏学术名家的回忆体和纪念体丛书。现在,我们将它们一并呈献出来,列入"东大哲学典藏",这样做不只是为了完成一次伦理记忆之旅,也不只是向萧先生献上一掬心灵的鞠躬致意,而且也是为了延传东大的百年文脉。想当年,我们听先生讲一学期黑格尔,如腾云驾雾，如今我居然给学生讲授两学期120课时的《精神现象学》与《法哲学原理》，并且一讲就是十五年；想当年，先生任东大哲学系主任兼江苏省社会科学院副院长，如今我也鬼使神差般在江苏社会科学院以"双栖"身份担任副院长，并且分管的主要工作也与先生当年相同。坦率地说，在自我意识中完全没有着意东施效颦的念头，这也许是命运使然，也许是使命驱动，最可能的还是源自所谓"绝对精神"的魅力。

"文脉"之"脉"，其精髓并不在于一脉相承，它是文化，是学术存续的生命形态。今天已经和昨天不一样，明天和今天必定更不一样，世界日新又新，唯一不变、唯一永恒、唯一奔腾不息的是那个"脉"。"脉"就是生命，就是那个作为生命实体的、只能被精神地把握的"伦"，就是"绝对精神"。"脉"在，"伦"在，生命在，学术、思想和精神在，直至永远……

樊　浩

2018年7月4日于东大舌在谷

编者前言

萧焜焘先生（1922—1999），曾用名万千、延根，湖南省长沙市人，中共党员。历任金陵大学哲学系（成都）助教，金陵大学（南京）讲师、政教组主任，南京工学院马列教研室主任，江苏省哲学社会科学研究所哲学专业组长，南京工学院（后改为东南大学）自然辩证法研究室主任、哲学与科学系主任、教授，江苏省社会科学院副院长、研究员，江苏省哲学社会科学联合会副主席等职。著名的马克思主义哲学家、黑格尔哲学研究专家（1987年被大不列颠黑格尔学会接纳为正式会员）。其主要著述有《自然辩证法概论》、《从黑格尔、费尔巴哈到马克思》、《辩证法史话》、《精神世界掠影》、《自然哲学》、《科学认识史论》、《关于辩证法科学形态的探索》、《海难》等。

萧焜焘先生1990年从领导岗位退下，1994年离休，晚年体弱多病，但他在学术领域继续保持"垦荒"的精神，领衔国家课题研究，不断撰写论文，多次主持、出席全国及省内大型学术研讨会，特别是他在1997年以后病重长期住院、几乎失明、以血透维持生命的情况下，也未放弃精神跋涉的历程。他用录音机等工具记录，力图完成其未竟的《精神哲学》的著述，坚持为研究生授课，甚至在治疗过程中亦常忍着痛苦吟诗以抒其志……这种与死神不息抗争的"服务英雄主义"（黑格尔语）的学者风范，深深感动了许多前去探望他的亲友、学生及领导。

1999年初，江苏省哲学社会科学界联合会的"江苏当代学人丛书"编写计划将萧先生列入其中，并立即进行"抢救性"的有关资料收集整理工作。萧先生闻知十分欣慰，表示支持本书的编写，并就参与编写人员及资料收集等事宜做了具体安排。不料刚刚度过春节和寒假，萧先生遽然逝去，不能自察其书，令人痛惜。

萧先生的突然去世，对本书资料的收集、整理，文稿的征集、编写及时间的运作，都带来意想不到的困难，以至留下许多遗憾。但仅就现有状况看，我们可以说，这本书已能较全面地凸显萧先生作为"这一个"的哲人风采。

萧先生是中国现代社会大革命、大变动中涌现的马克思主义哲学家。他从抗日战争的艰苦环境中走出，年轻时敏而好学、率真求范，幸得陈寅恪、冯友兰、钱穆、贺麟、金岳霖、牟宗三、王宪钧、周辅成等名师哺教，广受中外文化精华熏陶，从而升华了其哲人气质；而他在革命中一旦服膺了马克思主义哲学的真理性，便终生不渝、百折不挠地对其进行追寻、耕耘、播种和捍卫。他治学严谨，溯源开流，终于在改革开放的春风中，使其哲学之花贯通马克思与黑格尔、融会中外科学与人文而开出一派独特气象。萧先生是一个具有高迈情操和博大胸怀的人（用他的话说，乃是一种"悲悯情怀"）。这是在对中西文化精华的采撷过程中融贯成的、具有可贵现代理性仁爱精神的、如"一串瑰丽的圆圈"似的情怀。这种情怀深深契合着当代中国社会大变革的历史命运和脉搏，体现了中国现代知识分子忘我追求真理的奋斗献身精神。萧先生终生以"亦余心之所善兮，虽九死其犹未悔"为座右铭，深深挚爱着人类文化精华，挚爱着社会主义祖国，挚爱着自己的亲友、学生、同仁和事业；同时又鲜明地耿介自许、践行如一、不屑巧伪、疾恶如仇，堪称"学者加战士"；从而构成了使其一生曲折而极富张力的生命之流充满闪光使命的点。因而其言、其行、其文、其情，每每给人以一种撼动心魄的影响。这在本书"心沉篇"、"神会篇"、"意拔篇"中可以说是历历可见，读者自能体会。

萧先生又是一位少见的具有诗人气质的哲学家，他情到深切处，常伴佳句吟。这本书的书名"碧海苍穹"便是采自他的一首四言诗中"心沉碧海，意拔苍穹"之句。其意境幽婉而雄浑，深沉而超拔。"海"和"天"在萧先生笔下是常出现的寄怀意象：碧者青绿色，生命之境也；苍者青白色，大化之境也。我们用"碧海苍穹"作书名希望透出萧先生那直与天地相往来的神髓，并希望得到广大读者的认可。

本书是集体编写的。参与编写者有：王卓君、朱小蔓、钟明、高兆明（以上负责"心沉篇——生命历程"部分的编写），樊和平、王兵（以上负责"意拔篇——萧焜焘著作精选"部分的编选和说明），王东生、陈爱华（以上负责"鸿迹篇——学术年表"部分的编写），虞友谦、陈天庆（以上负责"神会篇——回忆与评价"及全书稿件的审读，陈天庆担任全书文字的组织、统稿、编辑工作）以及卞敏。在本书编写过程中，以上编者曾多次集中讨论。萧先生的子女萧孟衡先生、萧迅先生、萧孟凝女士及女婿焦泉先生也应邀参与了这些讨论，并提供了许多宝贵资料和意见，在此谨向他们深致谢意。本书中若有不妥不实之处，概由编者负责，敬请读者予以指正。

末了，我们特别要向著名学者、北京大学教授、萧焜焘先生的老师周辅成先生，著名学者、中国人民大学前副校长、萧焜焘先生的学友和知己谢韬先生，以及南京师范大学鲁洁教授、东南大学王育殊教授、中国人民大学宋希仁教授等著名学者致以深切的敬意和谢意，他们不顾年迈体弱，赐来大文，足以使本书生辉。同时我们还要向所有为这本书增色的同志致谢，权谅不一一道及了。

陈天庆
谨于 1999 年 9 月

目　录

心沉篇　生命历程 ... 1

　　生之欠 ... 3

　　萧焜焘先生传略 ... 14

神会篇　回忆与评价 ... 39

　　著述正气长存

　　　　——忆焜焘贤友 ... 41

　　一个真正马克思主义哲学的学者和战士 ... 44

　　不昧丹心是萧公 ... 59

　　学术是他的生命 ... 68

　　可敬的学者风范 ... 72

　　忆老友焜焘二三事 ... 77

　　益友萧焜焘 ... 84

　　印象与认识 ... 89

　　怀念中的自责

　　　　——忆萧焜焘先生与公木先生的晚年友情 ... 93

虚怀若谷 ... 96

忆萧焜焘老师 ... 101

一位雄心勃勃的学者和组织领导者 ... 109

追忆先师萧焜焘先生 ... 111

哲学家与教育家 ... 120

一部人生经典的解读 ... 127

萧先生杂忆 ... 136

孤独的思想者 ... 141

执着学术　献身教育 ... 146

一串瑰丽的圆圈 ... 152

独将千古让先生 ... 160

瞬间与永恒
　　——忆勇于抗争死神的萧焜焘先生 ... 168

天公何使哲人萎 ... 171

求真的代价 ... 176

萧先生的哲学境界 ... 183

哲人不易其稿的情怀 ... 190

忆父亲 ... 196

意拔篇　萧焜焘著作精选 ... 203

关于辩证法科学形态的探索（节选）... 205

学海微澜
　　——谈谈辩证法的"核心"问题 ... 226

唯物主义与当代科学技术综合理论 ... 234

《精神世界掠影》序言 ... 246

写在《自然哲学》、《精神哲学》前面 ... 250

海难（节选）... 265

死的默念与生的沉思 ... 275

《科学认识史论》序言 ... 284

哲理情思渗透字里行间

——读公木《第三自然界概说》... 290

传统伦理规范的扬弃与当代人文精神的建立（节选）... 299

真理妄谈 ... 316

鸿迹篇　学术年表 ... 325

萧焜焘学术活动年表 ... 327

心沉篇

生命历程

生之欠

萧焜焘

说明：这是作者1990年应《哲人忆往》一书写的带有学术自传性质的文章。《哲人忆往》收集了国内20多位哲学大师如张岱年、周辅成等教授的学术回忆。在本文中，作者并没有介绍其学术成就，而是对其学术和人生进行了比较系统的自我反省。这种反省是真诚的，真诚得让人觉得过于严厉，但这种"真"和"严"正是作者的风骨之所在。相信通过此文，读者可以了解和理解一个真实的也是深层的萧焜焘——不仅是学术，更重要的是情思。

我已进入68岁的垂暮之年，回顾一生的行程，似无足称道者。虽说1945年大学毕业后，一直在大学担任各种与哲学有关的课程，也搞过一点所谓研究工作，但由于种种主客观原因，一生并无显赫之功与辉煌之著。因此，细细想来，觉得没有什么可写的，但董驹翔同志父女十分恳切地多次来信要我写一点治学的经历与得失，我只好写一点我坎坷的经历与失败的教训。

抗日战争时期，我考入成都华西坝金陵大学，开始学的是经济，那些枯燥的原理、乏味的会计表格，使我大失所望，当时决定转系学化工。正其时，冯友兰先生自昆明赴蓉讲学，题为"中国哲学的精神"，我每讲必到，记了详细笔记，后被哲学系主任拿去整理并在报上发表。另外，我认真学习了金岳霖先生的《逻辑》，开始对数理逻辑大感兴趣。于是，打消了学化工的念头，决定报名转学西南联大，并被录取。但由于筹措不到一笔当时对我们穷学生十分可观的路费，最终未能成行，只好在本校转系。哲学系主任倪青原博士，对我转系非常欢迎。系内教师周辅成先生、牟宗三先生等教学又十分出色，我也就安心愉快地开始涉猎这一门少人问津的"抽象而无用"的学问了。在校我重点攻读的是数理逻辑，牟先生有一本稀世之作，叫《逻辑典范》，那时该书稿尚在沦陷区上海商务印书馆未印出来。牟先生授课实际上是以此为据的。他的讲法与金先生的书很不相同，于此，提供了我对逻辑思考的两种不同思路，这对我终身都是十分有益的。1944年牟先生应聘去重庆中央大学，这时王宪钧先生由昆明来成都，应聘讲授维也纳学派哲学，并作为我们的毕业论文导师，我每周去他家一两次。他谦和地耐心地为我补充命题讲演的具体知识，精确地剖析一些基本概念的内涵，平等地和我探讨一些理论性问题。这种与牟先生迥异的风格，在我思想上烙印极深，使我在皈依马克思的唯物的否定性的辩证法以后，仍然充分肯定知识思维方法的作用，而未将其视为形而上学方法加以抛弃。周先生关于美学、伦理学、哲学史等方面的知识十分渊博，对学生诚挚关心，也使我终生难忘。系主任倪先生不幸早逝，他为我修改译稿，并给予政治保护，得免于失学、失业，继续前进。我终身矢志哲学不移，与这些老师的教诲与关怀是分不开的。今天是重九"敬老节"，对规定我一生走向的老师们，我深深地怀念他们。至于我学习并信奉马克思主义哲学，则是在进步学生运动中，得到先进学长的帮助与启发，1949年以后得到党的系统培养的结果。

1944年我就作为"学生助教"给老师批改作业与改卷，并试讲大学一年级公共课"科学方法与科学思维"。毕业后即正式开课，并涉猎卡尔那普的"语义学"（Semantics），后来还把他的《语义学引论》翻译出来，因种种原因而未能出版。这时，内战爆发，民不聊生，我虽然已当助教，不便再公开参加学生团体，但仍然与他们休戚与共，积极参加反蒋民主运动。那时事机不密，为学校得知，1947年被停发聘书，只好暂时到印度大使馆充当打字员，后经倪先生力争，才得复职。但到1948年仍以所谓"匪谍嫌疑"与爱人王月娥同志同时被捕，直到李宗仁宣布和谈，释放政治犯，才得以出狱。这一段时期，我谈不上学业上的进展，但事实的教训，大大提高了我的政治觉悟，使我摆脱了生怕烧坏了指头的"书斋学者"的道路，马克思的"学者加战士"的品格，在我眼前熠熠生辉，指明了我前进的方向。

南京解放，欣喜狂热的心情是不待言的。学校当局要我停开"科学方法与科学思维"、"数理逻辑"课程，改授"辩证唯物论"。因为前一门课，据当时内部流行的一本著名的小册子断言是属于形而上学的东西；后一门课则被认为是玩物丧志的符号游戏。从此，我就成为一名辩证唯物主义的教师了，虽说我那时对该课程只是一知半解，而且没有师承。后来有幸奉调去中共中央马列学院跟随苏联专家系统学习，总算打了一点基础，但是，从此就没有一个安定的学术探讨的环境了，学术上的是非之争与政治上的敌我问题纠缠不清。我对苏联专家的提问质疑，被认为是大不敬，后来以一次课堂讨论的发言作引子，展开长达四个月的辩论，然后由院领导主持对我进行了全院规模的并扩大到新疆班、马列二院（国际部）、华北局党校的大批判，后来由于要开展反胡风斗争才收场。从此以后，在无休止的政治运动中，我要么是对象，要么是动力，二者必居其一；但主要地还是作为对象的机会多一些。这些往事就不必详述了。总之，作为"对象"，都得到彻底平反恢复名誉，我亦无所怨尤，从积极方面汲取经验教训；作为"动力"，我诚心诚意谴责自己，因为我或轻或重伤害过一些同志，我深深表示歉意。但是，从1949至1979年这三十年的黄金时代，我在学术上几乎没有什么建树。1977年4月25日凌晨5时，我尚在沪宁线上桥头镇"五七"干校，辗转床头，胡诌出打油诗四句："微如忽报杜鹃啼，睡眼惺忪觉梦移，历教卅年探义蕴，不如风派善投机！"我深感发现真理、坚持真理之艰难，在那斗得眼睛发红的岁月里，我能讲些什么，写些什么呢？理论的良心、真理的追求，是一个从事哲学研究的人应该具备的。我觉得在我认识到的范围以内尚未作过违心之论，"亦余心之所善兮，虽九死其犹未悔！"我是服膺三闾大夫这句名言的。

我真正开始做出一点对社会有益的工作，或者说略具学术色彩的工作，是从1979年前后开拓的。1977年，江苏省委决定重新安排我的工作，拟调南京大学哲学系。当时，南京工学院即现在的东南大学的陈光书记（原江苏省委第二书记）坚持我必须仍回南工，因为我是从南工出去的。讲实在话，我觉得我搞宣传与政治教育，实在为难，不如去搞哲学专业。但领导恳切的谈话，使我放弃己见，再度回到南工。我想除努力搞好刚恢复的马克思主义理论教育外，拟结合理工科特点，从事自然辩证法的教学与研究。恰好1977—1978年召开全国科学技术规划会议，我奉命参加自然辩证法规划组，从此我就成为一个自然辩证法的专业工作者了。其实从我的年龄与知识结构等条件看，我是很不够格的。但我有一个脾气，一旦选定决不后退。何况当时得到陈光书记与钱钟韩院长的坚定支持。因此，工作顺利展开。当陈光同志奉调赴京担任重要领导职务时，他和我握手告别,亲切叮咛:"希望你的自然辩证法研究取得成功!"钱先生则和我一道招收研究生,使我更具信心。

周总理逝世四周年之日,定稿于北京的我的一篇约4万字的长文(《关于辩证法科学形态的探索》),是我经过二十年的沉思,受到一连串打击之后,再次肯定地较系统地表述我的哲学观点,我自认是符合马克思哲学精神的。

1979年在苏州举办了一个自然辩证法教师培训班,全国各地约100人参加,我受聘做了为期一周的讲课教师,讲稿约8万字左右。上述文章便是这份讲稿压缩整理而成的。《中国社会科学》编辑部得到了这份讲稿,电告即去北京商量如何修改。当时我在昆明开会,立即登程赴京。该刊当时规定:作为首篇挂帅文章,除总编认可外,必须呈报中国社会科学院院长过目批准。1980年1月8日我修改整理结束,编辑部即送胡乔木同志,经过两天,得知同意发表,大家都十分高兴,该刊英文版也着手全文翻译。这对我是一个很大的鼓舞!二十年前被污蔑为所谓"反毛泽东思想"的观点,现在得到了公正的评价。

但是,不是所有的人都这样看的。该文发表后引起了广泛的讨论,据《文汇报》统计,包括我的看法,有四种不同观点。显然,我是少数派,并被"正统"人士视为"异端"。我没有介入这场争论,虽然有的文章是点名批判我的。我认为他们没有理解我,批判的与我并不相干。直到1986年我的《辩证法史话》出修订版的时候,我才写了一篇《学海微澜——谈谈辩证法的"核心"问题》,对那场争论中对我的观点引起的混乱予以澄清。

当然,也有人对我的文章抱赞赏鼓励的态度。我首先应该提出的是刘老。刘老顺元同志是原江苏省委代理第一书记,但我与他开始个人接触是在他成了"死不改悔的走资派"被软禁在荒村的时候。

在他复出担任中纪委副书记时，看到我这篇文章后予以充分肯定，这样就使我对我的观点的正确性更有信心。我们江苏理论界与干部们尊敬刘老，并不是因为他身居高位，而是他的渊博的学识、高尚的人品、质朴的生活，以及坚持真理的精神。我们是把他作为一个老师看待的。还有南京工学院第一任院长汪海粟同志，在20世纪50年代对我的工作热情地关怀与支持。后来他作为江苏省哲学社会科学优秀成果评奖委员会的主任，对我的这篇文章也做出了肯定性评价，经投票通过获得"一等奖"。

我之所以不厌其烦地论述这篇文章的始末，是由于它对我的哲学生涯是关键性的一着。它的发表，至少是客观上承认我的观点也算一家之言了。我还应该提到，那时敢于冒风险推出我这篇文章的是黎澍与谢韬同志。总之，现在已不用担心扣大帽子了，但无形的压力还是有的，这并不算什么。我相信：只要有皈依真理的态度，成见是可以慢慢消除的，至于我自己呢，一旦认识提高了，如发现我多年坚持的竟是谬误的，我是会弃旧图新的。

1980年是我的真正的哲学生涯的开始，迄今（1990年）已经是十个年头了。这十年我做了一些什么工作呢？我先后写了《辩证法探源》、关于黑格尔《自然哲学》的四篇笔记、《自然辩证法与历史辩证法》、《唯物主义与当代科学技术综合理论》、《对物质范畴的历史与逻辑的分析》、《海难》、《中华民族精神的形成与发展》等数十篇论文；出版了《从黑格尔、费尔巴哈到马克思》、《辩证法史话》及其修订本、《精神世界掠影》；主编了《自然辩证法概论》、《〈自然辩证法概论〉新编》、《科学社会主义的理论与实践》（与孙锦祥共同主编）。还负责了国家社会科学"七五"规划重点系列课题：《自然哲学》、《精神哲学》、《科学认识史》。《自然哲学》已完成并于1990年出版，其他两本预期1992年前后完成。不幸的是，自1989

年 10 月以来，事物纷繁，日夜赶写文稿，急躁不安，体质急剧下降，能否如期完成，已无什么保证了。但只要我一息尚存，自当努力工作。

十年来的工作，仍然是困难重重的，不如意者凡八九。但也得到不少同志的帮助，勉渡难关。对他们，我铭刻在心终身不忘。我所做的工作，无论是行政，或是教学、科研，都是做得很不够的。意想不到的困难与干扰，以及体弱多病等客观原因是其一面，还有一面就是工作决策的失误。不少同志都认为我不应该花那样多的精力去创办本科专业，这件事领导毫无兴趣，群众也不支持。十年执着追求，却以惨败告终。其次是不应该担任行政领导职务。虽说去年与今年两个职务先后免除，但毕竟是浪费了精力，糟蹋了时间。有一位老同志背后与当面都讲过我，说我不宜于搞行政。搞行政其实也是一门学问，他必须善于应变，忍辱负重，委曲求全，还要尽力做自己不想做的事，而不坚持自己要做的事。如果想干得更"出色"些，就得使尽浑身解数，求得上有所持、下有所靠，才能"遇事呈祥"、"年年进步"。有限的精力、短促的时光，虚抛空掷在这无休止的是非、无结果的会议，以及复杂的人事纠纷之中太不值得了。黑格尔曾经说过："一个志在有成就的人，他必须如歌德所说，知道限制自己。反之，什么事都想做的人，其实什么事都不能做，而终归失败。"老黑格尔为我一生失败做出了总结。

我一生有过不少有褒有贬的称号，但最使我心醉神怡的只有一个，那就是"老师"。当学生助教那一年不算，我担任教学工作已是四十五年了。每当学生亲切地叫我一声"老师"，或在教师节寄来一张"教诲如春风，恩情似海深"的贺卡时，我真正浸沉在无比的幸福之中。

有人认为当老师是单纯的奉献与支出，蜡烛点燃了自己照亮了别人。我从来不如此看。教学相长，学生的青春年华，将勃勃生机注入我的心身；学生的敏锐观察激发了我多方的思索；学生的纯朴真诚使我看到了人类希望之所在。我如能在造就人才方面发挥一份有效的力量，那就真正有益于社会了。

四十五年的教学生涯，我是认真对待的，我对学生严格要求，决不马虎从事。我教一班工科研究生的哲学课，几乎没有缺课的。我出了150道复习思考题，并声明在先，期终口试半小时，考两道题，在150道题目中任意抽签。学生们感到为难；要求写文章代替，我未允所请。但到考试结束，都认为这一逼，使得他们从头到尾认真复习了，真正有了收获，否则，学完立即丢了。"教不严，师之惰"，这条古训我认为是具有真理性的。

但是，我为人师也有极大的缺陷。那就是不少学生认为我难以亲近。我想，造成如此局面的主要原因是：性情暴躁，主观偏激，不大认真去了解青年人的心态，并具体帮助他们解决所面临的问题。我的老师北京大学的周辅成先生就不是这样。中华人民共和国刚成立，他知道逻辑教材要更新，便给我寄来新出版的苏联逻辑教材。"反右倾"后，我闲居家中想看《大逻辑》，当时中译本未出版，他便为我捎来黑格尔《逻辑学》英译本。有一次我去北京，师母对我数说周先生，说她没有见过这样的导师，专程坐公共汽车进城代替研究生去查资料、找参考书。周先生啊！你对学生如此赤诚，我实在有愧。

还有，听人传说，我的一些学生有傲气。我想，可能与我的言行有关。我对一些人和事，每每不轻诺，有讥评。这就是说，难见人之长，好揭人之短。平日言谈无心，而听者无意之中受了感染。因此，学生给人倨傲印象，说明我有亏教师职守。当然一个人疾恶如仇，坦率无讳，不圆滑处世、唯诺终生，更不愿当一个乡愿式的人物，我认为是可取的。但宽厚无争、善于体谅同情别人，也是为人必具的美德。我实在缺乏豁达大度的学者气派与谦谦君子之风。

我对学生的全面发展是很看重的，一个合格的学生必须有坚定的政治方向，高尚的道德情操，扎实的业务功底。我反复在课堂上以及平日交谈中宣传我的看法，是否产生影响，还得看他们以后的表现。但是，我至少已感到有些人是不以为然的，美其名曰：40年代的青年与80年代的青年有不同的所谓"价值取向"。我不想去评论在时髦的名词掩盖下的利己主义与拜金主义。青年人是可塑的，染之苍则苍，染之黄则黄。我只谴责某些掌握教育方针、政策与机构的人们，他们虽不是多数，但能量很大，在创收的名义下，奉行"抬头向前看，低头向钱看，只有向钱看，才能向前看"的典型的拜金主义方针。如此"师表"，给学生什么影响呢？灵魂的工程师啊！你如继续这样干下去，而不及时反省回头，势将沦为国家民族的千古罪人。

世风日下之际，个别教师的珍言善行是无济于事的。这有如荒谷之中的呐喊，那凄凉的回声，碰碎在石壁悬岩之上，让寂寞的阴风将它吹入谷底的苔藓之中深深地埋葬。

哲学研究更是一个荆棘丛生、疮痍遍地的领域。1963年我调到江苏省哲学社会科学研究所，牛刀小试，便酿人祸，发表的第一篇文章便成为省领导关注的"三反"代表作品。1983年，领导公正地处理了我的历史问题之后，要我再回江苏省社会科学院工作，我无法推辞，同意继续在学校教书兼搞研究。我的理想是老中青结合搞集体项目为主，但我搞得并不是十分成功。

科研工作是一项严肃的必须无条件为之献身的事业，而不是沽名钓誉、猎取功名的手段。哲学就是一门探求真理、捍卫真理、发展真理的学问。黑格尔就认为，哲学不是一般的知识，而是关于真理的知识，它是人类尊严与理性权威的确证。照他看来，哲学的繁荣，是德国希望之所在。我们甚至可以说，是国际共产主义希望之所在。恩格斯便曾经说过："没有德国哲学，就不会有科学社会主义。"由此，我们也有理由肯定：振兴中华，必须振兴哲学。我自认我学习哲学的目的是日趋纯正的。

开展哲学研究，我有自己奉行的"八字方针"，即慎思、明辨、求实、创新。我读书喜欢追本溯源，勤于对比思考，力求剖析异同，关心现实生活，敢于弃旧图新。我不反对训诂注释，但不拘泥于此，只求心知其意以启我思。因此，"解说"之类著作，我实在不感兴趣。当然如此行为，可能流于空想玄思，难成正果，但只要不离经典，抓紧现实，终无大害。

至于治学的态度，我最讨厌风派。风派是机会主义的现代表现形式。他们饱读经典，左右上下，排列有序。他们窥测风向，打听行情，左右逢源，上下得手。他们是理论战线上的不倒翁，善于"否定自己"立于"不败之地"。可惜的是，他们的资料库是样样俱全，就是没有真理。我自认与风派少有瓜葛，对待研究，有感、有据、有思，才有言、有论、有文。没有为真理而献身的精神，又怎么能促进哲学的繁荣呢？

我一生主要是传授既成知识，基本上是一个"教书匠"，不少所谓"科研成果"，多是讲稿的升华。哲学研究的道路是崎岖而漫长的，我可能还没有上路呢！

哲学讲的是"理"，我却重的是"情"。我在《死的默念与生的沉思》这篇阐述我的宇宙人生观的文章中，宣扬一种扬弃世俗浅见、个人利害的既超脱又入世的感情，认为：

> 这种感情内在地蕴涵着人生的哲理：它的悲怆性或悲天悯

人的性质，是对天道无常的慨叹，是对人生坎坷的惆怅，是对个人际遇的不平，是对他人不幸的关注。他顶天立地，鸟瞰人生，充满了济世救民之情。真个是：浩然正气，充塞两间，震天撼地，物我两忘。这种由情入理，以理抗情，超脱个体，入世救人的感情，既摆脱了知性的固执、感情的乖张，又克服了意志的盲动。它是人类的大智慧的结晶，真性情的流露，是理想的人、完全的人的精神意境。

这就是我终生追求而未能达到的崇高境界。

1990年10月31日
写于南京兰园88号

萧焜焘先生传略

一、生平简介

萧焜焘（1922年12月26日—1999年3月1日）出生于湖南省长沙市的一个电信职员家庭，为父母的独子。幼时家境小康，购有住宅一座。早年丧父后，家境衰败，只能靠房租、变产及一位在电信局工作的堂叔的支持维持生活。1938年后，萧焜焘本人即开始靠贷金、工作，自助营生。

1929—1934年，萧焜焘进入湖南省立一中附小（长沙高级中学附小）读书。1935年2月，他考取长沙三府坪长郡联立中学初中。在读初中的三年期间，他爱看武侠小说，痛恨日本及英帝国主义，厌恶学校的封建性教育。初中毕业后，他于1938年2月考取了湖南省立长沙高级中学（1938年该校更名为湖南省立第一临时中学高中部）。1941年2月—5月，高中毕业后的萧焜焘居住在长沙东乡石塘公屋自修，以做进一步求学准备。1941年6月他来到重庆，边工作，边准备大学入学考试。当年冬天，他考取了成都金陵大学。

1942年2月—1945年12月，萧焜焘在成都金陵大学读书。初为经济系学生后转入哲学系，学数理逻辑专业。在大三、大四时，因生活困难，他曾兼任学生助教，并在一所中学兼课一学期，此外还担任了两个月的家庭教师。1945 年底，他毕业于成都金陵大学哲学系数理逻辑专业，获文学士学位。其毕业论文题目是《真值涵蕴与严格涵蕴》。王宪钧是其毕业论文指导老师。这篇约 5 万字的论文在华西坝五所大学（金陵大学、金陵女子文理学院、燕京大学、齐鲁大学、华西协和大学）毕业论文评比中获一等奖。

萧焜焘在金陵大学哲学系毕业后，由系主任倪青原推荐，留校担任助教，讲授"科学方法与科学思维"、"数理逻辑"、"哲学概论"等课程。他曾编写了一本约 20 万字的《逻辑学讲义》（未正式出版）。1947 年，因参加南京"五二〇"学生运动，受到校方警告，聘书被扣。重新获聘后，他主要从事英文学术翻译工作。当时，他根据系主任的要求，翻译了美国康奈尔大学教授柏特（Oburtt）所写的《哲学方法论问题》，全文约 2 万字；随后，又翻译了逻辑实证论者卡尔那普（Carnap）所著《语义学引论》（全书约 250 页）的四分之三内容。以上两篇译稿均未正式出版。他曾一度想出国留学，打算搞纯粹学术研究，当专家教授。1948 年 11 月 25 日，萧焜焘与夫人王月娥同时以"匪谍嫌疑"被国民党逮捕。1949 年初，在李宗仁搞和谈释放政治犯时，由金陵大学附属医院——鼓楼医院——具保开释。当时，金陵大学哲学系的一位美籍同事芮陶庵（A. T. Roy）教授对其被捕一事比较同情，以后两人常有来往，萧焜焘时常去芮家。芮有一个幼子，即后来在 90 年代初出任美国驻华大使的芮效俭。

萧焜焘于 1949 年 4 月在南京金陵大学由邱鼎泽、王慧君介绍加入中国共产党，并曾任党小组组长。1952 年 5 月，由上级指定担任金陵大学共青团"讲助支部"支委（未履行入团手续）。1949 年 7 月—9 月，参加南京市委党员训练班，学习党章，补行入党仪式。1950 年，在南京市委党校社会发展史学习班学习四个月。同年，他被选为南京市第二届人民代表大会科学教育界正式代表。1950年1月起他开始担任讲师，1951年9月任政教组主任，还曾担任金陵大学工会副主席。1952年10月—1954年2月，他任南京工学院马列主义教研室主任。在此期间，他分别讲授了辩证唯物论、社会发展史、形式逻辑和数理逻辑等课程。1954年2月—1956年2月，萧焜焘进入北京中共中央马列学院（后更名为中共中央高级党校），在一部三班哲学专业学习。这期间，他还兼学了俄语。1956年2月—1963年3月，任南京工学院党委委员、党委宣传部副部长、马列主义教研室副主任。1963年3月—1969年12月，他任江苏省哲学社会科学研究所哲学专业组长。1969年12月—1974年8月下放泗洪县委党校，任副校长。1974年8月—1977年10月，在江苏省"五七"干校任教员。

1977年10月，萧焜焘重回南京工学院（后更名为东南大学）马列主义教研室。1979年11月，他担任南京工学院马列主义教研室主任、党总支书记。后又任自然辩证法研究室主任、哲学与科学系（所）主任（所长）。在南京工学院，他学过一年德语。1980年申报并被批准晋升教授。1982年，他在南京工学院建立了自然辩证法专业硕士点。1983年10月—1990年，任江苏省社会科学院副院长。1984—1988年，他先后当选为江苏省第六、第七届人民代表大会代表，江苏省科协第四次代表大会代表和常务委员；江苏省哲学社会科学联合会第二次代表大会代表、第三次代表大会代表及副主席，第四次代表大会代表、学术顾问；中国自然辩证法研究会第一、第二次代表大会代表、理事；中国辩证唯物主义研究会第一、第二次代表大会代表、理事。1978年，在北京参加中国自然辩证法研究会，连任第一、第二届理事；1982年，在北京参加中国辩证唯物主义研究会，连任第一、第二届理事；1982年，在南京参加江苏省哲学学会，任第一届学会副会长；1984年，在南通组建江苏省哲学史与科学史研究会，任理事长；1986年，在南京参加江苏省自然辩证法研究会，任理事长。此外，他还是中国大百科全书自然辩证法百科全书编委会委员。

1987年10月—11月，根据中国社科院与英国学术院的协议，萧焜焘率团前往英国进行了为期四周的学术考察。期间访问了伦敦、爱丁堡、牛津、剑桥等七个城市，考察了十多所大学及研究机构、四家大企业和一个农场，与一百多位学者、企业家和农场主进行了广泛的交流。除考察英国的社会、经济、政治状况外，他还应邀在剑桥、伦敦经济政治学院做了有关中国体制改革问题的学术报告。1987年，他被荷兰阿姆斯特丹国际论证学会聘为中国代表；同年，又被大不列颠黑格尔学会接纳为正式会员。

萧焜焘1990年从领导岗位退下，1994年10月离休。他长期患有高血压、糖尿病等多种疾病。1997年他病重几致失明而以后一直住院，接受血透析等治疗，终不幸于1999年3月1日在治疗过程中突然逝世。3月8日江苏省社会科学院等有关部门为他举行了隆重的遗体告别仪式，其骨灰葬于南京紫金山东麓白龙山公墓。

萧焜焘一生公开发表学术论文近百篇，学术著作九部。主要代表作有：《从黑格尔、费尔巴哈到马克思》（江苏人民出版社，1982）；《辩证法史话》（江苏人民出版社，1984；修订本1986）；《精神世界掠影》（江苏人民出版社，1987）；《自然哲学》（江苏人民出版社，1990）；《科学认识史论》（江苏人民出版社，1995）；《关于辩证法科学形态的探索》（《中国社会科学》，1980）；《辩证法探源》（《教学与研究》，1983）；《哲学与科学分合的历史观》（《学海》，1991）；《海难》（《南京政治学院学报》，1989）；《中华民族精神的形成与发展》（《学海》，1990）；《再论中华民族精神的形成与发展》

(《南京政治学院学报》,1993);《真理妄谈》(《江苏社会科学》,1998);《传统伦理规范的扬弃与当代人文精神的建立》(《江苏社会科学》,1999)等。

萧焜焘曾主持国家哲学社会科学"七五"规划重点项目"宇宙自然论、意识形态论、科学认识史"。他的《关于辩证法科学形态的探索》于1985年获江苏省哲学社会科学优秀成果一等奖,《自然哲学》获华东六省一市哲学社会科学优秀成果一等奖,《科学认识史论》于1997年获江苏省第五次哲学社会科学优秀成果一等奖。

萧焜焘于1947年与王月娥结婚。二人一生情深意笃。王月娥生于1920年6月25日,原籍为福建永春,出生于印度尼西亚勿里洞。王月娥早年是学生运动积极分子。她早在1939年就在南洋新加坡加入"民族解放先锋队"。王月娥系金陵大学外文系毕业,获文学士学位。二人婚后生有两子一女。萧焜焘的岳父是一位印度尼西亚的侨商,但他们从未见过面。

萧焜焘喜听古典音乐,尤好贝多芬交响乐,爱读古典中外文学名著,欣赏绘画,青年时曾学过绘画。生活节俭,无烟酒嗜好,除了买书,几无消费。

萧焜焘喜好教书,并视教书为一大乐趣。晚年,即使身体不好,他仍然乐于在家中为东南大学与南京师范大学的硕士、博士研究生开课,先后主讲了"费尔巴哈论"、"西方哲学史"、"精神现象学"、"科学认识史论"等课程。

读书思考几乎是他日常生活的唯一爱好。20世纪60年代初,他被下放南京东郊农场,这却成了他认真研读黑格尔哲学原著的最好时光。时值夏日,他每天中午带着《精神现象学》躲到南京东郊风景区中的无梁殿,一边纳凉,一边看书。"文革"中下放时,他随身带上的是《马克思恩格斯全集》。这里值得特别一提的是,黑格尔的《精神现象学》他看过至少三遍，每看一遍都要做一份笔记。据他自己对家人说，《精神现象学》这本书，他先后抄了两三遍。正是有这种对哲学的一往情深和一丝不苟的治学态度与治学精神，才使他成为国内著名的黑格尔专家。他平时不轻易动笔，动则连续数日。一旦进入写作，则桌边几无任何参考资料。落笔成文，手稿即为清稿，几无修改。他说一口地道的湖南话。自从他离开湖南求学后，在高等学府几十年，完全可以讲一口流利而标准的普通话，但他却没有做到这一点。他的家人也曾多次向他提过建议，希望他改说普通话，但他就是不睬。这并不是他做不到，而是因为他不愿这样做。这些日常习性也折射出他那种独立、执着的精神。

萧焜焘毕生致力于学术事业与工作，常无暇顾及家庭及家事。尽管如此，他对子女的要求仍然很严格，对他们的教育毫不松懈，要求他们读好书，做一个正派、自食其力的人。他的夫人王月娥自婚后，不仅一直担负抚养孩子、操劳家务的重担，亦对萧焜焘生活各个方面关心备至。到了1994年，王月娥突然中风瘫痪，近乎植物人，这时的萧焜焘则表现出了对妻子和家人的无微不至关怀。他努力锻炼自身独立生活的能力，钻研对妻子周到护理照顾的技能。他学会了打针注射，琢磨出适合王月娥的营养食谱，指导保姆的护理。只要有可能，他就坐在王月娥的床旁，边抚摸着她的手，边与之私语。一旦王月娥有细微反应，即欣喜不已，逢人相告。萧焜焘自己因糖尿病、高血压等多种疾病，不得不住院时，也念念不忘王月娥的冷暖舒适。他在几次出现病情恶化时，都顽强地要生存下来。他多次对人说：没有了王月娥，我也活不下去了；王老师不能没有我，为了她我也要活下来！正是这种风风雨雨中的相濡以沫，这对患难夫妻情深意笃。在萧焜焘的晚年，任何一个与他有较多接触的人，对他内心世界有所了解的人，都会强烈地感受到王月娥是他生活中的精神寄托。他所写的《观沧海》一文正是他献给妻子的作品。

二、生命的追求

在萧焜焘的青少年时期，其母亲对他的影响是重大的。其母贺光远，旧制高师毕业，曾就读于湖南省立第一女子师范学校，与向警予既是同乡又是同班同学，毕业后还与向警予一起办学校，搞新民学会通信集，婚后做家庭妇女。其母经常向他说起向警予，并说向警予后来留学法国，回国后为国民党所杀害，她是一个了不起的共产党员。所以小时候的萧焜焘就已于朦胧中敬重革命志士仁人。他在读中学时的老师又对他讲邓演达、瞿秋白的事迹，并告诉他们这些人都是中国了不起的人才，但都被国民党反动派所杀害。青少年时期的萧焜焘心中已充满了对国民党反动派的仇恨。

抗日战争爆发后，他得到了残酷的体验。长沙那场大火，他家毁了，父亲不久也去世了。他自己则随着学校由长沙流浪到贫瘠的农村。父亲去世时，他连最后一面也都没能见上。背井离乡、家破人亡、颠沛流离的生活，开始使他觉得世界并不如想象中的那样美好，相反，现实太丑恶了。他滋生出要反抗现实、拯救贫穷受苦的大众的情绪和抱负。

后来，萧焜焘从现实的生活中感悟到，要反抗现实，孤家寡人不行，非要有团体不可，只有团体才能有力量。由此他萌生了要组织一个党团的念头，但究竟组织什么样的党团，他却没有明确的意识。他在读高二时，组织发起了一个学术研究会，并任会长。他一手创办了铅印的《虎溪周刊》(1939)，出《抗战壁报》，主办民众学校。通过这个学术研究会，他认识了郑道传这个经验丰富而又颇具马克思主义修养的同学。郑道传在一定程度上启发了他的阶级观点与政治意识，使他初步接触了马克思主义。然而，一个学期后，他所组织的这个研究会被三青团篡夺了领导权。后来，他所在的那个学校接连发生了几次学生运动风潮，但最后都被三青团取得上风。他在与三青团斗争中的失利，使他变得愤世嫉俗起来。他的一腔愤怒发泄为文字，他开始常写一些杂文讽刺诅咒这个社会。

高中毕业后，萧焜焘回家了，家中此时已变得异常困苦，每每需要借债度日。尽管如此，他的家人并不以这些生活上的艰辛来烦扰他。他在家中的这段恬静的生活中，杂乱地想着高中这几年的生活，觉得思想特别迷茫苦闷。有一天，他发现了一部《红楼梦》，贪婪地一口气读完了这本书。《红楼梦》中的佛老的虚无思想一时麻醉了他这几年在高中学校中所受到的创痛。

然而，萧焜焘毕竟是一个热血青年。他所生活的时代是那样的激荡，他所在的那个社会环境是那样的风起云涌。他没有长久地麻醉下去。他站起来再次进入社会。他心中的那种拯救人类的意愿之火再次燃起。不过，这时的他已有了一个新的想法，他觉得自己的力量的渺小，在于他的知识的微不足道。他觉得应当用知识充实自己。他选择了继续上学求知的道路。

1941年6月，萧焜焘徒步到三斗坪乘船入川。是年冬天考入成都金陵大学经济系，至1943年秋为金大经济系学生。但他对经济学专业一点也不感兴趣，而着重选修了哲学系的课程。金岳霖先生的《逻辑》给了他很大的理智乐趣。特别是关于罗素的系统简介，引导他进一步去阅读罗素、怀特海合著的《数学原理》，从而决定了他今后的学习方向。时任金陵大学哲学系主任的倪青原的哲学概论课程也使他对哲学产生了浓厚兴趣。为今后谋职计虑，他拟从经济系转化工系读书。正值此时，贺麟、冯友兰等相继到成都华西坝讲学。萧焜焘对他们的讲演每次必听，并做了详细笔记。他所记的有关冯友兰讲演笔记后来还受到了倪青原的好评。受贺麟、冯友兰的影响，萧焜焘对哲学的兴趣倍增，当即决定由金陵大学经济系转学西南联大哲学系，并托人与西南联大联系。1943年暑期，西南联大接受了他的转学申请。但由于没有路费，他最终还是没去成西南联大。不过，他并没有甘心，于1943年冬天在金陵大学由经济系转入哲学系。当时的金陵大学哲学系，一方面学生极少，且本系的学生只有转出的，没有转进的，然而萧焜焘却自动从比较热门的经济系转入冷门的哲学系，这在当时也是少见的；另一方面，时任哲学系主任的倪青原对学生要求极高，认为不聪慧的学生是不能学好哲学的，所以，他让一些所谓"资质愚钝"者主动转出哲学系，而萧焜焘的聪慧却颇得倪青原的赏识。

萧焜焘在金陵大学哲学系就读时，曾受教于金岳霖、贺麟、冯友兰及牟宗三、周辅成、王宪钧、张遵骝等。1943—1944年，牟宗三以他著名的《逻辑典范》为教材给萧焜焘等讲授"高等逻辑"。1944年，王宪钧由昆明至成都，应聘开设"维也纳学派讲座"，并担任萧焜焘毕业论文的指导工作。萧焜焘在接受牟宗三等人卓越的学养的同时，也无形中受了其超越政治哲学观点的影响。

萧焜焘在金陵大学的第一年，是在发奋读书、充实自己的念头支配下度过的。不过，这时他的努力方向并不明确，他所看的基本是西方的政治、经济、哲学与历史等方面的书，也看了少量的马列主义的书。在大学二年级时，他以一个超阶级的民主人士姿态出现，组织了一个带有政治性色彩的学术团体。他们出壁报，讨论思想问题，争论中国的前途问题，并创办了一个宣扬民主与科学的周刊。当时，他认为五四运动否定了中国的旧传统，却没有建立一个新的思想理论。于是，他与他的同伴们便以继承"五四"传统确立中国今后建设的方针为目标。当时，他模模糊糊有一点费边主义的思想，提倡和平革命，是一个改良的社会主义者。在他大学二年级以后，学生运动风起云涌，萧焜焘成了学校学生运动的积极分子之一。1943年，他加入成都市壁报联合会及成都学联，创办了《三人行》壁报（1943）并任总编，宣扬民主与科学，批评学校训导处与三青团。主编《致智月刊》（1944），并与吴用之、郭维、刘毅等组织了狂狷社，任狂狷社社长，并出《狂狷周刊》（1944），任总编辑。后又将狂狷社扩大成立学林社，创办《学林周报》（1945），任总编辑。1944年后，他参加金陵大学"六社"（狂狷、时声、敢社、活力、草原、菲凡六社团合称）领导的成都学生运动。在成都，他参加过市中惨案、校场口昆明事件等学生集会。在这期间，他深入地接触了进步理论与革命积极分子，包括一些地下党员。他当时所做的一切，并没有出于无产阶级的阶级意识之觉悟，而是出于单纯地认为应该如此的道义。他当时的表现遭到了学校当局、三青团的嫉恨，并被校方找借口记大过处分两次。但他也得到了一些积极分子及地下共产党员的青睐。他被邀请参加过好几次秘密会议，商量如何配合工作。不过，即使是那时，他也有一种非常强烈的追求、保持思想独立自由的倾向：不愿受来自任何政治力量的控制。

在经历了艰苦的四川求学后，面对蓬勃发展的学生运动，萧焜焘的革命斗争意志完全恢复了，他在一篇名为《魏晋思想的复活及新人生观建立的刍议》的文章中，不但完全否定了佛老思想，而且尖锐批判了大后方的消沉腐化风气，积极提倡一种革命的人生观，不过，其中也充满了浪漫主义成分。

萧焜焘在金陵大学期间，有许多人对他产生了重要影响，如前述的金岳霖、冯友兰、牟宗三等，但有两个人对他的影响格外深刻。倪青原即为其一。倪青原系留美博士，时任哲学系主任，学术思想自由开明，容纳各家之言，对学生的非难也不介意。他虽信奉基督教，但不排斥佛道，有时还请僧侣、道士前来讲课、座谈。他常常将学生召集到家中，伴以点心，与学生坐而论道，有时相互间还有激烈争论。这种自由思想的氛围很适合萧焜焘。加之倪青原对他学识聪慧的赏识，对他格外关照，在经济、生活上亦设法给予他支持。萧焜焘留校任教一事，曾被时任校长助理的朱诵章反对，最后经过倪青原的多方努力才得以成功。萧焜焘在南京因学运而被国民党逮捕，倪青原亲自去宪兵司令部交涉，并请当时与金大有联系的两个美国人写信给陈立夫，请求保释。倪青原还曾三次努力设法帮助萧焜焘出国留学，但由于种种原因，最终未果。正是在这样一种背景下，萧焜焘努力学习英文、数学、逻辑，一度对政治敬而远之，这在很大程度上是受治学严谨、政治上持中立态度的倪青原的影响。

在这期间，对他人生影响较大的另一人就是后来成为他终身伴侣的王月娥。王月娥时为金陵大学外文系学生。他们在学生运动中相识并相恋。王月娥当时是一个非常激进的进步学生，共产党的狂热信奉者，已经完全信仰马克思主义。他们两人经常在一起就思想政治问题做激烈争辩。王月娥非常希望萧焜焘能成为一个中共党员。萧焜焘读大学的后面几年，处于各种力量的交织中，他曾感到有点空虚。这种空虚感主要来于他感觉到自己毫无力量，来于感觉到他所组织的团体完全是一个空谈理论的、自由散漫的组织而对其失望。但此时的他仍没有放弃组织一个党团的念头。有一天，王月娥给他看了一本共产党的整风文献。他看后，如获至宝，引发了他想要在他所组织的那个学生团体里整风的念头。他草拟了一篇关于他们团体结社的宗旨与态度的文章，一时受到大家的赞同。不久，金陵大学搬回南京。这时，他读了他所能接触到的马克思主义的一些书，思想上有了转变，他感到他要组织像共产党那样的党团在现实中是行不通的。于是他决定将自己退到纯粹的理论研究上去，以超阶级的立场客观研究各种哲学理论，希望在各种理论的分析比较中，能自创一种没有偏颇、比较完全的哲学理论。此时，他在理论上全部赞成马克思主义，写过《论国家》，甚至也将自己的研究用数学式的推论方式表达出，写出了他自以为是大发明的所谓"社会发展论"。虽然这些理论大致接近马克思主义，但是有二元论倾向。当时，他雄心勃勃，甚至想在理论上超过马克思、列宁。他依然以革命理论家自居，无意于革命的实践。这种想法经过了一两年，后来为他自己所批判并被毅然放弃了。他发觉自己对马克思主义并不十分了解，自己的社会发展论存在着严重的二元论缺憾，他要从头虚心学习马克思主义。这时，他才算是正式走上了纯正的马克思主义道路，开始完全皈依马克思主义了。

南京解放前夕，由于王月娥家庭是印尼侨民，她的父亲要他们夫妇俩同去印尼，并为他们寄来了印尼方面的入境证，他们当时也想去，亦向当局有关方面递交了申请，但是手续还没办好，俩人就因学运而被国民党逮捕了。

1948年11月25日午夜，萧焜焘夫妇俩以涉嫌"匪谍"、"参加反政府之各学运"的罪名，被国民党逮捕，先被关押在南京中山门外马群十八村，后被押解至瞻园路宪兵部。李宗仁任总统后，为创造国共谈判气氛，下令释放政治犯。在此种背景下，萧焜焘于1949年1月24日被集体保释。

萧焜焘的被捕入狱经历，对他教训极为深刻。反动派的迫害已经亲身尝到了，他认识到不能再坐谈理论了，应当投入到革命斗争的实际行列中，应当将马克思主义理论运用到实践中去；对反动派唯有用武力斗争才能最后取胜。他认识到共产党具有崇高的宗旨、严密的组织，只有参加共产党，才能真正达到自己最初所确立的那种拯救人类的愿望。1949年4月南京解放后不久，他就毫无疑虑地加入了中国共产党。正如他后来对党的组织所讲的那样,他之所以毫不犹豫地加入共产党,是因为一方面,他已经学习并自主地掌握了马克思主义的基本理论,现在应当将这种理论应用到实践中去;另一方面,共产党需要他入党,为党工作,他应当义不容辞。另外,就是妻子热望他参加共产党,他不能使她失望。

然而,萧焜焘虽然选择并信仰了马克思主义,并对党的组织忠贞不二,但是他同时亦渴望有一个自由思想的天地。在南京解放、他加入共产党不久,有个星期天,他与妻子一起去看电影《思凡》。看后他对妻子谈体会说:"我已整个交付与党了。"他在说这话时,声音中透露出一种其内心中的矛盾与困扰。他是完全理解党组织的,他知道没有严密的纪律是不能完成伟大的任务的,但是他作为一个经过苦苦探索而走向马克思主义的思想者,却又向往一种自由的精神。正是这种矛盾、困扰,造成了他后来的坎坷人生及耿介品性,并成为理解他一生的钥匙。

在中华人民共和国成立后,萧焜焘的这种追求真理和自由的精神状态一有时机就会表现出来。在他1954年到当时的中共中央高级党校学习时,他不同意苏联教员的某些观点,常提意见,乃至在一次会议上对马克思的剩余价值学说联系实际做了在当时看来是极为敏感的解释。更为甚者,当别人向他指出所谓"曲解马克思主义的剩余价值学说"的严重错误、要求他作检查时,他竟敢据理力争,"坚持错误,拒不检查"。为此,他受到了严厉的指责:关门读书,死钻书本,不改造思想,歪曲引证经典著作;一贯骄傲自满,狂妄自大,自认为新旧知识兼备,孤芳自赏,目空一切。他还受到包括全院大会在内的三个多月的批判斗争。

萧焜焘以后在各种运动中虽不断受批,但他对自由精神的理性思考则执着不已。他是一个将自己的心灵献与自己的民族与真理事业的学者，他是一个思想上的战士。

1945年以前，萧焜焘通过牟宗三、周辅成等所授诸课程，接触到的德国古典哲学以康德为主，关于黑格尔则很少涉猎。1949年以后，一方面由于他信奉马克思主义，另一方面又改行教马克思哲学，于是萧焜焘细读马恩及列宁著作。他深感马克思主义经典作家十分推崇黑格尔，马克思主义哲学是德国古典哲学的结晶。因此，他认为要切实把握马恩的哲学思想，特别是其核心的辩证法思想，一定要认真系统研读黑格尔的书。然而，他坚持通过黑格尔哲学去理解与弘扬马克思哲学的立场，却一度遭到了"贬低毛泽东、美化黑格尔"的指责。

萧焜焘早年专攻的是数理逻辑，1949年以后从事的是唯物辩证法与自然哲学教学研究，几乎不涉及中国文化及中国哲学问题。到了晚年，他一方面为国家的改革开放、兴旺发达而欢欣鼓舞，另一方面，又为历史虚无主义、民族虚无主义、文化虚无主义、科学主义等充斥学术界和社会生活中的恶性通货膨胀、官倒肆无忌惮、腐败盛行等现象而痛心疾首。由此，他开始注重中华民族精神形成与发展及当代人文精神建构的研究。他说的话往往因为有刺而不太中听，但他说的都是肺腑之言，都是心系民族与民众的呐喊，都是出自一个学者加战士的见识与勇气。

三、精神世界的跋涉

萧焜焘作为一位哲学教师，教了差不多半个世纪的哲学。他热爱自己的专业，终生不渝。在传播哲学知识的过程中，他决不人云亦云，决不受权威摆布，虽经常为独立思考和研究吃苦头，也不因此而噤若寒蝉。"亦余心之所善兮，虽九死其犹未悔！"，这就是萧煜焘终生服膺的名言。直到"四人帮"覆灭，70年代末，学术理论界开始松动，萧煜焘才真正开始了其创造性的精神跋涉历程。

萧煜焘关于辩证法研究的基本思路

（1）辩证发展的客观性与辩证思维的历史性。辩证发展是客观物质世界自身所固有的规律。客观世界变动不居，有其不以人的意志为转移的法则。辩证法就是这样的客观原则。人们不是把辩证法强加给客观物质世界，而是从它自身挖掘导引出辩证法。辩证思维的形成有其历史性。只有生产发展、社会进步、头脑发达到一定程度，人们才能意识到客观辩证性，从而这种高级的辩证思维才会出现。这一点，东西方大致是差不多的。西方大约是毕达戈拉斯时代，东方则是李耳时代。对于个人而言，有如历史的进展浓缩在胚胎演化之中，年龄与阅历，对个体的辩证思维的发育是至关重要的。辩证思维的形成与贯通是一个人精神成熟的标志。

（2）辩证法的实质与辩证圆圈运动的必然性。辩证法既然是客观物质世界的变易原则，那么，它的实质就是"变易"。变易意味着客观事物不是亘古不变，而是变动不居的。积小变为大变，在变动过程中，生灭交替，新旧交替。这种交替、嬗变，就是"否定"。辩证的否定，不是简单地消灭，而是"扬弃"，"扬弃"乃客观发展的连续性与间断性的辩证统一。客观事物是在不断自我否定、自我更新过程中，形成一个无穷的系列。但是，它不是那种恶的无限性，而是有限过程的无限突破，是寓于事物发展进程之中的"真实的无限性"。"过程"有起点、中介与终点，因而是有限的。但过程并非凝固不动的，它为不断前进的趋势所突破，向新的过程转化。"过程"是一个由三个环节依次推移的"动态的圆圈"。圆圈不断推移，构成螺旋形前进的一串圆圈，这就是辩证圆圈运动。辩证圆圈运动，或谓过程推移运动,是客观物质世界的内在必然性的表现,亦即客观运动规律性的表现。

(3) 辩证规律的三分及其联系统一性。在萧焜焘看来,否定的否定与对立的统一,同质而异名,是一个规律的不同表述,而不是两个不同的规律。如将其作为两个不同规律分别论述,是犯了形式逻辑的错误。肯定和否定构成对立面,通过对立面的否定或扬弃,达到否定的否定。"否定的否定"就是对立面复归于统一的环节,是对立的"统一"、正反的"合"。萧焜焘认为,恩格斯将辩证法规律三分,意在"简化",便于初步理解与把握,且这个三分也是有理论与客观根据的。由此可以见到辩证规律自身辩证发展的层次,以及各规律的相应客观科学根据与主观思维基础。一般地讲,质量问题在机械力学的范围比较突出;对立的相互渗透问题,在物理的两极性和化学的有限过程中得到典型的圆满的表现。当然它们之间并不是完全隔绝的,而是联系贯通的。从思想自身的发展来看,思想自身经历了一个从感性通过知性归结到理性的过程。这是人类思维能力的不可分割的整体。因此,辩证三规律又体现了思想由感性、知性到理性的过程。质量关系属于思想的感性阶段,此时思想尚未分化,它外在地把握原始综合的感性实体;对立的相互渗透属于思想的知性阶段,此时思想生起辩证分化,产生思想的内在对立而趋于统一但尚未能达到统一;否定的否定或对立的统一属于思想的理性阶段,此时思想达到辩证综合,使抽象复归于具体、分析复归于综合、对立复归于统一、否定复归于肯定。于是辩证法三规律自身也经历了一个"具体—抽象—具体"、"综合—分析—综合"、"肯定—否定—肯定"的辩证发展过程。萧焜焘认为感性、知性、理性是思维前进运动过程中不可分割地内在联系的三个环节,如果将它们外在地孤立起来,则第一环节就变成表面的经验规律,第二环节就变成片面的知性规律，第三环节由于脱离了它的起点与中介，就变成独断的僵化公式。萧焜焘坚信辩证法是客观历史发展的理论形态，而客观历史发展过程，就成了辩证法的现实形态。

萧焜焘关于哲学体系的构思及其历史根据的探索

萧焜焘认为对于不断发展更新的哲学而言，"体系"只是暂时的，然而又是必要的。哲学的表述不能满足于格言式的，而必须用准确的概念与严密的推导，系统地予以表达。这就是建立哲学体系。一门学科的体系，一般讲，有科学体系与教学体系之分。作为一个科学体系，必须具备前提的自明性、逻辑的一贯性、结论的真理性。而教学体系应以科学体系为依据，还必须具备对象的特殊性、内容的针对性、讲授的方便性。

萧焜焘在1980年后，对哲学体系有了从自然哲学、精神哲学到科学认识史论的基本构思。萧焜焘是唯物辩证论者，"物质"是其出发点。他采取了历史地纵向追踪与逻辑地横向解剖的方法，全面探讨了物质的含义。他从哲学的历史发展研究物质范畴的演变，从科学的历史发展把握物质概念的更替，从而在两条线的相交之处理清其相互融通的关系。在此基础上，他对物质范畴的层次结构进行解剖，发现它客观上从"质量统一体"、"时空统一体"到"对立统一体"的演进，主观上从"感性"、"知性"到"理性"的过渡。这就是萧焜焘哲学体系中作为总纲的"物质论"的理论内容，也是其哲学唯物论的"自在状态"。

1. 自然哲学

萧焜焘从物质论出发，将自然哲学分三个环节展开，即"宇宙论—生命论—技术论"。它揭示了物质在自然界的辩证发展过程：宇宙是物质的展开，生命是宇宙的顶峰，技术是生命的精灵。宇宙自然的本质就是"物质实体",物质的演化过程便构成整个"宇宙"。萧焜焘在分析宇宙自然的物质本性及其演化的基础上,探索宇宙自然的内在必然性,从而对其"整体结构"进行哲学阐述,提出关于宇宙自然的"系统观"、"恒变观"、"三才观"作为哲学宇宙论最基本的观点。"系统"就是"秩序"(cosmos)的集合,因此,宇宙自然乃是一个有秩序的整体。它已超越了那个混沌一团的常识整体,也超越了那个机械拼凑的科学集合体,而上升到辩证联系的有机的"系统整体"了。系统整体观是扬弃了机械集合,在更高层次上向常识整体的复归。这是人类的宇宙认识论的巨大成就。宇宙是恒变的:大化流行,万物滋生,消长交替,世界更新。因此,交易演化,是宇宙自然的根本属性。变易的恒定性、易的不易性,使它获得了"永恒的实体性",这个永恒实体性的实证科学的表述就是"四维整体发展过程"。变易之道有三:一曰"易位"(机械运动),二曰"异形"(物理运动),三曰"易性"(化学运动)。"三易"具有由外及里、由量及质的层次递进的特点,可以视为变易的"简易"原则,它制约着复杂的变易的"事态"。生命现象、社会现象、精神现象,是三易多元组合而显现的事态。于是,三易、三象从整体上概括了宇宙的演变过程。最后还有一个变易的导向问题,万事万物相互依存、相互制约,因而逐步产生客观适应性,从而使得变易有了"导向":适者生存,择优汰劣!因此,"进化"还是变易的主要趋向。

  在宇宙系统这个大系统中,人类生存于其中的这个切近的宇宙是一个子系统,萧焜焘将它叫作"天地人系统",或曰"三才系统"。他借用《易经》两卦六爻的说法,说明天地人的位置及两两对立的情况。六爻两两对立而三分:初二为地位、三四为人位、五六为天位。这个六爻三位,隐含辩证法的模式。天、人、地三位,均两两相生,形成一个个对立统一体。在天地之间,人顶天立地,介于其中,联系而成为一个"宇宙整体"的辩证圆圈运动。所谓"三才之道"便是自然、人类、精神三个世界的总规律。自然孕育了人类,人类产生了精神,精神使"潜在的宇宙"逐步变成"现实的宇宙",使"自在的宇宙"逐步成为"自为的宇宙"。

在萧焜焘看来,生命的出现是宇宙自然辩证发展的跃进。生命发育的顶点是人类的出现。当人类的发展超越本能活动有了思想意识行为时,就产生了一个非物质又源于物质的精神世界。精神是物质的异化、生命的升华,是物质生命的一种非物质功能。大脑神经系统是精神现象的物质基础,精神现象的主要特征是主观能动性、行为目的性。它的辩证发展是前后相继的两个圆圈:(1)"本能适应性—活动想象性—自然目的性";(2)"自然目的性—外在目的性—社会目的性"。

在萧焜焘的哲学体系中技术具有极为重要的意义。他认为人的主观能动性、行为目的性的高度发挥便产生了生产技术活动。技术是生命的精灵,是生命的自适应、自调节的生理机能的"社会形态";技术是劳动的结晶,是劳动的能动性、目的性的内在本质的"物化形态";技术是文化的表现,是文化的社会性、智能性的精神特征的"客观形态"。技术是社会生产运动的决定因素,它推动社会生产又受控于社会生产。时至今日,工程技术的系统发展,成了当代科学技术综合理论形成的基础,而这种综合理论又成为实践唯物主义的科学前提。

2. 精神哲学

在萧焜焘的哲学体系中,技术论是自然哲学的终点,同时也是精神哲学的起点。技术作为社会生产力的核心,决定生产关系的性质及其发展,它们的结合成为社会的生产方式。生产方式作为核心与地理环境、社会人口构成"社会存在"。社会存在是"社会性的物质",它乃是社会精神现象、意识形态的客观出发点。

从社会存在出发,精神哲学分三个环节展开,即"伦理篇—情理篇—哲理篇"。

伦理篇主要论述"意志"的辩证发展。它由政法、伦理、道德三个环节组成。人类在群居生活中逐渐形成了共同信守的行动规范,以协调与维护社会群体,这样就形成了人类社会的政法与伦理关系。它们的区别在于:政法是强制性的,伦理是舆论性的。如果说,政法与伦理有硬软之分,那么,伦理与道德便有主观与客观之分。道德属于主体的自我修养,它对尚有客观效准的社会伦理规范,自觉服从、身体力行,就好像这些规范恰得我心,不如此做便深感内疚,无地自容。于是,意志便通过"强迫的、舆论的、自觉的"辩证发展过程而展开。

情理篇主要论述"情感"的辩证发展,它由宗教、文艺、历史三个环节组成。情感不可究诘、不容分析,但又澎湃于心、波澜迭起。它是人生的斑斓色彩,人生而无情,等于槁木死灰。自然的灾难、社会的坎坷,使人惶惶不可终日。人感到自己渺小,总想托庇一个巨大的神灵,支撑自己虚弱的灵魂,于是产生一种宗教感情。萧焜焘认为宗教感情是人类感情脆弱的消极的方面,有待克服的方面。文艺的表现形式是多种多样难以尽述的。它主要表达人的感情、情调,这是一种不可名状的内心感受。因此,表达的手段愈具体,它就愈受限制,愈落入名状之中,而流于概念化、形式化。历史是一种综合的、直观的、过程递嬗的、不断更替的历史之流。这种综合的意识形态,孕育了一种深邃的感情,这就是"历史感"。历史感是辩证思维的现象形态,是逻辑分析的必要补充,是从感情到思维的过渡的桥梁。

哲理篇主要论述"理性"的辩证进展,它由心理语言、逻辑数学、科学哲学三个环节组成。精神的最高层次是哲理，它是意识形态自身发展的完成。理性思维的特点是用概念形式揭示宇宙人生的本质。它的客观物质基础是人类的心理状态，它的发展离不开大脑神经活动以及语言文字表达工具。心声活动是统一的，甚至是共生的。因此，心理与语言是理性思维的"感性实体"。心理与语言要能成为可传递、可理解的，必须有共同的规律，于是产生了逻辑和数学这样一类知性分析方法。它是思维本质显现的中介，因而成为思维发展的"知性导体"。由于知性尚不足以圆满地体现思维的本质，它必须向理性思维过渡。思维的辩证能动性、辩证复归性、辩证过渡性，才是它的最本质的东西。这个本质就是"理性"。代表着这种理性思维的意识形态就是理论科学或哲学。它是思维自身发展的完成，是思维的"理性整体"。从思维的"感性实体"、"知性导体"到"理性整体"，这体现了思维自身的辩证运动。

哲理篇是精神发展的终结阶段，也是整个体系的真理性阶段。如果说物质论是哲理篇的"自在状态"，那么，哲理篇就是物质论的"自为状态"。因此，从自然哲学到精神哲学，整个哲学体系是一个物质从自在到自为的过程。物质论不逐步展开辩证前进达到哲理篇是没有完成的。

萧焜焘认为，他的这个严密哲学体系绝不是凭空杜撰的，而是有浓厚的历史根据的。随着20世纪科学技术发展整体化的趋势，分割的学科复归于综合，科学与哲学的统一，势有必然。这样，人类认识活动的历史进程，形成了一个哲学的原始综合、实证科学的分化、哲学的辩证综合的辩证圆圈运动。萧焜焘试图体现马克思主义精神的这个哲学体系，便是科学的分化复归于哲学的综合这一历史趋势必然地形成的理论成果。

3. 科学认识史

在萧焜焘看来，只有哲学与科学有机结合的科学认识史的论述，才能确证新的哲学体系的合理性与现实性。萧焜焘从认识能力的辩证发展、实证科学的兴起、科学的哲学归宿与哲学的科学前提这样三个基本上符合历史进展的层次，系统地历史地论述了哲学与科学相互依存、交叉发展，达到作为哲学原则指导下的科学与技术高度综合的产物的"工程技术"的过程。它的预期性与规划性要求自身的理论化与哲学化，从而上升为一个具有哲理性的范畴。并在此基础上产生一系列科学技术综合理论，为现代哲学唯物论、实践唯物论奠定了科学理论基础。他通过对哲学与科学的历史发展同源而分流、又复归于综合的辩证过程的精微探究，揭示哲学的确立必须以科学为前提，科学的前进必然以哲学为归宿。这个哲学与科学交叉发展、滚动推移的当代辩证综合的结果就是以工程技术为前提的马克思哲学唯物主义的现代形态。

他的《自然哲学》、《精神哲学》、《科学认识史论》，是一个严格遵循马克思哲学实践唯物论的原则，依托当代自然科学、技术科学、社会科学、人文科学的高度综合化、整体化，上升到哲学层次的"工程技术"而结晶的"现代哲学唯物论"体系。它排除了教条主义和西方科学主义的干扰，力图重振马克思学说的雄风。遗憾的是，他的《精神哲学》由于种种原因，未能面世。

萧焜焘关于中华民族精神及中国传统文化的涉猎

萧焜焘晚年在对由《河殇》引发的民族文化虚无主义、西方科学主义思潮在中国泛滥的批判反思中，开始更多地涉猎对中国传统文化的研究。

在萧焜焘看来，经过"文化大革命"一系列的折腾，中国优秀传统文化元气大伤，中华民族精神已面临崩溃的危险。改革开放带来了经济上的生机，但若看不见其隐患，那就会精神空虚、文化低落、理想幻灭、唯钱是举。长此以往，那种全无心肝没有灵魂的行尸走肉酒囊饭袋势将日渐增加，从而造成一个物欲横行的世界，而精神世界则日渐灰飞烟灭了。民族精神问题也就是民族魂问题。

萧焜焘认为对于中国传统文化，全盘西化派是否定的，国粹派是肯定的，中体西用是调和的。这些或偏执或折中的观点是没有什么真理性的。自古希腊开其端的西方文化传统，是科学与认识论的传统。它面向客观、热爱自然、尊重理性、热爱智慧。它的历史发展的最高成就，就是马克思哲学。马克思学说，业已越出了地域、时代、民族的界限，在世界范围获得了进步人士特别是劳动人民的信奉。因此，它是当今时代精神的精华典范。中国传统与希腊传统相反，它重人事、轻自然，讲现世、轻来世，从而构成了中国文化的政治伦理传统。这个传统长期浸沉在封建迷信的浊流之中，使人觉得它一无是处。海外新儒家的崛起，形成一股中国文化热。萧焜焘觉得姑且不论新儒家政治倾向的是非，他们能在精神上傲然独立、睥睨环宇，充满了中华民族的自豪感与自信心。这种精神状态比那些舐吮洋人脚背而以为殊荣的人要高尚得多。

萧焜焘认为，一方面必须重视对中国传统文化的筛选，析出有永恒意义的、构成我们赖以安身立命的民族精神的那些有价值的因素。另一方面也要重视西方文化传统，特别是古希腊哲学、近世哲学和德国古典哲学。它们思想的思辨性、精确性与实践性，对纠补我们长期培育出来的周旋于人际之间、沉沦于市井之中的"营运天才"是大有好处的。他认为消融西欧文化精华于中国优秀文化传统之中，将科学认识论的文化传统与政治伦理学的文化传统相结合，使自然与人生统一，达到天人合一、人定胜天的境界，是探讨中华民族精神的形成与发展的目标。

萧焜焘认为,以儒、道、墨、法为中心,综合分析研究他们的政治、伦理观点,取其精华、去其糟粕,是研究中华民族精神的出发点。儒家一开始就具备了务实入世的态度,缺乏思辨玄想的精神。然而,他们的政治态度以及经世济民、辅佐帝王的奋斗目标,得到历代帝王的垂青。儒家的"仁爱"学说,在广大人民群众中亦产生了深刻的影响。"豁达"似乎是道家思想的灵魂,其实某些淡于名利的儒家也是赞成的。"豁达"不是看破红尘、得过且过、逆来顺受、苟全性命,而是着眼全局、不计私利、善处困境、以观其变。"豁达"有其"玄"与"俗"的两面,即或意欲摆脱不可摆脱的诸社会关系,羽化登仙,做一个四无挂碍的自由人;或游戏人间、察言观色,当一个八面玲珑的不倒翁。墨家是古代工农的代言人,他们重"笃行"。他们对待世事比儒家更积极,比道家更实际。萧焜焘认为,墨家重行动、实践,利他、实干,这是宝贵的。可惜墨家几千年来不见容于统治者,几成绝学。法家重"纲纪",纲纪乃行为规范显现于外、公之于众的典章制度。法家的主张虽更加契合统治者的旨意,但他们提出厉行法制,借以烛私矫奸,剪除社会蛀虫,提出俯察国情以便施治的方法,其影响应当讲是相当深刻的。萧焜焘以为,从中华民族的精神世界来看,仁爱、豁达、笃行、纲纪,有机地将人类的"智、情、意"三大精神因素统一起来了。仁爱重情、豁达重智、笃行重主观意志、纲纪重客观意志。这些优秀的精神品格,构成了中华民族精神的核心。

萧焜焘纵观两千多年中华民族精神的发展过程,深感这个凝为一体坚如磐石的民族,具有仁爱诚敬的高尚情操,通灵剔透的辩证智慧,宽厚豁达的处世态度,出类拔萃的思辨天才,神思迭起的颖悟能力,救世济人的广阔胸怀。晚年,他更进一步将中西方传统文化中伦理规范之"诚信"、"公开"、"仁爱"、"尊重"、"自由"等有限超越精华成分，做了融会贯通的创发，提出要全面辩证地把握"人性"，要深究主体性，要全面研究价值观念，以此与时代精华的精华——马克思哲学有机地融合，便将如虎添翼，从而建立起当代中国的崭新人文精神，达到人类精神的光辉顶点。

当在社会中哲学倍受冷落之时，萧焜焘是以自己的行动虔诚地从心里呼唤：一个民族没有哲学就没有灵魂，一个民族没有高昂的民族精神作为其支柱，便将颓然坍塌，土崩瓦解。

（本文执笔者为钟明、高兆明）

神会篇 回忆与评价

著述正气长存
——忆焜燾贤友

周辅成[*]

我和焜燾相识相知，已经半个多世纪了。最初，是在抗日战争开始、金陵大学由南京迁往成都的时候，同在成都；抗战胜利、复员后，又在南京短期同住；再后他留在南京，我却南北奔走。中华人民共和国成立后，我长住北京，但我们之间仍常常见面，通信不断，互相勉励。我比他年长十多岁，不幸他竟先我而去。智星坠落，良友丧失，令人痛惜！我也在他的追悼会上向他致辞：

"讲天道，发挥自然哲学；讲人道，发挥精神哲学，毕生追求社会主义，理论精进，堪称学术界贤哲。""为解放，历经千辛万苦；为社会正气，敢于赴汤蹈火，留下笃实耿直，人格优美，足供后世者景仰。"

这些话，是完全真实的。他在做学生的时候，留校工作的时候，就一直埋头用功，当抗日战争开始，他爱国忧民，一刻不忘国难当前。他在金陵大学，始终学习费希特、张载身处国难时的态度，选

---

[*] 作者系北京大学教授。

择哲学作为一生奋斗的目标,"为天地立心"、"为生民立命"。他既喜欢注重自然科学的分析哲学,又喜欢注重综合与超越的德国古典哲学,更喜欢社会主义;他苦苦钻研勤勉自励,很够累了,但他在金大做学生时即已参加了进步学生的组织,诚诚恳恳地为革命救国,做了令人无限敬佩的地下工作,尤其是南京解放前后的日子里,参加了接管中央大学、金陵大学等学校的繁忙工作,一直至1952年全国大学院系调整后,经组织分配至(以原中央大学工学院为主体的)"南京工学院"(后改名为"东南大学"),担任党组的领导工作,兼做自然科学与哲学的关系的研究。后来成立科学与哲学系,这是创新的系科,在国内绝无仅有。这是因为他想到社会主义哲学与自然科学,应该两不违背,同时互助并进。自然科学是求真,哲学是求真善美的分析与综合,不应该使二者分离。从自然科学史看,中外历史上的大科学家,最后都要联系到哲学以至伦理道德来讲整个自然、整个人生。从伽利略到爱因斯坦等,都是如此。所以东南大学创立科学与哲学系,是有很深远意义的。这个创新的系,从草创到今日,已近二十年,不能说没有一定的成绩。

毕业学生,广布在全国撒种,当然也是对社会的贡献。而焜焘自己,在自己岗位上,除了行政工作外,其学术成就,亦成绩斐然。他结合马克思、恩格斯、社会主义和西方传统哲学(亦即康德、黑格尔哲学),想完成一个完整的、系统的共产主义哲学的大纲。这工作,在目前十分重要,他花费了几乎整个后半生的时间,终于编著成几部很有价值的著作,为后继者开路:

(1)《从黑格尔、费尔巴哈到马克思》(1982)

(2)《辩证法史话》(1984)

(3)《精神世界掠影》(1987)

(4)《〈自然辩证法概论〉新编》(1989)

（5）《自然哲学》（1990）

（6）《科学认识史论》（1995）

这些，都是他的生命的踪迹，也是终生对学术、对人民的贡献。

还有一点必须提及的，是他对于社会主义的忠诚，对学术态度的严肃，对朋友、同志的诚挚，以及对人民敌人的仇恨。他从来没有因为某人有某一缺点，便将其贬得一文不值。对别人的长处总是五体投地地佩服。只要不是人民所共弃的敌人，遇到不如意的事，总是在发一阵脾气后，转眼就平静了，并且还失悔不已。他的体质并不很好，积劳成病，甚至成为重病，多次进医院抢救，但就在重病中，依然日夜不忘著作，他的多卷著作，完全是心血产物，十分可贵。

焜焘的一生，可说是平凡而又很不平凡的。他所适逢的社会，多半是动荡不定；欢迎了国共合作的国民革命的成功，又遇到了一个新的独裁专制；接着是抗日战争的惊险时日；好不容易推翻反动政权，迎来社会主义解放，但又有惊天动地的极左思潮的干扰。他都轻舟过海，还为人民做了力所能及的贡献。人生罕过百岁，来于自然，终必回归自然，谁也不能逾越。但恨焜焘却在狂潮中先我而去。愿他的精神还能伴我同行；我不寂寞，他也不寂寞。

1999 年 5 月 20 日于北京

一个真正马克思主义哲学的学者和战士

谢 韬[*]

当我听到焜焘逝世的消息，非常难过。但我也有精神准备。他晚年的拼搏，注定他要先我而去。

我与焜焘是五十七年的老同学和老友。半个多世纪，我们都是学哲学的，都讲授马克思主义哲学课程，而且很知心，交情很深有如亲兄弟，是可以敞开心交谈的同志。我们在思想理论战线上经过无数的风雨，在复杂而曲折的政治历史中我们有共同的经历和深刻感受，在理论思想上我们有共同的语言和勇敢向精神世界的自由探求。按年龄和年级，他是我的师弟，但按成就和思想深度及理论创见，他却是我的师兄。

焜焘这十年受多种疾病折磨，长期住在医院里，在身心疲惫、病痛缠身的条件下，坚持不懈顽强拼搏。我曾多次当面或写信坚决反对他这种不顾性命的拼命精神，要他首先要保护身体，争取活着，哪怕搞活命哲学也要争取生存，如果丧失了生命，就丧失了一切了。

---

[*] 作者系中国人民大学前副校长，教授。

为此，1996 年 5 月我曾书一条幅赠之："问君晚景意如何，泼浪狂飙复逝波。坦荡胸怀涵百折，精神支柱书一箩。华章凝析洗尘垢，挚友情亲琢玉磨。微笑凭栏眯倦眼，几番风雨近阳和。"诗中带有劝慰之意。焜焘十分喜爱，置于客厅壁上。然而，他放不下的仍是其学术。实在不行了，就喘口气，略为好转便又写又改又通读又校对，终于在病痛的晚年完成了《自然哲学》、《科学认识史论》两部大著，这包括了他一生心血，这两部共 100 多万字的理论著作极其严谨、细致、深刻地阐述和论证了他对马克思主义哲学的理解。他的生命之烛，已油干蜡尽。他的心情我了解，多争取一点时间，一是不愿走在月娥的前面，让她痛苦；二是把已完成的稿子再理清精炼一些。所以我得知焜焘去世，又是有思想准备的。

一个经几十年政治风雨考验的真正的共产党员，一个在哲学领域内真正具有哲学思维和哲学训练的能独立思考的哲学学者，一个平生耿直，人品高尚，对人对友胸怀坦荡，光明磊落，重节操的大好人，从此远离我们而去了。当他去了时，回顾与他几十年的友谊，真是思潮万千，情怀激荡。

从 20 世纪 30 年代九一八事变东北沦亡起，我们都在青春时代，经历了慷慨悲歌、热血沸腾的抗日救亡运动。奋起抗日，抗日爱国，救亡图存，决不当亡国奴，这种爱国主义的高昂情操，席卷了全民族。我们这一代人就是在这一历史大潮中做了历史的选择，参加共产党，献身于民族解放事业，为打倒蒋介石反动政权和追求民主自由的社会解放而奋斗。虽然这一过程也历尽艰难，但精神和心态是非常自豪，无怨无悔的。这是我们这一代人的大幸。在我们这辈赤心肝胆的人当中，焜焘是最优秀最有成绩者之一。

但中华人民共和国成立后为时不长，就开始了各种不断的政治运动，出现了很多历史的曲折和后人很难理解的历史荒谬行径：全民肃反，全民打麻雀老鼠除四害，全民敲锣打鼓宣传公私合营进入社会主义，全民打右派（按规定5%打），全民土炉炼钢，全民"大跃进"，全民办公社、吃食堂，全民写诗，全民反修正主义直到全民搞"文化大革命"……弄得天翻地覆，正如中共中央关于建国以来党的若干历史问题的决议中所作的历史结论：这是一场民族的大劫难。

这就是我们所经历的时代，是大幸也是大不幸。焜焘的思想探索和研究就是在这个历史背景中进行的。离开这个时代背景，不可能理解焜焘以及那一代的知识分子。人们不能选择生产方式，也就是人生下来不能选择历史，只能在一定社会条件下，凭个人的意志和所受各种社会影响及机遇而选择人生的道路。焜焘一生的道路也是曲折的，但他一旦选定了就终生无怨无悔，直到生命的终结。他的选择是：政治上做一个忠诚而高尚的共产党人；学术上真正阐发马克思主义哲学的理论，使其深刻化，而反对教条化、简单化和庸俗化，特别反对用爬行的实用主义歪曲马克思主义的哲学；在做人上，他选择宁可站着死，不可跪着活，宁可狷狷自洁，绝不媚世媚俗，丧品污节。在"左"祸横流、污浊无耻、欺世盗名的那些运动年月，他痛心疾首，义愤填膺，在各种攻击污蔑围攻的压力下，毫不动摇，拒不检讨，蔑视那些靠运动吃饭的哈巴狗而独自走自己的路，如在大漠中，伴随驼铃声悠然慢步前进，一步一个沉重的脚印，而把那哀嚎的吠声抛在后面。

我是1940—1944年在成都金陵大学，焜焘是1942年2月—1945年12月在金大。我们有一点友谊关系大约是在1943年左右，我们一起上一些共同课和哲学专业课。印象最深的是上牟宗三先生的"康德哲学"课。当时选上他的课的学生并不多，记得只有八九人，后来只剩下四五人了。但牟先生反而高兴，仍然很认真地讲课。

混学分的走了，留下的是专心听讲以及有分量的提问和交谈。牟先生很喜欢焜焘和我，所以有时下了课，晚上我们两人还去牟先生的寝室提问交谈，或下课在送先生回去的路上交谈。牟先生当时只有一间住房，很小，满是零乱的书，大都是外语书。浓烈的叶子烟味充满全室。牟先生给人印象很高傲，不易亲近，但觉得焜焘和我"孺子可教"，显得特别愿教。老实说，我们两人从牟先生处获得的最大好处，不在于学到了我们所不知道的知识，而是学会了一点逻辑分析、逻辑论证的真正辩证思维方法。牟先生后来在香港中文大学成为海内外的受人崇敬的宗师，不是偶然的。"文革"后焜焘与牟先生又取得联系。几十年过去了，牟先生还记得焜焘，对他有深刻印象。

另外就是哲学系主任倪青原教授。他是留美哲学博士，曾任金陵大学文学院长、总务长，后专任系主任。他是一个思想很开明的学者，是主张兼容并包的。他认为世界是千姿万态、太阳也有七色光的世界，不能把世界和思想变成一个色彩一个模式。古希腊文明与中国古代春秋战国时期的文明能成为人类文化丰富多彩的高峰，就是它们各有各种思想各种学派的自由竞争。倪先生上课常用英语讲，发的讲义也是英语的，有的同学语言不过关听起来很吃力，但他用英语讲课在表达自由学术思想上有很大方便。他自命是政治上的中间派，哲学上的自由派。总的倾向是不满国民党，欢迎共产党。他是属于爱国、爱学术、爱学生的知识分子。焜焘和另一同学郭维被捕，他全力营救。我与焜焘的思想和政治倾向他是知道的，但却先留我在系里教课，我走后又留焜焘在系里上课，这点在别人是很难办到的。在中华人民共和国成立初期他因其自由主义作风等被歧视冷落，与柯象峰先生等都被撤去领导职务。倪先生郁郁病故，幸好死在反右之前，不然他很可能历尽折磨而死。

到 1944 年，日寇加紧对我国西南的进攻，国民党节节退败，独山失守，整个大后方震动。这时国统区的民主运动广泛兴起，重庆、成都、昆明等地内迁高等学校和西南各地大中学校的学生民主运动蓬勃发展。这一运动一直进行到 1945 年日本宣布无条件投降。此后又开展了反内战、反独裁、反饥饿的民主斗争。焜焘积极参加了这些运动，成为积极分子，他所参加的民主学生组织"六社"大都是我党直接领导的组织。我俩在这些运动中更加接近。1944 年夏我大学毕业，倪青原先生要我到哲学系担任教师，正式开授"逻辑概论"和"人生哲学"。当时焜焘是四年级，正在赶写毕业论文。由于我是成都地下组织"民协"（民主青年协会，南方局青委直接领导）的主要领导人之一，暴露较多，张友渔同志代表组织让我离开，我即被调到重庆南方局被安排担任重庆新华日报记者工作。我走后，1945 年焜焘毕业，他接替了我的工作。这一分手就是好多年。他复校后到南京及以后的各种情况，都是 1949 年以后我们重逢时在闲谈中零星知道的。

　　焜焘告诉我，他返南京后，经过各种斗争和考验，曾被捕入狱，曾参加"五二〇"学生运动的大斗争，他在思想上组织上有一大飞跃，1949 年 4 月他被批准入党。

　　萧焜焘于 1947 年与王月娥结婚。月娥与我也是金大老同学，她是外语系的，是印尼爱国华侨。月娥正是因为热爱祖国，放弃了印尼富商子女的优厚生活，勇敢无私地回到祖国参加抗日，热情地想为祖国奉献一分力量。由于她在海外已接受党的进步影响，参加了印尼共产党的地下进步组织，所以她在金大与"六社"的同志们积极参加了民主学生运动，也参加了党直接领导的地下外围组织"民协"，也参加了我组织的"现实学社"进步学生组织。月娥忠厚善良，思想开朗，富有敬业精神，待人亲切随和，但在政治上很坚定，也很坚强。在 1949 年以后几十年所经历的政治风雨中，她表现得较谨慎，与焜焘风雨同舟，患难相共。她本是富商之女，养尊处优，不善家务，但为焜焘，她把一切生活的担子都挑起来，抚养三个子女。在焜焘处境非常困难时，她是焜焘的贤内助、生活支柱和感情支柱。他们夫妇感情深厚，相依为命，是我们朋友中大家非常羡慕的一对。焜焘对我说："我最怕我走在她前面，让她难受。"但结果他竟然走在月娥的前面。迄今儿女们不敢告诉她，怕她受不了这个打击。从焜焘与月娥五十多年的夫妇的爱情生活中，我们感到他们有一种深厚的相互理解、相互支持的真正的爱情，是夫妇，是同志，是战友，是患难与共风雨同舟的知己，是一种高尚精神生活和纯真感情的坚毅表现，这也是一种壮美的人格力量的自我表现。

焜焘是一介书生，狷耿自许，毕生以弘扬革命理论、辩证认识和探索客观真理为己任，历挫而不馁，受压而无畏，埋头研究，不务虚名，节操自励。在我几十年的社会生活中，所见的像焜焘这样的人并不很多，但各地各单位都有这种类型的人，故能同声相应，同气相通。所以焜焘在生前能得到很多同辈和学生的衷心尊敬，他的逝世得到无数人的真诚悲悼。

我 1945 年离开成都到重庆工作。国共谈判破裂后，我回到延安及其他解放区，我们联系中断了。直到 1954 年焜焘调北京中央党校学习，他才偶尔在星期天到我家闲谈，也接触到一些理论问题，但谈得不深，以寒暄叙旧为主。记得我们当时谈到的一些理论问题，也是当时大家都很关心的问题，如有没有新民主主义阶段？为什么喊"新民主主义万岁"就会犯错误？对"人民民主专政实质上就是无产阶级专政"，换言之，社会主义社会就是无产阶级专政的社会，这应如何理解？中国民主政治形式的模式的可能前途，应具备哪些条件？对苏联先进经验应如何学？如何看待苏联专家的教条主义？

还有关于 1953 年斯大林去世后对斯大林功过的一些看法（仅限于苏共二十大以前的），及《联共党史》四章二节关于若干哲学问题的表述与提法等等。焜焘当时在中央党校，在学习思考中只轻微提了一些疑问，对苏联教员讲课提了点意见；对一些党校教员讲课中随意歪曲马克思主义的剩余价值学说，提出了点质疑；对马克思主义三个理论来源与三个组成部分，提出应如何正确理解，黑格尔辩证法在马克思主义思想中的地位和意义，重视不够研究不够；认为对黑格尔辩证法的简单否定是妨碍对马克思主义哲学的深入了解，对哲学史上一些重要学派的理论批判，不能只靠武器的批判，更重要的还是理性的批判和实践的批判等。焜焘当时在党校提出的这些问题，都是可以讨论的，甚至是必须讨论，不能回避的。但当时却成了焜焘的大罪状，大会小会，连续批判了他四个月。

党校学员，大都来自地方高级官员，来学习主要是解决贯彻中央当前某项重大政策和措施等问题，也读一点原著中个别有关章节语录之类，都是成分好、资格老、地位高，但文化不算太高的同志，习惯用文件语言讲话。因此见焜焘竟公然"攻击"苏大哥有教条主义，公然"吹捧"什么黑格尔白格尔，公然指责某权威曲解剩余价值学说，便一窝蜂千人一面、千口一词地对焜焘进行批判，但理论上拿不出也说不清任何有分量的东西，于是又转向在作风上做文章，说焜焘傲慢自大，狂妄主观，关门读书，死啃书本，拒听群众意见，坚持错误，拒不检查，目空一切，孤芳自赏，等等。

本来学习是为提高马克思主义理论水平，更自觉更深刻地理解和掌握党的政策，是在探讨、论证、交流中丰富自己，但现在却变成谁第一个说人是猴子变的，所有教徒都想咬死这个人。学习不是使头脑更丰富更有理论思维能力，而是成了封闭头脑、贯彻个人崇拜，核心主题成了统一思想、统一说法、统一词汇、统一声调，最后完成"舆论一律"的最高指示。

焜焘在党校挨批挨斗，不仅是个人问题，是反映一种历史现象。正因为有了多年这种现象的积累，才会有"文革"的爆发，把伟大的革命的马克思主义理论，当作诡辩的随意性的一刀切、一风吹、一边倒的政治赌博工具，把马克思最注重人的解放和追求自由人联合的学说，变成为有嘴不说真话的驯服工具和只会学舌的鹦鹉。这一段历史已有了全党的历史问题的总结，这是历史的进步。但为什么会形成如此规模浩大、史无前例的浩劫和灾难？很多问题还有待进一步理清和研究。

由于一场共和国初期的大冤案，我意外地被卷了进去。我根本不搞文艺，却成了文艺界所谓"胡风反革命集团"的重要成员。在铺天盖地全国的大声讨、大批判、大揭露中，我的社会关系都切断了，全家老小，远亲近友全被株连。

二十多年以后，打倒"四人帮"后我们重新见面，谈及此事，焜焘笑着对我说："当时反胡风反胡适，胡适我们搞哲学的还知道点，胡风写过什么，根本不知道，大家全按'按语'调子发言，当时主要抓文艺界反党阴谋活动，我这个人不搞文艺，也不会搞阴谋，与你是同学关系，多年隔绝，没有往来，你认不认识胡风，我毫无所知，大家就放过去了。"又说："报上说你和方然是暗藏反革命，我与你们同学几年完全了解，你们对党和毛主席是属于'愚忠'之辈，说你们是暗藏反革命，是国民党残渣余孽，是阴谋想推翻共产党政权，把话说过头了，用栽赃穿靴戴帽的手法，只能骗不了解真相的人，他们宣传愈凶，我心中愈打问号。说什么'阶段斗争一抓就灵'，多年运动，常是一抓就错，把一个国家弄得人人自危，闻运动而心惊，听批判而胆寒，唇刀舌剑，鬼影森森，今天为人，明天为鬼，祸福难测，是非莫辨，弄得党内党外仿佛周围都有敌人，这哪能心情舒畅、兴旺发达！"还说："看来小平、耀邦及党内很多老同志，具有很高的水平，有大政治家的气魄和眼光，总结了惨痛的历史教训，以无比的坚定和勇气大力平反冤错假案，提出了很多重大政策，可谓扭转乾坤，实行改革开放，开辟了历史发展的新时期，很幸运我们赶上了今天。"但他带点忧郁地接着说："中国这块封建专制几千年的土地，生产力落后，小农经济孕育的社会心态，历史沉渣，'左'的社会影响，可能还会延续很多年，一定会改头换面，有的历史画面也可能还会重演。"这些话说明焜焘并不是完全书生气，还是有深刻的政治分析能力和一定的历史洞察力，对我是很有启发很有帮助的。他给了我一个观察现实与历史的思想方法。

党的十一届三中全会后，我得到平反调回北京。最初我到中国社会科学院参加由黎澍同志主编的《中国社会科学》杂志做编辑工作，负责理论哲学版，这样我与焜焘才恢复通讯关系，都庆幸"大难不死"又能重新见面了。

这时焜焘带来一篇长达8万字的长文《关于辩证法科学形态的探索》。这是一篇研究马克思主义哲学，阐明马克思辩证法对黑格尔辩证法的批判、继承与发展的关系的论文，是一篇非常有理论深度和逻辑论证力量的论文，也是难得读到的真正有哲学思维、哲学论证、哲学味道的大著。这文章太长，内容艰深，但细致严密，层层解剖，显出了逻辑、历史与辩证法的统一。其中心主旨在阐明辩证法的核心是否定之否定。这是恩格斯表述辩证法的本质思想。这个论点与当时流行的教科书和苏联传统提法是有所差异的。虽然这是恩格斯本人最明确的原话，却长期被人忽略了。但焜焘阐发这一观点却被理论界中一些人认为是离经叛道。他在江苏因为这些学术性观点，而在公安机关挂上了号。这样8万字的学术长文，任何刊物都很难刊用。我与焜焘商议，建议发表其中一部分，即砍掉一半，并建议修改了几段措辞，变得浅和平实一点，并由我为此文写了内容提要征求他的意见，他同意了。这样我就在编辑部正式推荐刊用此文，对文章主要思想、学术水平、作者情况做了介绍。黎澍、丁伟志二人听了汇报，看了文章，十分欣赏，认为是学坛难得的有分量的哲学论著。但也意识到把否定之否定当作辩证法核心的观点，一发表肯定会引起强烈反应。当时刚打倒"四人帮"不久，思想界相对宽松，且正值胡乔木指示，要把《中国社会科学》办出能代表国家的学术水平，于是黎澍、丁伟志提议，为稳妥起见，此文送乔木同志审阅。过了几天，乔木同志把文章送回来了，说他看了萧焜焘文，认为写得很有理论水平，可以刊用。这一下我们高兴了，有了胡乔木同志的"尚方宝剑"，事情就顺利多了。可决定发表后，又产生4万多字是一次发表，还是分两期或三期发表的问题。经过讨论，大家认为《中国社会科学》这样的大型学术刊物，重头文章最好一次刊用，便于同行一读就能窥其全貌，也便于翻阅保存，于是决定几万字论文一期刊出。这篇文章经过这么多的曲折才与社会见面，回想起来，令人深思。一篇学术论文，要经过中央意识形态最高领导人点头才能刊出，要不然心头就要捏一把汗。

焜焘当时在江苏处境并不算好，但此文一发表，他的处境就发生了好的变化。世俗心理很简单，文章理论内容说些什么并不重要，重要的是官方的看法。他的文章的思想与一般提法不一样，一些黑格尔式语言也使人弄不太清，但那么长的皇皇大文在《中国社会科学》一次发表，又似乎使人肃然起敬，似懂非懂，玄机莫测，更可见大有学问，于是他顺利通过了教授职称，让大家另眼相看。当时的江苏省委书记刘顺元同志有丰富的革命斗争经验和较高理论素养，思想开明风度豁达，他对焜焘的理论水平和做人品格有较好的评价，俩人成了可深入交谈的朋友。后来孙家正同志也对他十分敬重，这都有助于他处境的改善。但萧文毕竟触犯了一些理论界自命"正统"的人,于是以《哲学研究》为代表的其他几家刊物,先后发表了批萧观点的文章。但这些文章,事过境迁,现已被人忘却了。

萧焜焘在这篇论文中提出的几大问题,可以说仍然是我们哲学界还有待继续研究和探讨的问题,即:(1)什么是辩证法的科学形态?(2)马克思主义的辩证法与黑格尔辩证法的批判继承与发展的关系。(3)辩证法、逻辑学与认识论三者的本质联系及其在人类认识史上的发展变化的基本规律。(4)辩证法三大规律的联系与统一,自然辩证法与社会历史辩证法的共同规律与特殊规律。(5)辩证法基本规律与范畴的内在联系。(6)为什么马克思将辩证法说成是"否定性的"?为什么恩格斯将"否定之否定"作为整个过程的核心?为什么列宁将"否定性"视为辩证法的精华?

这些问题是非常重要的基本问题,是用简单化、教条化、庸俗化、实用化的话语都不能回答的问题,是要用大力气下苦功才能说清说透的问题。萧焜焘花了很大功夫,他阐述了自己的观点,这也是他个人的一种学习和探索。

我自己学哲学,教哲学,一生几十年读了不少哲学论著,现在老了,总有一种感觉,我们的哲学都太政治化、教科书化、政策化了,相当多的教条化、实用化、简单化甚至庸俗化,鸡零狗碎的,多是服从于政治与政策的宣传品。真正的哲学逻辑思维方式,真正做到历史、逻辑与辩证法的统一,的确很难。读萧焜焘的论文和书,有时他那种黑格尔式的语言和思辨,与中国传统哲学表达方式相比会给人一些生疏感,但其在推理、论证、逻辑分析、概念内涵与外延的关系上,表现出了有力的层次与结构的严密与细致,前后呼应,思辨与历史和现实的逻辑统一,有一种理论论证逻辑的美感。其哲学文章使人产生理论逻辑美感,这种感觉不仅我一人感到,别的人也有同感。我这里不可能对其充分展开分析，但他有大著和一些代表性论文在，试读下去，会情不自禁有所同感的。

焜耀晚年，除了全力完成他的三部大著外，有两件事他花了相当多的精力来思考。一是对中华民族的精神弘扬。他从中国在漫长历史中所积累的优秀文化的传统出发，综合分析了中华民族精神的形成和发展，这是他对当代若干文化的沉沦、社会腐败、崇洋媚外、封建势力回潮等沉渣泛起的混乱现象的反思。他写了非常动情和高度概括的长文《海难》。这是一篇对中国哲学史和民族文化传统、历史的辉煌与灾难、东西文化的异同的分析与融合，浇铸了他自己一生的爱国主义的深情的动人文章，是哲学历史现实与诗的结合，把哲学的深邃性，历史的丰富性和继承性，诗的语言的光彩，及现实的批判性融合为一体。焜耀写道："精神空虚，文化低落，理想幻灭，唯钱是举，长此以往，那种全无心肝没有灵魂的行尸走肉酒囊饭袋势将日渐增加，从而造成一个物欲横行的世界，而精神世界则日渐灰飞烟灭了。民族精神问题，也就是民族魂问题。鲁迅说：'唯有民魂是值得宝贵的，唯有它发扬起来，中国才有真进步。'一个民族失魂落魄了，难道不值得猛省吗？"这一段话，足以表达他的为国忧思、深沉的爱国主义的炽热感情和对中华民族魂的振兴的渴望。

此外，焜耀与我多次谈到关于理解和弘扬中华文化问题。我们习惯于把一部历史的各方面分别展开研究，这有利于深入，这是必要的。但从哲学上看，则应着重于综合的文化研究，才可能从中提炼和升华出更具本质整体性的更深远的东西。几千年来中华民族本身就是在多民族多元文化的融合和共同发展中形成的。现在有一些人有一种对多元的精神恐惧症，总想在多元多极的世界中搞一元化，把哲学思想的根本问题的一元论，与现实政治世界和精神世界的多元化混淆起来，想用主观的调色板，把政治、经济、文化、精神意识等都用所谓"一元化"统一起来，一个声音，一个色彩，一个主义，一个领袖，一个模式，而且一百年不变。

煜焘晚年考虑民族精神、传统文化，他所考虑的，一是弘扬中华文化，既不是虚无主义，也不是复古主义，而是综合创新；一是如何把世界文明中最优秀的西方文化也融于中国优秀文化传统之中，在未来世界人类文化的大家庭中，把西方以科学文化为主的文化传统与中国以政治伦理为主的文化传统相结合。用煜焘的话来说，即如何使自然与人生的统一，达到天人合一、人定胜天的境界。煜焘这一思路是很有意义的，很有启发性，相信今后会有更多的人来做这方面的工作，这是历史发展的需要。

我们在青年时曾拜识和受教于不少当代著名哲人和学者。在抗战时期的成都华西坝曾是当代学坛巨子讲学之地，我们一起听过陈寅恪、冯友兰、钱穆、贺麟、牟宗三、王宪钧、周辅成等名家的讲演和课程，我们读他们的书，听他们的讲演，也评议过他们。他们丰富了我们的头脑，增加了我们的知识，启发了我们的思维，但逝水流年，这些都过去了。我们两人几十年来都共同尊敬和热爱我们青年时代的老师周辅成先生。写煜焘一定要写周老。打倒"四人帮"后，只要煜焘到京，我们总一定相约去看望周老，向他请教。周老在哲学和伦理学上的成就，是学术界公认的，但周老和我们却是无话不说的师徒和最知心的朋友。周老今年已近九旬，但精神很好，思维敏捷，胸怀非常开阔。过人的品格产生过人的精力，对历史和现实有着深邃的洞察和沉思。我们看望周老时总是提出问题，交换意见，互相研讨，聆听教诲。这种师生情谊，可说是我们理智与感情生活中的一种高级享受，这种享受和教诲，在纪念煜焘时不能不提。

我们讨论的问题很多，周老的教诲也很多，但有几点对我俩启发很大。周老一次与我们谈起，关于理论著作，一般说只有深浅之别，不会有哭笑之声，但人生中却免不掉哭声、笑声和叹息声。周老说，我们有的理论著作或大块文章之类，虽不挂刀佩剑，但语声和字里行间带有腥气，却是笔墨所不能形容的。正如戴震所说："人死于法，犹有怜之者，死于理。其谁怜之。"宋明理学带来多少哭泣声？历史悲剧大都是大块文章宣告豪言壮语下的人民血泪。周老告诫我们，不要写空头文章，要从高深的哲理中看到平凡人的生活实践和历史真实的运行实际。其次周老说，古今中外，人们都说人是有理性的，这区别于动物。人不同于禽兽，就是没有动物的野蛮性。人类是崇尚理性，反对蛮性，但真实历史却常常是蛮性战胜理性。这个理性与蛮性之争看来远未结束，甚至花样翻新。讲哲学要讲理性，但不要忘记现实生活中的兽性。哲理的升华高耸于群山之上；但半人半兽的人也会吃人的。兽性是利齿锐爪，专门捕捉比它弱小的动物而饱餐鲜血皮肉的，连骨头也要咬碎的，讲哲学不讲人性与兽性是讲不透的。

周老告诫我俩："知识是可贵的，道德是可贵的，文化也是可贵的。这些都是人民艰苦奋斗，用血汗换来的成绩，切不可算在名利熏心的所谓英雄豪杰们的账上。有人如果利用它们作为奴役、愚弄人民的工具，或作为'向上爬'的工具，当然是可鄙的，也是可恨的。我佩服古往今来站在人民一边，用鲜血来捍卫人民的权利与人格的有良心的志士们的气节与灵魂。我手中只有半支白粉笔和一支破笔，但还想用它来响应这些古今中外贤哲的智慧和勇敢。向他们致敬，但愿他们的精神万古长青。"

我们两人是相交五十七年的老同志，我们共同受教于周先生，"文革"后这二十年更是多次受教于周先生，我们是周门弟子，我们受益的不仅是具体知识，而且是做人做学问的品格。焜焘去了，我们都很难过，但周先生有这样的弟子，我有这样的朋友，我们感到安慰。焜焘教了一辈子书，有无数学生，很多人尊敬他爱他，我的学生也很多。我想纪念焜焘，他与周先生的师生之谊，与我的朋友之谊，及他的很多朋友之谊、师生之谊，都令人难忘，而在丧失师友的悲痛中，周老教育我们的话，也应成为我们的共同悼念应记住的话。

人应该有人格，有良心，有气节，有灵魂。教育在知识和做人上是传承历史的链条，这点精神传下去，就是对焜焘最好的纪念。

1999年8月中旬于成都客居

不昧丹心是萧公

宋希仁[*]

  我认识萧焜焘先生是在 1985 年。那年，我应邀给东南大学（当时称南京工学院）哲学与科学系创办的第一个伦理学研究生班讲西方伦理思想史。萧先生当时任系主任。他关照系里对我的讲课、食宿做了周到的安排。他怕我这个北方人到南方食宿不习惯，常派人问寒问暖，有时还从他家做点可口的菜送给我。他的热心、细心和诚意，使我深受感动。也许是初次见面的缘故，那次谈学问不多，只是偶尔问起讲课内容时说几句。不过，我从他那谦虚、谨慎的话语中，多少领悟到他的精神，窥见他深藏不露的学识。

  学贵得师，亦贵得友。第一次相识的直感，使我意识到萧先生将是我可以请教的老师和治学的朋友。我当时正在研究人生哲学，准备开设人生哲学课。我想依照真善美的思路，建立一个适合于青年人成长的人生哲学体系。回京后不久，我给萧先生写了信，一表感谢，二请赐教。果然，萧先生很快回了信。信中说，他对我的研究很感兴趣，在人生问题上有许多想法相同。他说他正准备给研究

---

[*] 作者系中国人民大学哲学教授、中国人民大学伦理研究所所长。

生的一次课堂讨论做小结，准备讲四个问题：（1）真善美的统一：善以真为本质，以情为动力。（2）中西伦理规范的出发点：公正与人情。（3）伦理规范的几对矛盾：公私、爱情、利害、生死。（4）道德修养和人生态度。不难看出，这四个问题之间有着深刻的内在联系。简单的提纲已提示出丰富的内容和深阔的眼界。随后，我读到他那篇谈人生的论文《死的默念与生的沉思》，深为他那冷隽的语言和睿智的思考所启迪。是年，先生65岁。他说，生之大限日益临近，但他没有那些高雅之士所谓大彻大悟的情怀，却感到自己复归于不彻不悟的婴儿般的朦胧状态。文中深刻地阐述了物之成毁与人之生死的内在统一性，阐释了客观命运与个人抗争的辩证法，以精辟的思辨论述了情理与死生的关系。他的结论是："乐道安生，死无论矣！"

这之后有几次书信往返，每次信中都有关于人生问题的议论。大体说来，萧先生观察人生有一个从自然、社会到精神的统一的大视角。这个思路与我讲授的人生哲学大思路不谋而合，不过我从他的议论和文章中得到不少新的启发。讲课之后，我将讲稿补充、修改、整理出版，题名"不朽的寿律——人生的真善美"，并将他的那篇关于人生的论文作为书序。征求他的意见，他很高兴，建议把文章题目改为"生之永恒"。这一改，恰与我的书名"不朽的寿律"相映成趣。1990年春，我把《不朽的寿律——人生的真善美》一书寄给萧先生，他随即回信，谈到初读的印象，颇为感慨地说："人生难得一知己。在人生哲学中我们可以成为忘年交了。"那时，他刚脱手《自然哲学》书稿，由于劳累，身体不太好，但他心情不错，答应去新加坡探亲回国后为《不朽的寿律——人生的真善美》写一书评。他不负所望，年底就寄给我一篇近5000字的书评，题为"人生多歧路，如何使正之"。我很感激，遂作小诗以谢之：石城道别已三年，问学共识伟书晚。惠文激起千般情，感念难落言语间。

人们都知道萧先生的哲学思想在于对唯物辩证法科学形态和体系的探索，在于对哲学史和科学史的系统阐发，在于对中国传统文化和东西文化比较的研究，但对萧先生关于人生问题的哲学思想，尚未予以注意。这个方面文字虽不多，但仅有的文章和诗篇已足以表明他的人生哲学思想的成熟和独特。也许这正是他的精神哲学的真正归宿。他为《不朽的寿律——人生的真善美》写的那篇书评，说是书评，在我看来实际上正是萧先生借题发挥、全面阐发唯物辩证的人生哲学体系。

萧先生把人生看作一个客观进程，认为人生哲学就是要给人驾驭这一进程、将人生导向光辉顶点的智慧。他赞成书中所提的三个问题：人生是什么？人生应当是什么？人生能够成为什么？他把这三个问题归结为真善美发展的环节，阐述了它们之间的内在联系和发展过程的过渡，勾画了一个思辨的人生哲学体系。他认为，对人生的认识必须上升到哲学的高度，进行辩证的分析，从整体上予以把握，透析其本质，才能深刻领会人生的意义。什么是对人生的整体把握呢？按照萧先生的概括，就是从自然生命、社会生活、精神状态之间的辩证关系，揭示人生的发展过程。他说，关于人生本质的探讨，就是对人生哲学的基础和出发点的揭示，即对人生做出本体论的论证。但若停留在这一步，无疑会重蹈庸俗唯物主义的覆辙，必须进入对人生的社会存在的分析。社会存在才是人生的直接基础和出发点。但是若停留在这一步，无疑将会重蹈经济决定论的覆辙，因此，必须上升到对理性思维和精神状态的分析。只有归结到这一步才能显现人生的本质和价值。他把这个辩证运动过程归结为这样一个三段式：自然生命—社会生活—精神状态。这个归结是合理的、深刻的。它所展示和强调的不仅是人生的实存，而且是具有思维能力的人在人生中的主动性与创造性。这样，人生在客观上就进入社会伦理领域，在主观上就进入意志行为领域。社会伦理、意志行为就构成人生进程的核心。这个分析对于目前国内流行的伦理学观点来说，无疑是别开生面、发蒙振滞的新论。

　　再往下分析，萧先生指出，人面对自然界与社会群体，认识它，顺应它，又力图改造它，以服务于人生发展的目的。这样就有了所谓人生的理想，实现人生理想的道路，以及创造人生价值。由此，从辩证的过渡和概念的推移来说，就有了"目标—目的—理想"这样一个递升发展，揭示出人生理想、人生道路、人生价值的辩证圆圈运动。谈到这里，萧先生指出，在客观的人生行程中，理想的实现道路是荆棘丛生、崎岖坎坷的。人生是矛盾的复合体，在矛盾斗争的旋涡中，有人壮志未酬身先死，有人踌躇满志上青云。诸如此类，事有必然，亦不无际遇。他赞扬林则徐站在民族国家整体利益的高度，在内遭权臣重压、外受列强攻击之下，迎面而上、不避祸福生死的高尚精神；感叹他为正义反被陷害、远戍边陲的际遇之不平。由此，他强调实现人生理想有时要经受种种磨难，甚至要付出生命代价。

　　通过对人生过程中的各种矛盾的分析，萧先生认为核心的问题是个人与群众的关系问题。他赞赏书中所说的"作为个人的社会特质和内在倾向，人格始终是人生自立的脊梁"。如果说，理想是生活智慧的结晶，道路是生活实践的轨迹，那么价值就是生活智慧和生活实践统一而体现出来的生活意义。人生意义是对人生行程反思的结果，要言之，就是"纯朴真诚"。人格的纯朴真诚源于自然而又高于自然，是人类自觉生活的向往，又是对社会滋生的虚骄暴戾、污言秽行的抗议。它使人达到生之朦胧状态。朦胧状态不是回到原始野蛮状态，而是将人生的自觉性、主体性，提升到社会伦理实体的高度，使个人的人格和精神具有普遍的社会客观性，从自在达到自为。这正是明哲、英雄、天才、圣人之所以不同于流俗者之处，他们以天下兴亡为己任，澄清玉宇，扫尽娇氛，开拓人生，拯救黎民；他们追求崇高、伟大的社会理想，锲而不舍，唯道是从，于是成为崇高伟大的化身。当人的自我修养达到这样的境界时，他就完全融于人类社会无限发展之中，从而获得生之永恒。人生脱离了自然生命的大限，就在有限中实现了无限，从必然中获得了自由，在生命的燃烧中达到了人生的不朽。萧先生对人生哲学的评述和阐释，是高度思辨的，同时又是深深地扎根于现实人生、融会着他的人生真实体验的。应当说，是他对人生归宿的描述，令人感奋不已，肃然起敬。他从理论上所阐发的，也正是他自己的为人所追求的。这一点可以从他的诗中得到证实。1993 年 6 月，我去南方开会，转路南京拜访萧先生。他赠我当年 1 月 5 日凌晨吟成的四言诗：

香凝冷翠，芒绽霞红。水影摇曳，雪朵垂晶。
心沉碧海，意拔苍穹。身归造化，物我交融。

真是文如其人，诗如其神。哲学与诗、哲人与诗人的内在相通，在萧先生的人格中融为一体了，此后，我有幸感受到萧先生作为诗人的气度和风度。

萧先生的《自然哲学》于 1990 年出版。1992 年著名诗人公木读了《自然哲学》一书，从中领悟萧先生的哲学而受到启发，对人的解放和自由提出了新见解，他认为，人的解放和自由对于主体而言，就是自我的觉醒；对于客体而言，就是真理的显现；对于人生而言，就是幸福的享受；对于情操而言，就是真挚的崇爱。人的解放与自由就意味着主客交融、天人合一；善与美统一于真，意志与情感统一于理性。这些思想使他确证了多年沉思的关于"第三自然界"的理论，转年发表了《第三自然界》一书。他的书中有诗，诗中有哲理。他的书一发表，萧先生就为其写了书评《诗论三题》，对诗的鉴赏原则阐发了行家也为之佩服的精辟见解。在给公木的信中他还为公木赠诗一首：

放歌泽畔接苍穹，峡口奔洪直向东。
不下蟾宫亲桂月，偏沉北国吻黑熊。
行舟难免礁滩石，登月休提地面峰。
蝼蚁撼山岂自量，沐猴弄柄必归空。
回天有术靠黎庶，悲悯情深交颈拥。

这首诗抄在 1994 年 8 月 8 日夜里 10 点半写的来信中。信中说，他"极少写诗，实因生活苦涩，难有佳兴"。寥寥数语，道出了先生的艰难处境和心情。其实，悲愤出诗人，萧先生诗中常有悲愤之情，使他的为数不多的诗，深深地刻画出先生刚直不阿的高尚人格。先生不仅精于哲理的思辨，而且擅长诗词，有极好的天赋和文学修养。他的文中有诗，诗中有理。他使抽象思维和形象思维紧密相连，使哲学与诗融为一体。他的文章、著作，语言优美，铿锵有力，让人清醒又陶醉；他的诗意境深沉，使人在陶醉后警醒。这一年，他写了论中华民族精神的一组论文，回击自《河殇》以后的错误思潮，弘扬民族精神和爱国主义。在《悲悯情怀与民魂迴升——三论中华民族精神的形成与发展》一文的结尾，他以奔放的激情呼唤中国民魂，高扬浩然正气，作歌曰：

晨风晓月，飞瀑凌空。

清溪九曲，琴韵天成。
会当峡口，化作雷鸣。
平畴万里，蓄尔奔洪。
巉岩险阻，水拍心惊。
百川归海，浩瀚无垠。
气吞河岳，情悯众生。
泱泱华夏，如日方中。

诗言情，亦言志，其情至深，其志浩然，气势磅礴，抒发了先生救世济人的悲悯情怀和爱国宏志，他把自己的人生融化到民族精神之中了。

转年，先生寄来宏文《爱国辨》。文章通过对"爱国主义"的辨析，对中华民族爱国传统的梳理，阐发了中华民族的爱国精神。这篇论文是他那几年所写的关于民族精神的一组文章的综合，其分量更加厚重。在我看来，此文也是他的人生哲学的终结。他在来信中说，那里充满难以用文字确切表达的感情激荡，也正是他借助论文而又不限于论文的爱国热情的表达。他一生立志高远，伸张浩然正气，捍卫民族尊严。他概括两千多年的中华民族精神是：仁爱诚敬的高尚情操，通灵剔透的辩证智慧，宽厚豁达的处世态度，出类拔萃的思辨天才，神思迭起的颖悟能力，救世济人的广阔胸怀。正是这种中华民族的精神在萧先生的人生中得到了具体体现。我敬佩他的为人，更赞赏他的精神。读了他的《爱国辨》之后，写了这样几句：阴晴圆缺古今同，经世难免雨和风；沉沦自毁知多少，不昧丹心是萧公。先生回信，在病中和诗一首：

浊古难圆盼大同，

沉渣积垢待狂风。

忧伤最是人心冷，

热泪盈眶酹众公。

信中说，他生活处境困难极多，却少人分忧，眼见精力日衰，家庭动荡不定，担心《精神哲学》难以完成，有些感伤。这是我同他多年交往中第一次看到他诉说自己人生的感伤。尽管如此，他仍表示要努力克服生活困难，建造家庭病房，为夫人治病，自己也要战胜病魔，争取早日康复，完成未竟之业。

1995年10月，《科学认识史论》出版，这使先生在忧伤中得到些许快慰。也许是借此良机好运，他的病果然好转。1996年，我请先生到中国人民大学伦理研究所讲学，他欣然同意，在北京住了几天，给人大哲学系伦理专业师生做了《传统伦理规范的扬弃与当代人文精神的建立》的学术报告，受到师生好评。他的渊博学识和严格的理性思辨，也使我们的学术空气为之一新。临别时我送他几句诗：匆匆话别送归程，促膝谈心恨晚逢。耳顺徒悲青春志，但愿后继有人雄。先生回南京后随即回信和诗曰：奉召北游不计程，感君知遇喜重逢；同心绪绝人伦著，愿献真情铸哲雄。显然，诗中包含着他要继续完成《精神哲学》大作的愿望和对后人的殷切期望。此次北上，给先生增添了快乐，但不久又收到来信，说他忧病兼至，一蹶不振，我再次为之震惊。

不料一个月后，先生重又复起，决定去参加珠海"当代马克思主义与跨世纪战略"学术研讨会，我真为他担心。果然，因奔波劳累，他回南京后就一病不起，又住进了医院。去年11月中旬，我去南方开会，转道与高兆明教授一起去看望他，他正躺在医院病床上接受输血，但精神健旺，思路清楚，语言表达准确，一再说他不能死，还要完成《精神哲学》；还说他正在打腹稿，想写一些随笔性文章，连书名都想好了。我见他高兴，告诉他前几年交出版社的由他主编的《黑格尔文集》和他的文集来年春将出版，他很高兴，不停地说了近一个小时的话，直到护士干预，我和高兆明教授才依依不舍地离开。没想到，这一别竟成为永别。我心头时时感到隐痛，因为先生去世时没能亲眼看到他的文集，而且到现在那两部书还没有出版，能不能出版其命运还在出版商手里。走了的人带着遗憾走了，留下的人怀着深深的愧疚，继续等待着。

学术是他的生命

鲁 洁[*]

我与焜焘同志相识在 1952 年。那年，我肺病初愈后复学，当时我所就读的原金陵女院与原金大脱离教会的关系合并为公立金陵大学。那时学校的党员人数少，只建立了一个党支部，各个系科的教师和学生都统属于一个支部，在一起过组织生活。当时他已经是一名老师，我们又不在一个系科，对他的了解很少，只知道他和他的爱人王月娥在中华人民共和国成立前因参加进步学生运动而遭国民党的逮捕和监禁。他的这段历史曾使年轻的我对他平添了一分对一个革命战士的景仰。为此凡他在支部生活中的发言我都会认真、仔细地去倾听。一年之后院系调整，他分到了南京工学院工作，而我在南京师范学院继续学习。因为他跟冯世昌比较熟悉，有时来我们家中，但接触并不多。

与他变得熟悉起来是在两次住院期间。

第一次是 1986 年，我因工作疲劳而视力突然下降，不得已而去钟山疗养院暂作休养，那时，焜焘同志也因糖尿病而住疗养院。我

---

[*] 作者系南京师范大学教授。

们住在一幢楼内，他住一楼独居一室，我则住二楼，每次我要去就餐或去室外活动都必须经他的居室，开始一段时间由于与其他的病友们不太熟悉，他是我很少的相识者之一，走过他的房间不免要在他房中小坐片刻，跟他搭个话儿，聊聊家常，但每次去时都只见他案头堆满了资料，全神贯注地在那里写稿，有时夜很深了，走过他的房间还见灯亮着，想必是还在挑灯夜战。平时疗养院内组织的体疗、理疗，以及病友们的晨练、散步，也从不见他的踪影。其实当时他多年患下的糖尿病已经发展得不轻，但他的生活和工作却丝毫也不像个病人，他的工作时间倒是比一般健康的人还要长得多。一次我禁不住地劝他：老萧，你是个病人，是来住院疗养的，怎能这样劳累？他却笑着回答，在这里比在家里工作效率高，能集中精力完成他的书稿。听他这么一说，倒是让我不敢再在他房中驻足聊天了。我体会到"时间"对他这样的人是多么宝贵！我了解他是那种用自己的生命去换取学术的人。从此对他，我又产生了另一种景仰。

第二次住院是在1990年初，我突发心脏病住工人医院干部病房。住院第二天在病房餐厅又遇到了老萧这位"老病友"。他当然是因为糖尿病病情加重而被"请"进来的。其时，不仅他的尿糖"+"数增加了，而且腿部的脉管炎也随之发作，行走都有困难，可想而知病痛对他的折磨已经不轻，但是他却依然故我地把病房当书房，将自己整个地沉浸在学术的追求之中。每遇到他，谈的不是病，不是家事、人事，而只是他心中的黑格尔、康德……对哲学我完全是门外汉，对他所谈的，我虽不甚了了，但却也多少领悟到其中一点智慧的火花。与他交谈，常恨自己懂得太少，也许正是从这时起，我的视野开始不再驻足于教育学科本身，而总要去探寻各种教育理论和教育现象之中的哲学奥秘，在这方面他是我的启蒙老师。

其间我从冯世昌和其他人口中更多一点了解了老萧，更多地了解了他的经历，他的学术根底，最主要的是他的学术人品。焜焘同志在哲学上的探索有他自己的独立的见解，独特的观点，实际可以说已经形成了一种学术流派。在长期的学术探索中他从不媚俗、不趋风，为了坚持他所认定的真理，甘冒天下之大不韪而与一时普遍认之为绝对权威的思想与观点相抗衡。我能体会到他在一定时间内所遭遇到的种种压力，而他却从未丧失一名学者所应具有的独立人格。这在特定时代中的中国又是何等可贵！由于有了这层了解，对于他我又产生了新的景仰。

就是从第二次我们在医院相遇开始，我下决心要让我的教育学原理研究生们能够在他的门下学习他的学术、他的智慧、他的学术人格。虽然知道他健康不佳，又身兼几职，正在从事的学术课题又多，但还是忍不住向他开口请求他为我们的博士生们开设西方哲学流派的课程。我坚信在他的教导和熏陶下，学生们一定能得益匪浅，一定能使他们对教育学的探究扎根于更深的哲学基底之中，同时也能更深地领悟一名学者所该具有的品性。向他提出这一请求时，开始我认为也许这只是一种奢望，因为我们的学生们的哲学功底一般都差，请老萧这样的哲学大家为他们上课，是不是有点"杀鸡用牛刀"？不料我一开口他就欣然允诺，他说他喜欢和学生们在一起，并且很快提出了他的讲课计划。从此，先后共六届教育学原理的博士研究生们得到过他的教导。每一位听他授过课的学生在谈到萧老师时无一不对他怀有敬佩的心情，敬佩他的学术渊博，敬佩他学术观点的独特，敬佩他对学生们循循善诱、热情关怀，敬佩他的人品……他们和萧老师结下了深厚的师生之情，他们常为萧老师的健康担忧，有的还为他找大夫，觅药物。我想这也是以真情换来的真情呀！说真的，我可以从每位听过他课的学生的谈吐中、讨论中、作业中、论文中发现老萧的思想踪迹，在他的熏陶和感染下，我们南师大教育学原理的博士生们对哲学学习总是情有独钟。直到现在，每当我想到焜燾同志对我们学位点研究生培养所做出的贡献时，总忍不住热泪盈眶。他热情地为我们尽了六年不取报酬的义务。1998年初他病情加重，腰疼得直不起来，我和世昌去他家中探望他时，他还提出愿意为学生们继续上课，只是我实在不忍心再让他这样做，只能忍着眼泪劝慰他，等他身体好些时再让学生们来上课。一直到他去世前七天，我们去医院看他，他还是深情地说，他喜欢我们的学生，现在虽然视力不济，但还是可以跟他们讲些什么的。听着他发自内心的愿望，我的泪水不禁潸然而下，为了照亮他人，他完全不惜把自己的全部化为灰烬！

小年夜我们最后一次探望他，他还一定要把我们送出房门，他拄着拐杖，倚在房门口还和我们长谈他的梦、他的散文、他的未竟的《精神哲学》和今后的打算……我们为他身上所燃烧的生命热情所感染，的确是怀着很多美好的愿望离开他家的，我们希望他能够更加长寿，为了他未了的心愿，为了中国哲学的繁荣，也为了年青一代能再得到他的泽霖……殊不料七天后却传来了噩耗，他悄悄地走了！

焜燾同志去了，我们再也听不到他的声音见不到他的笑颜了。但是，焜燾同志却又留下来了，留在他的那些沉甸甸的、自成一家的哲学著作中，留在每个门授弟子的思想、智慧与人品之中。他用他的血肉之躯换来的是永远生存着的学术生命。

从他的身上我再次悟到了什么是"永恒"！

1999 年 6 月于剑阁路寓所

可敬的学者风范

王育殊[*]

我与萧焜焘同志长期共事，他是我走上教育工作岗位后的最早和时间最长的直接领导人。从 20 世纪 50 年代直至 90 年代（其中一段时间他调出南工），我们相处了几十年，经常要一起讨论问题、商谈工作，可谓交往甚密，相知也深，共同为理论教育事业走过了漫长的人生道路。正当夕阳暮年，壮心未已，他却匆匆离去，丢下了尚未完成的著作。

萧焜焘同志是江苏哲学泰斗，一生从事马克思主义哲学和西方哲学史的研究和教学，笔耕不辍，视学术如生命，即使处于逆境，也从未松懈过理论的研究，赢得了大家的尊敬。十一届三中全会以后，沐政通人和春风，他的才思更加横溢，出版了几部大著作，开辟了若干新的研究领域，留给我们丰富的精神遗产，这是他给我们印象最深的一个方面，这方面的事迹也是说不尽的。

记得我刚来南工，就感受到他的学者的气质和风度。我们大家称呼他为萧先生，以表学术上的尊敬。他学识渊博，思想深刻，每

---

[*] 作者系东南大学教授。

每引经据典，以先哲之言，剖析生活，令人回味无穷。读书学习是他生命活动的重要构成，他也认真安排我们的读书时间，组织我们读马列原著，亲自讲解《路德维希·费尔巴哈与德国古典哲学的终结》一书。常常对某一段落甚至一两句话，要讲解几次，旁征博引，给我们提供了各种各样的理论观点和丰富的历史知识，把我们都吸引住了，使我们弄懂了马克思主义哲学的理论来源和发展过程，体会了马克思恩格斯哲学思想的博大精深；而且更有意思的是，由于萧老师的哲学功底和逻辑思维方法，他的一番辅导竟引起我对哲学的浓厚兴趣，把我引进了哲学的殿堂，从此与哲学结了不解缘，改变了专业的选择。这是焜焘同志早年极为平常的一次学术活动，但却产生了如此深刻的影响。由此也可从一个小水滴折射他一生辉煌的学术生涯。因为早年的这次讲解，已经反映了他独特的研究思路和学术风采，反映了他对马克思哲学的深沉思考和忠实信念。正是这个讲解成了他日后《从黑格尔、费尔巴哈到马克思》和《辩证法史话》两部书的雏形。在这个意义上，可以说他正是怀着这个情怀，沿着这条路线，把毕生精力用在了马克思哲学的研究上。

执着地追求学术建树、勇攀高峰，是萧焜焘同志一生最珍贵的品质和巨大业绩。他严谨治学、锲而不舍；追求真理，不避艰险；以理论创造为己任，终生笔耕不辍。晚年多病，却屡屡趁医院养病之机，更加潜心研究。一次因深夜过劳，昏倒在地，医生发出了警告，但等风险一过，他又笔耕如初。直到此次病重，还在策划写作方案。记得他70岁时说过："要从零开始，人到七十不畏老，更要从头攀高峰！"此语一出，闻者莫不惊叹。他常以"亦余心之所善兮，虽九死其犹未悔"来表达自己的心愿和心迹，这句话正是他始终一贯的信念和一生的写照。他的这种精神风貌以及渊博学识，让人肃然起敬，无不为其高贵品格和思想魅力所感染。

萧焜焘同志为人和为学都十分严肃认真，他自己的学术造诣、思维方法乃至文字修养都已达到极高境界。在严于律己的同时，也不免严以对人，尤其是受业的弟子们。他常以钱钟韩院士批阅学位论文为例，谆谆教诲他们为学要一丝不苟。他倡导扎实的理论研究，反对哗众取宠，不主张轻易发表文章，更反对为名利而粗制滥造。他读书爱书，十分注意书的整洁，反对将书页折角或翻卷，更不能容忍污损。这一"癖好"反映了他视学术如生命的风范，给我们留下深刻的印象。

他献身学术，因而也尊敬和喜爱有学识才华的人，他对汪海粟、刘顺元等老同志的学识才华和理论修养推崇备至。对他受业过的几位师长，尊敬之情溢于言表。我曾与他一起去拜访周辅成先生，一路上他频频介绍周先生的学识与为人，其敬佩之情让我深为感动。他对教研室学有专长的同志也比较器重，谁有某些理论建树或研究所得，他都高兴地给予肯定。对于学生，凡学有专长，才华显露者，他更赞赏不止。这种言论和风格，点点滴滴，耳濡目染，在师生中逐渐形成良好的学风。

科学创新是萧焜焘同志学术生涯的灵魂。他读书很多，但不流于诠释，他追求真理，敢于探索，敢于发表不同观点，不唯书，不唯上，实话实说，这正是学者的正直品格。但是在那个年代，学术、思想、政治常混为一谈，那些好做独立思考、敢于钻研、不满足于人云亦云的人，更容易遭到非议、排斥甚至政治打击。萧焜焘同志的坎坷命运，大致源出于此。时至20世纪70年代末，他的文章《关于辩证法科学形态的探索》还险些陷于不祥的命运。但是十一届三中全会以后在我省第一次哲学社会科学优秀成果评奖时，该文被评为一等奖。正如汪海粟同志所说："推选它为一等奖，并不是说完全肯定这篇文章的立论，而是从敢于发表同权威理论不同观点来考虑的。哲学社会科学工作者应该有这样的胆量,这样的勇气,为了真理,敢于争鸣。"

理论教育是萧焜焘同志整个学术生涯的重要方面,对理论教育的热爱和开拓精神,也是他学术风貌的突出表现。20 世纪 50 年代他是在教育工作岗位上度过的。那时他年轻气盛,充满理想主义。"文革"动乱结束,他从下放地回来,有关领导让他自选单位,他毫不犹豫地选择了"回南工"。他说我热爱南工,喜欢理论教育。他回到过去工作过的马列主义教研室,重温昔日的理想抱负包括学科设想,决心从头砌起事业的大厦。改革开放也为他提供了新的条件。在搞好政治课的同时,第一步办起了本科班,第二步成立自然辩证法研究室并招收硕士研究生,第三步建立新的系和研究所,真可以说是一步一个台阶,步步攀升。在学校领导的支持和同志们的共同努力下,都获得了成功。

开拓事业,免不了要经历艰苦的工作和曲折的过程。要经得起失败,要坚韧,敢于顶住压力。在这过程中,萧焜焘同志的不屈不挠的开拓精神,令人感动。他不仅敢于设想,寻找目标,而且还参与实践奋斗。曾记得为创办专业,他冒着严寒亲自去北京,回来时大雪封路,公交中断,深更半夜步行回家。

在这过程中,他强调要把科学研究搞下去。抓得很紧,期望很高,不断提出新的设想,每次科研工作会议,总让人大开眼界。在短期内创编了自然辩证法"讲座"和"概论"以后,立即推出重大项目,开辟了自然哲学等新的研究领域,取得了突破性成就。他还积极倡导开展经常性的学术讨论。提倡与时代热点同步,并率先写文章做讲演。在他推动下,师生踊跃上阵。经过数年坚持,形成了特有的学术风气。

对于研究生培养,萧焜焘同志更是倾注了全部心血。他是严师益友，指导论文时耳提面命，透骨切肤，弟子敬而畏，又为老师的呕心沥血而大为感动。他是讲学的专家好手，以严肃、活泼、精深、创新而著称。他同时开出的三四门重头课程，其深度和广度让受教育者终身受用。他的独特教学风格，更是深深吸引着听众，无不屏息凝神。他讲课波澜壮阔，气势磅礴，思想深邃，情理交融，通贯古今，让听者的思想和他一起搏动。他的讲课无论在理论方面还是在思想和做人方面，乃至治学和写作方面，都给学生们以深刻的启迪，不知不觉中成为他们仿效的榜样，以至于他的思想逻辑乃至文字风采常常隐现于弟子们的作品之中。

萧焜焘同志的教育事业与他的学术事业同样辉煌。他所开辟的学科在全国有较大影响，他所创建的系、所既出成果也出人才。一批亲手栽培的学术苗子已经郁郁成林，成为校系领导骨干和学术新秀。离校的毕业生大多担当重任，在高校、科研机关和企业，不是学科带头人、业务骨干，就是各级领导人员，可以毫不夸张地说，确实培养了众多优秀人才，为学校发展和国家建设做出了贡献。桃李满园，人才济济，这是他多年来的愿望。孟子说，君子有三乐，其中之一是"得天下英才而教育之"。萧老师当时的心情正是如此。这种心情，在他奉调去社科院工作时充分表露出来。他对我们说："我还是喜欢在东大，喜欢教育。"

萧焜焘同志对理论教育和科学研究工作的组织领导，是他不可磨灭的业绩和学者精神的突出表现。他开拓的事业和他的精神，像他的遗著一样，将长留人间，造福于社会。

忆老友焜焘二三事

黄星炯　朱明镜
洪　涛　刘德华[*]

苦学成才

焜焘早年丧父，抗日战争时期，只身来到四川，在成都金陵大学哲学系读书。当时物质条件非常艰苦，他只靠微薄的补助金生活。我与他相识时，他体魄瘦弱，衣衫单薄，但掩不住气宇昂扬。他学习刻苦，常常整天坐图书馆；他勤于思考，擅长写作。成都冬季气候潮湿阴冷，易生冻疮，他手上冻疮溃烂，小拇指指骨都露了出来，即使在这种状况下，仍然读书写作坚持不懈，可见他意志坚强。1945 年毕业时，主课成绩全优，获得学校颁给的金钥匙（golden key）奖状荣誉，并留校任教。第二年就单独为本科生开课，讲授逻辑学。在当时，以助教身份开课是非常罕见的。

---

[*] 黄星炯，上海地下管道工程公司原总工程师，现客居美国；朱明镜，江苏省委统战部离休干部；洪涛，中国林业科学院研究员；刘德华，南京师范大学教授。

学运先驱

煜燊并非闭门读书,他关心国家大事,有强烈的爱国爱民思想。在 20 世纪 40 年代初期,他就和两个同学合办了一份小报,名叫《三人行》,这是全校最早出现的进步学生言论阵地。1944 年,他又组织发起狂狷社("狂者进取,狷者有所不为"——有正气的意思),成为金大进步学生骨干组织之一。他积极参加学生运动,正气凛然,无所畏惧,甚至在已成为教师时也是如此。1947 年,南京学生的"反内战、反饥饿、反迫害"大游行前,金大学校当局以全体教师名义发表所谓"告同学书",警告学生不要反对政府,自蹈风险。煜燊代学生会草拟一份"告教师书",针锋相对地指出:"内战扩大,人民处于水深火热中,为人师表等,应该攘臂先行,走在进行队伍的前列"。此信以大字报形式张贴在校门口,一时争相阅看,对那次游行起了推动作用。煜燊因此更遭反动政府的忌恨,被特务列入黑名单,1948 年底与月娥同时被逮捕,1949 年春天因组织营救出狱。当年 3 月他来上海与我会面时,尽管在狱中受了很大折磨,他仍表示绝不改初衷。

鲁迅精神

煜燊很崇敬鲁迅。1973 年他从泗洪来上海,我陪他特地步行一个多小时到虹口公园鲁迅纪念碑前。我们坐在草地上谈论鲁迅的精神,我们都服膺于"横眉冷对千夫指,俯首甘为孺子牛"。当时他说,鲁迅生前遭受文化围剿,腹背受敌,只好侧着身子,避开从正面和侧面来的攻击,边战边走。他暗示自己在学术领域或也有类似的经历,也要学习运用这种战斗方式。

撑顶风船

1993年煜燊给我的信中附录一首他写的七律诗，其中有两句："平生爱撑顶风船"，"执戈反霸尽余生"。前一句概括了他的为人和治学态度。他从不因个人利益和人际关系的缘故去迎合别人，随风倒。对于歪风邪气，不管是社会上的或思想领域的，他都敢于抵制，在学生时候即是如此。中华人民共和国成立后，他在中央党校学习时，敢于摆自己的观点，并因此被视为右倾而重点批判。在随后的岁月中，他以撑顶风船的精神，按照自己的观点完成了大量的著作，今日对他的评价是做出了理论贡献，那些气势汹汹批他的人，而今安在哉？至于后一句"执戈反霸尽余生"，他反的不但是国际政治中的霸权主义，也指学术上的霸道者和一言堂，以及物欲横流的不良思潮。比如说，他曾写过一篇名叫《海难》的文章以批驳《河殇》（一篇否定中国传统文明的书）。的确，他的晚年是坚持实践了这两句诗的。

（以上为黄星炯文）

学运核心

1942年，我考入成都华西坝的金陵大学，与萧煜燊同时。我们战斗在一起是1944年11月11日成都学生反对市长余中英镇压市中学生的示威游行，这是大后方的创举。随后出现了狂狷社的萧煜燊、活力社王宇光和我，时声社刘正鸿（不幸也于今年1月在武汉逝世）、张一之，草原社杨寿南，菲社罗如云，敢社萧富质为代表的"六社"联合，成为金陵大学学生民主运动的核心和1947年"五二〇"运动的基础。毛泽东于1947年5月30日在《蒋介石政府已处在全民的包围中》一文称伟大的学生运动为"第二条战线"。萧焜焘、王月娥夫妇1948年双双被国民党政府逮捕，首遭不幸。1953年四川省委通过组织来函征求焜焘和我对金大历史系学生殷伯贤的意见。原来殷是蒋介石军事委员会成都行营的特务，焜焘和我是他跟踪的对象。

晚年情怀

萧焜焘毕生从事哲学研究与教学。他欣赏黑格尔的辩证法。辩证法是马克思列宁主义的重要组成部分之一，无可非议。但因为他的研究有独到之处，不唯上、不附众、不曲、不阿，因此20世纪50年代在中央党校就读，据说被批判半年之久。"文化大革命"后期，他全家下放农村。1973年回南京竟无立足之地，住教研组的资料室。"四人帮"垮台后，他在一次关于辩证法的座谈会上发言，竟有人向上报告，认为是阶级斗争新动向。虽未受严办，也颇曲折。

焜焘晚年出版巨著，最后时刻还念念不忘有一卷没有完成。1998年我去看他，这时他的糖尿病已近晚期，两眼模糊，两腿浮肿，遵医嘱虽坐沙发上，但两脚必须翘在板凳上。就这样他还不肯休息，一手持笔，一手拿笔记本，一面思索，一面记。

一次，我与焜焘在张一之同志家聚会。以往我们交谈都很欢畅。这次他却动感情，原因是他早年教读、现在有相当地位的学生著文批评否认他的教益。我努力劝解。我说：你写了那么多的文章和书，还不是让人学习和评估的吗？他评得不好，会有别人出来说话。他评得好，可谓青出于蓝而胜于蓝，有何不好呢？至于他否认从你处受到教益，也不必生气，让他自己想想去吧。此事显然对焜焘的刺激很大，亦由此可见他对师生情谊的看重。

焜焘晚年又一不幸是他的爱人王月娥早几年就因心脑血管病突发失去知觉，长期卧床。只有他能与月娥沟通，只有他的呼唤月娥才略有反应。几年来他对月娥尽心尽力，无微不至。我再三劝他"保重好你自己才能保重月娥"。我有点预感。十分遗憾，他终于先月娥而去！

（以上为朱明镜文）

伉俪情深

1999年3月1日我国杰出的哲学家萧焜焘教授不幸病逝，一颗饱经苦难、博学多才的哲星陨落了！我痛失良师益友，情何以堪！

我和老伴李文钿，于1998年10月为参加金陵大学110周年庆典同赴南京。10月6日下午我们到医院看望老萧，挚友相见，亲切握手，热泪盈眶；不久，我们要去看望月娥，老萧执意要带我们去，并立即要老保姆借来一辆轮椅，老萧坐上轮椅，思维敏捷，"指挥"老保姆推车出病房，下陡坡，出人民医院大门，沿着正在整修、碎砖遍地的马路前行，进入脑科医院，又上凹凸不平的陡坡，才能进入病房。到达月娥病床前，我俩携带花篮紧随其后；老萧在月娥病床边连声呼唤："王月娥！王月娥！"月娥卧床已四年之久，但面色红润，神情安详，可谓奇迹！老萧不停地为月娥按摩手指及手掌，力图促进血液流通，缓解已经偏瘫的躯体，用心良苦，长达半小时之久。老萧和月娥不幸双双身患重病，床边伉俪情深，相濡以沫，此情此景，催人泪下！我俩怕老萧过劳，再三催促，老萧才依依不舍，返回自己的病房。

1949年以前老萧和月娥在中共地下党领导下为了祖国和人民的解放事业英勇斗争，双双被捕入狱，遭受非人摧残，然幸免于难。中华人民共和国成立后，他们忠于科学社会主义，献身人民教育事业，饱经磨难，九死一生，仍然坚强不屈，宣扬真理，直到最后的时刻。

谨以下列诗句敬献老萧灵前，并祝福月娥早日康复。

> 冠盖满天飞，斯人不憔悴；
> 腰缠拾万贯，骑鹤上扬州。

（以上为洪涛文）

师友风范

萧先生五十年前就是我的老师。1948年春我考入南京金陵大学哲学系学习。他于1945年从成都金陵大学哲学系毕业后留系任教，是当时系里最年轻的教师。我一入学就聆听他开设的"科学思维"课程，以后又选修了他讲授的"数理逻辑"，1949年以后又听了他开设的"辩证唯物论"。正是他的教诲和引导，把我带进了哲学殿堂。1952年全国高校院系调整，他分在当时的南京工学院，我分在当时的南京师范学院，我们都从事马克思主义理论教育和宣传思想工作，经常切磋交流，接触较多，我继续得到他的指导和帮助，受益终生。

焜焘先生一生追求进步，向往光明，主张正义，疾恶如仇，在学生时代就积极参加进步学生运动。南京解放前夕，面对蒋介石的专制独裁和黑暗腐败，他愤世嫉俗，义正词严地予以揭露和谴责，终致和夫人一道被国民党反动政府逮捕入狱，在狱中更加坚定了他对新中国的向往和对马克思列宁主义的忠贞。出狱后他欣然加入中国共产党金大地下组织，满怀激情地迎接南京解放。中华人民共和国成立后，焜焘先生不论身处顺境，或是经历坎坷，他都坚持真理，始终不渝。他坚持独立思考，实事求是，不唯上，不唯书，不盲从，表现了他作为共产党人和马克思主义者坚忍顽强的科学精神和战斗风格。

焜焘先生毕生为教育事业服务，始终战斗在哲学教学第一线，敬业爱岗，教书育人，默默耕耘，诲人不倦，为国家培养了大量人才。在晚年重病期间，他仍坚持义务为硕士生、博士生授课，由于严重的糖尿病等多种疾病的困扰，其视力几近失明，他不能用眼看书，就由学生自己汇报读书心得或朗读作业论文，由他加以口头评点，直到生命的最后时刻。其情其景，令人感佩至深，永远值得我们学习。

焜焘先生一生为人耿直，襟怀坦白，追求真理，不屈不挠，探索学问，穷究不舍。他常以马克思的"学者加战士"的品格作为自己终生追求的目标；还十分赞赏屈原《离骚》中"路漫漫其修远兮，吾将上下而求索"的千古绝句，以此为座右铭，作为激励自己不断开拓进取的动力。谨以下面两行文字聊表我个人对他的崇敬和怀念之情：

服膺真理，好学敏求，科学精神启后生，堪称"学者兼战士"；

献身杏坛，诲人不倦，桃李芬芳遍天下，无愧"诤友并良师"。

（以上为刘德华文）

益友萧焜焘

李 廉*

20世纪60年代初期,江苏省成立哲学社会科学研究所,孙叔平同志从南京大学党委书记和副校长的岗位上,调任研究所所长。此时,我正在《江海学刊》负责哲学方面的编辑工作,自知自己的哲学基础知识很差,便主动向所长兼《江海学刊》主编孙叔平同志申请,希望从编辑部调到研究所哲学室和同志们一起学哲学。叔平同志同意了我的请求,要我到哲学室来,并继续兼任《江海学刊》哲学方面的编务工作。

研究所由三个研究室组成,一个是历史研究室,原来是历史研究所;一个是经济研究室,原来是经济研究所;另一个是哲学研究室,是新成立的。哲学室主任由孙叔平兼任。哲学室分两个组,一个是辩证唯物主义组,一个是历史唯物主义组。辩证唯物主义组的组长是萧焜焘,是原来的南京工学院马列主义教研室主任。研究所所长是哲学家,萧焜焘也是哲学家,都是我的老师。而我又忝作历史唯物主义组组长,真得要好好向他们学习。

---

* 作者系南京大学哲学系教授。

焜焘同志在青年时期，专攻哲学，投身于祖国的进步事业，参加革命，热衷于社会实践，重视自然科学。来到哲学室，如鱼得水，正是他一显身手的环境。可是，他首先想到的是补习高等数学课。他有高瞻远瞩、高屋建瓴的战略眼光，认识到只有攻克了高等数学，才可以在自然科学领域里畅行无阻。这时，他已40开外，不顾酷暑严寒，记数学公式、演数学难题；风里雨里，蹬脚踏车，到南京大学赶课堂。他抱着一腔宏愿在哲学领域，为祖国为世界攀登科学高峰。焜焘同志这种刻苦努力学习的精神，深深感动了我。回想1937年秋，日寇侵占了我的家乡，我就跟着省立安阳初中成了流亡学生，1938年转到国立第一中学，参加了中国共产党，参加了抗日民主斗争，不久，我被国民党特务追捕，逃到重庆，找到了党，参加了抗日的部队，没有时间系统地读有关哲学社会科学与自然科学的著作。看到焜焘同志这样求精上进的模范，心中敬佩，勖勉自我。

　　焜焘同志有一种非常使人爱的特性，这就是他的求真精神、崇尚科学的精神。他讨论起问题来，非常认真，有时可能争得面红耳赤。对一个范畴、一个概念的含义，总要追根问底，对一个主题力求正确表述。有一次，我碰到一个问题，有人问我，一般讲矛盾，通常只说"内部矛盾"，有没有"外部矛盾"这个说法，一时，我弄不清楚，也可能我回答错了。焜焘同志知道我碰到了这个问题，闲谈时就给我讲了矛盾的分类，矛盾有对抗性矛盾和非对抗性矛盾，有新事物与旧事物的矛盾，有事物内部矛盾，有事物之间的矛盾。我领会到了，把矛盾区分为"内部矛盾"与"外部矛盾"，这样的分类不正确。事物作为一个整体与另一个事物的矛盾，是事物与事物之间的矛盾，但称之为"外部矛盾"不正确。这是焜焘同志给我上的又一堂课，哲学研究的要义就是要求真，要言语正确，不能含糊不清。

万恶的"四人帮"被打倒了。中共江苏省委组织部，把我从下放的江都县邵伯镇召回，恢复了我的党籍，补发了扣发的工资，真正解放了。我主动向组织部提出，愿意到大学作一个老学生。感谢南大党委留下了我。哲学系的主任孙叔平不由分说，就叫我"滥竽充数"，开辟当时全国还没有正式开课的辩证逻辑学。这是一门新学科，只有老一代哲学家潘梓年在20世纪30年代，以《辩证逻辑》命名、实质上是讲辩证法基本规律的书，国外只有当时苏联著名哲学家罗森塔尔以《辩证逻辑》命名的书，实质上也讲的是辩证法。在国内，真正讲辩证思维的辩证逻辑学还没有。后来，在我读到焜焘同志所著《从黑格尔、费尔巴哈到马克思》一书时，才找到"辩证思维"与"辩证逻辑"思想的根源，原来是马克思恩格斯在批判、继承和发展黑格尔的客观唯心主义哲学中，产生了唯物辩证法、唯物辩证思维、唯物辩证逻辑理论。正如焜焘同志所说："恩格斯坚决地抛弃了黑格尔的绝对精神辩证发展的神话，简明而深刻地揭示了事物客观辩证发展的规律性，并唯物地分析了客观辩证法与主观辩证法之间的关系。"从此，我对恩格斯在《自然辩证法》一书中所讲的"同一性——抽象的，$a=a$"，"同一律是旧世界观的基本原则：$a=a_0$"，"抽象的和具体的"，"悟性和理性"，以及"辩证逻辑和认识论"和"普通逻辑所承认的一切科学研究手段"等，有了进一步的领会。我在所著《辩证逻辑》一书中，对提出的"普通逻辑（形式逻辑）与辩证逻辑"在人类思维发展中的辩证关系，以及"抽象同一思维与具体同一思维"或"普通思维与辩证思维"等关系，做了进一步论证。感谢焜焘同志！怀念焜焘同志！

焜焘同志，我有很多话想向您说。有一次，听说您的夫人病重了，我到您住的东南大学宿舍去看望您夫妇，您特意从冰箱里拿出桔子水，给我斟了满满一杯，咱们边聊边饮。从炎黄讲到邓小平，我们都很感谢小平同志和耀邦同志,不是他们拨乱反正,我们还在"四人帮"的阴影下,苟延残喘;从孔子讲到李大钊,从《易经》论到《矛盾论》,悠悠自在,我们步入了和平安康、繁荣幸福的时期,我们步入了科学昌明、文化兴盛的时代,这就是我们为之吃苦受熬、努力奋斗的具有中国特色的社会主义。

回忆往事,您"文革"中到孝陵卫生产队劳动,从家里蹬脚踏车,从成贤街经过中山门、卫岗,奔来奔去,真是一种冶炼!后来您举家下放,听说您中风在床。我被省"五七"干校"清除出党",下放江都天离一方,杳无音信。打倒"四人帮"以后,我到南大作老学生,您到新改名的江苏省社会科学院任副院长。从此,"风调雨顺"。您生活安定,重操旧业,不出数年,您的《辩证法史话》、《精神世界掠影》、《〈自然辩证法概论〉新编》、《自然哲学》、《科学认识史论》相继问世了。世道安定,文化繁荣,这也是一条规律!我为您这些大作感到难能可贵,为您带病著书立说感到由衷的敬佩,您经历了数十年磨炼终成大树,为中华民族的哲学文化事业做出了不可磨灭的贡献!可是,我又忘不了一个学术会议的插曲。在南师小会议室参加讨论,实质是对一篇文章的批判会。这篇文章是由《南京大学学报》发表的,作者姓名以及文章内容已记不清了,只记得给此文戴的"帽子"是"自由化"!会后,煜焘告诉我,竟然有人说,那天,有位哲学家在讨论会上发表意见以后,萧煜焘在会上发表意见支持那位哲学家!煜焘同志确实经常是"路见不平,拔刀相助",可是,这次不然,当时,我在会场,就坐在煜焘身旁。所以,我听到煜焘给我讲这件事,我就插嘴说:我可以给你证明,那天,你在会上一言未发!这是小事一桩。可在我心中常常翻滚,这种学术界的唯恐天下不乱的风气,不是唯物主义的,不符合具有中国特色的社会主义!

今年春节开始时，我听说焜焘同志不听医生劝告，执意回家同他久病在床的夫人和儿女团聚。知道他身体状况欠佳，靠打胰岛素度日，我就准备捧一个花篮，带着我的老伴，去给他们夫妇拜年。但很快，又听说焜焘同志回医院了，我又准备带着鲜花到医院看望。我想，这可能是我最后一次亲自向他献花了！谁知，3月2日早上，敬昭同志打来电话："焜焘同志回到医院抽血化验，不幸于昨晚辞世！"时光流得这样快呀！

我再也见不到为世人鞠躬尽瘁的萧老弟了！

1999 年 8 月 25 日于南京大学

印象与认识

张竹明[*]

我和萧焜焘同志相识时间不长,但他的人格魅力和组织才能给了我很深的印象。

我和他的交往是从一本书开始的,那大概是在1984年三四月间。这之前商务印书馆出版了我从希腊文翻译的亚里士多德《物理学》,他读了觉得我的译文比常见的英文、德文译本更准确,于是通过王绳祖先生辗转找到了我(王是前金陵大学文学院院长,因而也是萧的老师,他们早认识),要我去南京工学院(现在的东南大学)哲学科学系跟那里的老师同学讲讲什么,我高兴地接受了邀请。

《物理学》和古希腊文对于我国的多数读者来说,乃是极其邈远而陌生的东西。我翻译这本书原来纯粹是出于对那位古代思想家的敬意,敬他那么早就有了对自然界那么系统而深刻的理解;把它翻译出来也并没有希望有多少读者,如今竟得到一批高级的专业工作者的重视,不免意外,感到兴奋。那次应邀我本是抱着一种译者和读者见见面交朋友的心情去的,准备随便说点什么之后就拜拜的。

---

[*] 作者系南京大学历史系教授。

但是萧焜焘同志尊重知识热心学术事业的精神把我给吸引住了。我到时小小会议室里已有十多位老师和研究生等着,大家神情热切,崭新的《物理学》人手一册,这场面令我感动。萧先生善于交朋友,也很务实,闲谈一阵之后便要我跟大家讲讲《物理学》。我实在毫无准备,不着边际地说了点什么之后,面对大家的热望,感到十分抱歉。

但是,萧焜焘同志对我没有失去信心。过了几天他通知我说,江苏省自然辩证法研究会要在镇江党校召开一次讨论会,会上做三个专题报告,分别由张竹明讲《物理学》,萧焜焘讲黑格尔《自然哲学》,梁重言讲恩格斯《自然辩证法》。三个作家三本书,代表了自然哲学发展的三个阶段,这论断我很佩服,重点突出。但我那时正在翻译《理想国》,心无二用;在这个时候把注意力拉回到《物理学》上去,研究自然辩证法,这于我无异于火车不到站便要转到另一股轨道上去那样难。我向他说明了困难,表示不能接受这个任务。他听了笑笑说:"没关系,我们大都是同时做几项工作的,好好安排一下吧。"又说:"《物理学》是你一字一句译过来的,谁也没你理解得深。放着你不讲,找谁来讲?"铁的逻辑,我没话说了。再经他一鼓励,我也就似乎有了这动力。

就这样,因为《物理学》的缘故我们开始了合作,并且成了好朋友。但这里有一点值得注意的,就是虽然我们的合作是在自然辩证法研究会的名义下进行的,但我始终没作为会员参加这个研究会,他也没邀我参加。可见他的热情是有分寸的,不滥拉队伍。后来成立了哲学史科学史研究会便不同了。

这之后,《物理学》我还讲了一次。那是在1985年四五月份,不知是以自然辩证法研究会的名义还是以哲学史科学史研究会的名义办了一个高校中青年教师学习班。我记得那次我讲得较长,也讲得较快，但学员似乎听得并不吃力，笔记也记得很快。凭直觉我认为学员对《物理学》已经很熟悉，萧焜焘抓三本书的做法已经见效。这次讲稿经过整理，后来以《评亚里士多德物理学四因论》的题目发表在《东南大学学报》上，现在成了我怀念这位学者的一个重要纪念物了。

除了《物理学》而外，给我印象最深的还有两件事。一是他决定给研究生开设希腊文。一次闲谈中偶然说起"实体"（本体）、"存在"、"本质"这些名词（哲学中的重要范畴）来自同一词源，都来源于一个很普通的"是"字（逻辑判断中的系辞）。他听了好像突然有所感悟，他说："我们的学生如果懂得希腊文，很多的原理多么容易懂呀！"不久，他的研究生课程中便有了希腊文这门课，而且是必修课，在1985—1986年度开了一个学年，共6个学分。他自己也带头听课。学生中学得最好的是钟明，他还要钟明同学接着跟我学了一年拉丁文。我佩服他的虚心和敏锐。

另一件给我深刻印象的事情是写作《科学认识史论》。这是一部真正大综合的专著。这样一部大著有许多复杂的问题需要恰当处理：自然科学和社会科学的关系、理论科学和技术科学的关系、按时间顺序分和前后不可分的问题、史和论的关系、照顾全面和突出重点问题、共性和个性问题。作为这本书的主编他都考虑得很仔细具体，并且和各位作者仔细讨论反复强调，以求大家有一个统一的认识。我记得他同我谈到希腊罗马那两章时要我注意，不可轻视了古罗马人在科学历史上的贡献，他强调罗马人在意志能力上的长处和实用科学上的长足进步。对参加写作的青年同志既热情鼓励又具体指导。在整个写作过程中大会小会我们有过不少的接触和不少的讨论，我深深佩服他渊博的知识和巨大的组织才能。不少参加写作的同志也都有这样的感觉。

我最后一次见到他是在 1995 年底或 1996 年初，那时他住在省中医院，我们的交谈是很轻松的，我觉得他精神还好。以后由于我接受了一项很费力费时的任务，便不再有机会去看望他。1998 年春节我们通了一次电话，听到他声音无力，但我想他已退休，多歇歇就会好些的。我还希望过了这一两年，以后多去看看他，和他交谈是很愉快的，有效益的。没想到这就是我最后一次听到他的声音。我觉得人生有许多遗憾，但最大的遗憾莫大于失去朋友。失去一个知己的朋友就好像自己死了一部分。

萧焜焘同志今年 78 岁，作为一位学者还正当盛年，如果不是病魔缠身，他还能继续做出贡献。他曾告诉我，他想最后研究美学，可见他还有遗愿未了。

怀念中的自责

——忆萧焜焘先生与公木先生的晚年友情

赵　明[*]

萧焜焘先生去世的消息传来，令我无比震惊和悲恸。我与萧先生虽然相识时间不长，也只是在两次开会期间得以聚晤，但在我的心里，却认为他是我毕生都在寻访的那种极具思想魅力和精神魅力的师长。

我是经由公木（原吉林大学副校长，著名诗人，《中国人民解放军军歌》及电影《英雄儿女》的歌词作者）老师的"引荐"有幸认识萧先生的。1990年，那年我已离开公木先生到山东工作，但与公木先生时有书信往来，讨论切磋学术理论问题。一次他在来信中很兴奋地告诉我他近日因读了萧焜焘先生的《自然哲学》而"大开脑界"，从而在精神上享受到"大快乐"。公木先生对此不愿独饴默甘，希望我也找来此书读读，与他共享那种从未感受的愉悦。

我当时，因未能在书店找到萧先生的《自然哲学》，深以为憾（后来给萧先生写信，他寄来了此书），但1994年夏季，我却有了机

---

[*] 作者系青岛大学文学院院长，教授。

缘在连云港的会议上见到了给公木先生以"大快乐"的《自然哲学》作者萧焜焘教授。

公木先生因年事已高，经不住旅途劳累，特别要我代表他去参加会议，看望萧先生。我到达连云港的当天晚上即拜访了萧先生，他因乘车误点，很晚才到达连云港。萧先生那天虽因长途乘车显得疲劳，但他还是非常热情地同我谈了很长时间，问询了公木先生的身体情况等，话语中流露出他对公木先生几十年的奋斗经历和不断追求真理的精神的钦佩和崇爱。那晚虽系初见，但却倍感亲切。

那次会议，规模不大，也因经费不足，食宿等各种条件都不算很好，但在我参加过的无数次会议中，却是受益最深的一次。我记得主题是讨论"民族精神"，由萧先生做主题报告。会议的主题，不但表现出萧先生对我国社会转型期一个重大问题的深切关注，而且他还把对民族精神的认识和把握引入到更普遍、更深邃的层次上。在报告中，萧先生向我们展示了一个全新的视角——从民族情感走近民族精神。

那次报告最为精彩的是他对"悲悯情怀"的提出和论述。他以承载民族情感的诗词和中国诗歌的发展为例，提出了与理智颉颃又互动俱进的情感发展经历了由质朴纯情——深邃情思——悲悯情怀的三个阶段。达到最后这个层次，已直指宇宙人生的根本，使情感提升到天人之际，从而形成了一种上接苍穹，下连幽冥，充沛两间，情贯日月的"浩然正气"。正是这种"悲悯情怀"成为中华民族感情的归宿，从而孕育了历史上无数为民族和社会献身的英雄儿女。我长期从事中国古代文学研究，萧先生纵论千年民族情感发展的报告，使我于多年沉思中恍有所悟，得到了又一次自我醒觉的"大快乐"。

两年后，即1996年初冬，我又受邀参加了萧先生在南通主持的一次学术会议。那次他的身体状况已明显不如两年前,比上次见到又疲惫了很多,走起路来也显得吃力,但他那种传统的中国士大夫知识分子忧国忧民的情结和对现实与未来的深邃思考的精辟见解,仍然使他成为会议的"中心"。我记得那次萧先生讲了科学主义与人文主义的关系,那时,"世纪之交"、"面向21世纪"的提法还未在学术界响亮起来,但从萧先生的报告中我已感受到了一个哲学家对"新世纪"的前瞻性的思考。

那次会议结束后,我还随同萧先生和江苏社科院哲学所的几位朋友到海门市去参观,一路上大家在萧先生面前有说有笑,没有任何拘谨之感,在这种场合萧先生只是听而很少讲话,但我能感受到萧先生和学生们在一起时的快乐心情。

分别前,萧先生和我相约:找一个时间,他来青岛,然后我们一起到长春看望已85岁高龄的公木先生——这两位不同人生经历、从不同学术领域追求并臻至真善美统一境界的学者,他们都具有哲人而兼诗人的气质,在他们的生前彼此都有一种"会久别,接新欢,得到至高的启迪与最大的满足"(公木语)的期盼。遗憾的是,萧先生返南京不久,糖尿病加重,视力出现障碍,与公木先生之聚,只能在默念与梦中悲欢激赏;而公木先生"西楼望月几回圆"的期盼,也真的成了想象中的梦境或景观。1998年冬,我的恩师公木先生辞世;几个月后的1999年春,又收到萧先生辞世的消息,作为两位先生的学生,我未能及时帮助他们实现彼此晚年的期盼,在怀念中总有几分自责。

1999 年于青岛

虚怀若谷

张桂岳[*]

我与萧焜焘教授交往，可以用几个字加以概括：方方面面，点点滴滴，涓涓细流，心心相渗。在我同萧焜焘交往的近二十年岁月里，令人深深感动的和值得我学习的是萧焜焘教授在学术上和生活方面那种虚怀若谷的精神。

萧焜焘教授成为我的老师、我的好友说来始于20世纪70年代末他寄给我的一篇论文，这就是以后发表在《中国社会科学》上的《关于辩证法科学形态的探索》。在这之前，我只知道江苏有位著名学者萧焜焘。但是没有任何接触来往。当时，我在湖南人民出版社做编辑工作，他是怎么知道我和我的工作单位的，我不得而知，在往后接触的日子，彼此都没有提及此事。连同论文一起寄来的还有一信，大意是：告诉我他是湖南人；这篇论文即将在《中国社会科学》发表；征求我对这篇论文的意见和看法；坦率说他的观点在学术界是少数派，坚持和赞成这种观点的人可能会冒风险（在当时他的观点确实是有风险的）。我一口气认认真真读完这篇长达数万字

---

[*] 作者系中共江苏省委党校教授。

的论文，深深为体现在这篇论文中的深湛的学术功底所折服，虽然我不赞成他关于辩证法的核心是否定之否定的观点，然而我认为这篇论文的学术价值和意义是不可低估的。我给他写了封回信，感谢他寄给我这样高水平的论文，拜读之余，受益匪浅；希望他将论文的思路和观点充分展开，写成一部专著，考虑由我社（湖南人民出版社）出版。过些时候，他来了封信，表示感谢我的支持和鼓励，同时表示可以考虑我的建议，将论文展开，形成一部辩证法体系性的专著，但决非一年半载所能完成，说明事情很多。由于当时我工作比较忙和还处于跨省工作调动之际（萧教授知道此事而且为我促成），对萧教授辩证法科学体系一事，就没有再向他提起，他也没有向我提起，就这样不了了之。然而，萧焜焘教授关于"否定性辩证法"、"否定之否定"圆圈哲学辩证法核心问题的思想和论述，深深渗进我的思维和心里，激发我写一篇我的辩证法核心观，以参与学术交流。论文于1980年下半年写成（13000字），题名《矛盾探索》，发表在湖南学术刊物《求索》（1981年第1期首篇），其中有一段话是针对萧焜焘教授观点的：在黑格尔那里的概念，即使是"纯有"那样最初的、最抽象的概念，也存在着"有"和"无"的矛盾，更不要说那些高级阶段的具体概念了。应该说，矛盾学说是黑格尔逻辑学、辩证法的核心、灵魂和生命。黑格尔的逻辑学、辩证法就是矛盾的展开、合乎规律的运动与转化。（参见《求索》1981年第1期）我把论文寄给萧焜焘教授，请他指教的同时，也说明关于辩证法核心的观点与他有所不同。他的回信丝毫没有为自己观点维护或对我的观点有什么诘难，而是虚怀若谷，说明科学研究最重要的是独立思考，切忌跟着某一个人或某一个所谓的学派亦步亦趋，人云亦云，不同观点的交流，才是正常的繁荣学术的健康途径，舆论一律，必将扼杀学术生气，万马齐喑。这次学术交流因萧教授在江苏工作，我在湖南工作，彼此还没有见面，而是通过论文和书信交流的。以后（1984年）我调江苏工作。大概在20世纪80年代末或90年代初，我和萧教授在省人民医院不期相遇，同住在干5病房，有一次他在谈论学术提及辩证法核心问题时，对我说，一次否定不完全不全面，只有如黑格尔、恩格斯和列宁所强调的需要两次否定，完成否定之否定辩证运动，才是完整的全面辩证法，科学形态的辩证法。所以，只有否定之否定才配辩证法核心。我表示了对他在辩证法核心问题方面研究深刻性和独到性的赞赏，同时也表明我自己的观点，我说，任何事物的变化发展都需要经历两次否定，完成一个周期，形成一个圆圈，有时难免牵强，而对立面的互相渗透和转化，既存在于第一次否定之中，也存在于第二次否定之中，存在于无限的否定之中，否定本身包含肯定，而且这种肯定与否定的对立统一才是一切事物发展的动力和泉源。他听了我的说明，仍然那样平静和虚怀若谷，他还是不为自己辩护，也不反驳我的观点，只是对他自己的观点做进一步阐述，使我深深地感到，他从不把自己的观点强加于人，从不轻易否定对方观点，但也不轻易否定或放弃自己的观点，而是让各自彼此从心中从思维深处去领悟、求同、互补、互渗、存异、切磋。我想这些正是萧焜焘教授虚怀若谷优秀品质之所在。

在南京的十四年交往，主要是以他为会长的哲学史与科学史研究会为媒介，其间，我多次聆听过萧焜焘教授的学术报告。他有个习惯，每次学会开会尤其是年会，他都有充分的学术准备，事先写好论文，亲自认真地做会议主题报告即学术报告，会后大多在省内外各大刊物发表。记得有一次（大概20世纪80年代中期）在连云港市党校办讲习班（由哲学史和科学史研究会举办），萧焜焘教授系统地讲授黑格尔《精神现象学》，一连讲了几个半天，引起了我的兴趣，因为我读过一点黑格尔著作，尤其是对《小逻辑》、《精神现象学》等有更大的兴趣，不过对书中思辨、晦涩、深刻的辩证法，解之不深。他似看出我的心态，在讲稿以《精神世界掠影》正式出版后，送我一册，并问我是否要发表点感想，写点什么，对此我的领悟是写篇书评。但他丝毫没有要我非写不可，也没有任何授意要写什么内容。我欣然应允，以《"天书"植根于人间——读〈精神世界掠影〉有感》为题写了约 6000 字，我把书评初稿送给他看，请他指点修正，他并不认真地浏览了一下说，不是我自己评自己，是你评我的书，应按你的看法写，我怎么能改呢。就这样，一字未改交给《南京政治学院学报》发表（1988 年第 2 期）。这件事也反映了他的虚怀若谷的坦荡心境。学术界有一种议论，认为萧焜焘教授学术观点有些固执，主要是指辩证法核心是否定之否定的观点以及对黑格尔的痴迷，我认为这个看法有失偏颇，敢于坚持自己的学术观点决不能看成固执，对黑格尔著作及其思想的终身研究及对其有较高的肯定，也不能认为是固执，问题在于他是封闭式的研究还是开放式的研究。我在书评中写下了这样一段话："研究、学习黑格尔这部晦涩、艰深的'天书'（指《精神现象学》），面临着一个如何理论联系实际，联系什么，如何发挥自己思想的课题。《掠影》致力于内在的、逻辑必然的、自然而然的理论联系实际，做到古今中外，纵横捭阖，或联系中国，或联系世界，或联系历史，或联系现实，或联系客观，或联系思想，有感而发，发人深省。反映出《掠影》历史的、辩证的、开放的思维方式，使理性的精神具有现实的生命活力，使现实的问题具有理论的深刻本质。读者沿着《掠影》的足迹（笔迹）前进，所思所闻的既有盛开的理论之花，又有常青的生活之树，是理论之花和生活之树的合抱。"我认为，不仅是《精神现象学》的研究，而且他的整个研究生涯都体现了这种理论联系实际、开放的品格。

我在宁工作的十五年期间，有三次与他同住省人民医院干部病房治病，大概是从 20 世纪 80 年代中期开始至他最后一次住院，每隔四五年便同住在病房里，没有任何的事先相约，完全是偶然的巧合。三次住院期间都是在下午和晚上有较多时间的接触。就这三次住院我的所见所闻和我与萧教授的交谈，我深深感到他的医院生活也渗透了一个知识分子痴迷学术的特点：

（1）他每次住院都带来好多好多书，带来研究和写作任务，特别是一块写作板（把稿纸夹在木板上）是必带的。

（2）他除了治病、检查，余下来的时间几乎都用来读书和写作，他的不少论文和一些专著，就是在病房里完成的。

（3）我每次同他交谈，除了彼此谈谈病况和交流治病健身体会，主要是谈学术。他极其忧国忧民，关心国家前途命运，关心国内外大事，但其出发点是知识分子的良知和使命感。他内心充满矛盾，但大部分都在学习、研究、写作和学术活动中得到消解，得到思想和人生的宁静，让自己小我与社会、中国、世界、地球、宇宙大我共融。他就在这种矛盾，消解，又矛盾，又消解，小我与大我共融中走完七十八年的生命历程。

忆萧焜焘老师

朱 亮[*]

1999年2月18日，农历正月初三，我给萧老师电话贺年。我先问他身体情况，他说经过一段时间血液透析，病情尚稳定。如此下去，待到春暖花开之日，当可出院回家治疗。接着就说体力虽弱但头脑非常清楚，经常思考学术问题。我知道萧老师在《自然哲学》与《科学认识史论》后，就念念不忘构成他体系的最后一部巨著——《精神哲学》。果然他话锋一转，就谈起了对《精神哲学》的构思。他说此书的框架已有了腹稿，对于其中的许多章节，亦时时有思想涌现，由于身住病房，无法握笔，故用录音机将涌现之思想立即口读录音，如此已用去数盘磁带。他高兴地说，这些就是我将来回家后动笔写书的草稿了。他的话音较弱且略带沙哑，但精神是振奋的、昂扬的，我甚至感到他有一点亢奋——仿佛一名登山运动员，虽未攀上高峰却已清楚地看到了高山之巅的那种兴奋的心情。他与我滔滔不绝地谈了半小时。为节省他的精力，让他休息好，由我主动打住，他才与我告别。要不然他很可能还会再讲下去。就这

---

[*] 作者系中国人民解放军南京政治学院教授。

样一位不讲疾病只想学问一口气能讲上半小时话的萧老师，仅仅过了十多天，就撒手西去了吗？

一

萧老师是一位具有很高知名度的哲学家，是一位品德高尚学术造诣很深的真正学者，但我与他相识并不算早。我于1960年在北京大学哲学系本科毕业，后留校入西方哲学史专业读研究生，师从张世英先生。张先生是我国著名的黑格尔专家，故在三年半研究生学习中，除了打好西方哲学通史的基础外，着重钻研了黑格尔哲学特别是他的辩证法学说。1965年初春，我被统一分配来南京大学政治系哲学专业工作。不到半年时间，还没有走上讲坛，就被下放苏北海安，搞社教运动，很快"文化大革命"爆发。直到粉碎"四人帮"，科学的春天才到来，知识分子以前所未有的好心情，开展了各种学术活动。是年初秋，西方哲学史界在安徽芜湖召开了规模空前的首次全国性学术讨论会，与会者有300人之众。为了参加这次盛会，我写了一篇《黑格尔论诡辩》的论文。之所以选择这个题目，是为了从黑格尔那里寻找批判"四人帮"的匕首与投枪。我三易其稿，写出了13000字。自己看看还算满意。但毕竟离开黑格尔多年了，黑格尔的许多思想，甚至我亲自撰写的毕业论文都有点忘记了。因此对文章的观点是否准确论述、是否深刻心存疑虑，没有把握。此时感到迫切需要与一位懂黑格尔的同行或专家共同探讨。恩师张先生身在北京，无法当面交流。此时我打听到萧焜焘先生对黑格尔很有研究且乐于助人，于是通过本系教员姚诚同志把论文送交萧老师，请他指点。论文送出后心里却有点嘀咕：我与萧老师素昧平生，他自己又很忙，他能仔细看吗？乐意给我帮助吗？不料才过了一个多星期，萧老师就约我去他家中面谈，这是我们第一次见面。他的平易近人的学者风度，使我很快打消了陌生隔阂之感。他先热情地询问了我的求学经历与目前的工作状况，旋即开始与我逐节逐段讨论我的论文。他对文章评价总体上是肯定的，说论述全面深入，并能结合实际，具有理论价值与现实意义。但对文章不足之处他也提出了许多修改意见。此外，他还询问我黑格尔某些话的出处，如"天下最容易的事，莫过于随意依照一个原则去乱抓材料"。我在文中引用了，但未注明出处。我当即告诉了他，他很高兴，说这句话虽短，却揭示了主观唯心主义的本质，这种主观唯心主义在日常生活中随处可见，危害很大。（以后我在学术会议上几次都听到他引用这句话来痛斥林彪和"四人帮"及其理论家们的诡辩言论）就这样，不知不觉半天时间过去了。回来后，我又把论文加以仔细推敲修改。我虽已届不惑之年，但这却是我第一篇真正像样的学术论文，不得不谨慎从事。经过萧老师的审阅，我心里有了底，果然此文拿到芜湖会议，受到好评，被人民出版社收入《西方哲学史讨论集》一书，几乎没有改动。自此，我与萧老师结下了浓厚的学术友谊。

国家走上改革开放之路，学术研究日趋繁荣兴旺。我觉得萧老师既有学术威望又能团结同志，可以为江苏的学术界多做一点贡献。于是我向他建议，根据列宁的哲学遗嘱我们可否成立一个黑格尔辩证法研究会或德国古典哲学研究会。他考虑良久后说，依江苏一省之地，成立黑格尔或德国古典哲学研究会包容面太窄，难有成效，不如扩展为哲学史领域。但他又觉得传统的研究哲学史的路径收获也不理想。因为哲学与科学是上层建筑两大主流，关系密切，离开科学而就哲学研究哲学的发展史，往往失之玄虚，而离开哲学思维的纯科学的科学史，又流于板实，两者都不能恰当地显示哲学思想与科学技术历史发展的真理，必须把两者的研究有机结合起来。于是在他的倡议下，1984年正式成立了江苏省哲学史与科学史研究会。他想通过对每一时代哲学与科学交融发展的研究，真正勾画出一幅人类认识真理之路的科学图景。萧老师这一设想新颖而合理，研究会在我国学术界属首创，因而吸引了数十位本省的哲学科学工作者踊跃参加，也吸引了许多外省的学界同仁志愿参加。萧老师认为成立学会就要出高质量的研究成果，而要出高质量的研究成果必须先埋头打好基础，提倡求实、务真、刻苦、创新的学风。1985年夏，研究会在连云港举办了黑格尔《小逻辑》与《精神现象学》读书班，数十名会员冒着高温酷暑认真聆听萧老师关于《精神现象学》的精彩讲座，我也承担了讲授《小逻辑》的任务。上午听课，下午读书、讨论。许多人字斟句酌，读不懂这本"天书"就去问萧老师。也有一些同志来找我询问《小逻辑》方面的问题。这种风气，在别的学术会议上是很少看到的。1987年是黑格尔《精神现象学》发表180周年。《精神现象学》是"黑格尔哲学的真正诞生地和秘密"，是"黑格尔的圣经"。然而当时学术界对该书的研究尚属起步阶段。为此，中国社科院哲学所的一些同志想利用这个时机召开一个纪念会，促进对马克思主义哲学直接理论来源的深入研究，以期拨乱反正、正本清源。我当即向萧老师建议由学会发起在江苏召开，他欣然同意并迅速动员学会力量联合江苏省社科院等七单位共同发起，周密组织；南京政治学院大力支持，提供会场承担全部会务工作，终于在1987年12月下旬正式召开了"《精神现象学》与马克思哲学"研讨会。十省市共百余名学术界人士踊跃参加了这一盛会。贺麟先生非常高兴，特向大会发来贺信并托他的研究生带来了他自己的论文。萧老师早在春天就已完成了研究《精神现象学》的专著《精神世界掠影》，因而做了一个很有分量的主题报告，内含了许多独到的见解。在他的启发下，与会学者通过学习研讨，提出了许多新颖而深刻的观点。如马克思关于现实的人及其历史发展的科学即实践唯物主义思想直接得益于《精神现象学》；必须重视黑格尔关于知性在认识中的地位与作用以及真理具体性的合理思想，并以此丰富与发展马克思主义认识论；用《精神现象学》中关于人与社会发展的活生生的辩证法来观照《逻辑学》中高度抽象的辩证法使辩证法更生动具体更富有生命力；离开知性分析的辩证法必然会滑向诡辩论与折中主义；《精神现象学》既是黑格尔哲学的起点也是黑格尔哲学的归宿等。这些观点具有很高的学术价值，许多方面就是萧老师本人的思想或在他思想基础上的发挥。很快《光明日报》于1988年1月14日在理论版发表专文对这次会议予以全面介绍，在全国理论界产生了很好的影响。在我看来，如果没有萧老师积极牵头与亲自主持，这次会议是根本开不成的。

二

萧老师对莘莘学子的深切关爱与无私帮助，是令人非常感动的。只要学生需要，哪怕自己科研与行政工作再忙，他也要挤出时间欣然传道、授业、解惑。讲课，他总是讲学术界以及他个人最新的研究心得，毫无保留。1981年，南京大学哲学系领导请他替"文革"后的首届本科生（77级）讲一点哲学，内容随意。他选择了西方哲学史，着重讲古希腊，大约花了一学期的时间。当时我很奇怪，他怎么不讲熟悉的黑格尔而偏偏去讲古希腊呢？听了几次课后，我才逐渐明白，原来他不是讲一般哲学史教科书中的"古希腊罗马"，而是把刚出版的英国学者格思里（W. K. C. Guthrie）的四卷本《希腊哲学史》中的精华，加上他自己的见解，讲给学生们听。格思里是西方研究古希腊哲学史的著名学者，他积多年研究心得洋洋洒洒写出了四厚本鸿篇巨著，其内容之精湛自不待言。但当时英文本刚出版不久，才传入我国，尚无中译本。因此，要讲授它就必须自己先译成中文，再写成讲义，这比一般授课要多花一倍甚至几倍的时间，但学生却可听到最新的研究成果与学术研究的前沿信息。当时萧老师已年近花甲，每次我去听课都见他匆匆骑自行车从东南大学宿舍赶来，讲毕又一一解答围住他发问的学生，然后再匆匆骑车返回。一次次望着他的背影，我渐渐明白了：他要把最好的东西教给学生。

1987年，我从南京大学调至南京政治学院哲学系，担负培养硕士研究生的任务。我指导的方向是"辩证法的历史与现时代"。专业基础课是"黑格尔辩证法研究"、"列宁《哲学笔记》研究"等。在学员学习过程中，特别是在撰写毕业论文的过程中，我都向他们推荐要到萧老师那儿去好好请教。记得有一位研究生毕业论文的选题是"辩证否定研究"，在指导他写作时我发现仅从理论上阐述辩证否定难以创新，不可能会有什么突破，这样的文章是没有多大价值的。怎样把文章写好呢？时间紧迫，我就去请教萧老师。我知道，长期以来他对辩证否定有着深刻的研究，一定会说出中肯的意见。果然他说关于辩证否定的论文已有数十篇，专著也有好几本，不能再从辩证否定是"扬弃"这个要点展开为几个方面凑出一篇文章来。要写好这篇文章，关键是结合中国改革开放的实际，用理论来说明实际，用理论来指导实际。而理论在创造性地运用中必然会使自身改变面貌富有新意。萧老师这番话启发了我，回来后与这位研究生重新商议，最后确定论文题目为《论中国改革开放中的辩证否定》。文章提出马克思主义辩证否定学说是中国改革开放的重要哲学基础之一。中国的改革开放面临着对当代资本主义的辩证否定，对十一届三中全会以前社会主义建设历史的辩证否定，对封建历史传统的辩证否定。这三种否定的历史与逻辑的交织与统一构成了中国现代化建设的"中国特色"的重要标志,是我国社会主义必须经由的发展之路。文章最后提出了与某些传统教科书不同的观点,即在辩证否定中否定并不总是占据主导地位。在一定条件下,辩证否定过程中的肯定比否定更重要。而辩证否定亦应完整地理解为内生式否定与外联式否定的辩证统一。此文写毕,萧老师来参加论文答辩会,他对文章做了很高的评价,他说单从理论上阐述辩证否定,哪怕你花的力气再多,恐怕不会有人爱看。现在的写法,使文章在经历反复曲折之后终于成了一个精品。同时他即兴做了一个在实践中研究辩证法发展辩证法的精彩讲话,使与会者深得教益。此后,该文的部分内容组合为一篇论述邓小平辩证法的文章由我带到外省去参加一个学术讨论会,当地省委机关刊物的主编看后很高兴地对我说,文章有很多新意,又结合许多实际内容,很适合干部学习邓小平理论。还说,若我同意,他们准备立即作为重点文章发表。我深知,这位研究生论文的成功,离不开萧老师的无私帮助,同时这件事也启发我如何在理论与实践的结合中创造性地阐发马克思主义辩证法,使辩证法的文章人人爱看,并自觉地做到"照辩证法办事",提高全民族的理论思维能力。

当时南京政治学院的研究生论文答辩,是非常正规而隆重的。大约是 1995 年夏,应届毕业的研究生论文答辩又开始了。第一场是哲学专业的,萧老师担任答辩委员会主席,原定上午 7 点半开始。到 7 点 20 分,院长毕文波少将已经来了,可这时才发现由于工作失误没有派车去接萧老师。怎么办?立即派车去吧,在这上班高峰恐怕得一个小时才能接来,第一场答辩就得推迟一小时举行,影响多么不好;不去接吧,年逾古稀的萧老师独自一个人来能让人放心吗?情急之中答辩秘书向我要了萧老师家的电话立即与他通话联系。此刻萧老师也正在家中焦急地等待着,听后立即表示自己打的过来。

他毫无怨言马上下楼在兰园拦了一辆出租，火速赶到会场，一见到他挂着手杖匆匆而来的身影，大家那颗悬着的心终于放下了，紧张的空气也释放了。院长请他稍事休息，他却立即登台宣布开会，此时为7点45分，这样，本年度全院研究生答辩工作总算基本上按时拉开了帷幕。事后我们一再向萧老师表示歉意，他连说没有关系不必介意，只要你们需要我随叫随到。作为一名兼职教授他对南京政治学院的教学、科研，特别是研究生培养方面做出了令人难忘的贡献。为此，南京政治学院的领导对他也十分尊重和关照，在他病重住院期间，学院教务长曾代表师生向他敬献花篮，以示慰问，这令萧老师很受感动。

萧老师是一心扶持青年学子，无怨无悔地把生命献给教书育人的好老师。"科教兴国"的思想早已深深扎根在他心田之中了。萧老师的去世是我国学术界教育界一大损失。我们要学习萧老师在做人做学问上的各种优秀品质，在各自的岗位上多做贡献，问心无愧地迎接新世纪的到来，这也是对萧老师最好的纪念。

一位雄心勃勃的学者和组织领导者

罗撷芳[*]

原来我和萧先生素昧平生。退休后的一天,萧先生忽然来访,说是经人推荐,拟邀我到马列主义教研室协助工作。自知政治思想水平低,才疏学浅,深感不能胜任,不免踌躇起来,但面对他那信任的目光,又平添了几分信心和勇气。最后答应他:先试试看。从此在他的领导下开始了工作,而且一干就是八年。长时间的相处,使我比较深入地了解到他的治学与为人。

在萧先生的宣传鼓动和校党委、校领导的积极支持下,南京工学院在南京地区高校中率先成立了自然辩证法研究会,这是一个以普及、宣传自然辩证法为目的的群众性学术组织。成立之后,立即展开了各项活动,特别是举办的学术讲座受到热烈欢迎。其中有萧先生等主讲的自然辩证法理论和教师们结合学科阐发辩证法原理的演讲,涉及学科面广,内容精彩生动,取得了轰动效应,吸引了全校广大的师生,还涌现了一批热心研究会工作的积极分子,也吸引了外校教师蜂拥而至,参加旁听。此后,南大、南农、华水和南航等校,

---

[*] 作者系东南大学哲学与科学系退休教师。

群起仿效，也相继成立了自然辩证法研究会。影响之大，可见一斑。

在自然辩证法的教学过程中，已有的几本书籍存在某些缺陷，萧先生萌生了自编教材的想法，于是组织教师分章撰写，由他负责统编。这本《〈自然辩证法概论〉新编》问世之后，获得了一致好评，许多高校纷纷采用。

最初是本地教师常就这本教材在教学过程中的难点、疑点等问题来校找萧先生和其他教师切磋，久而久之，酝酿中的一个开展经常性教学研究的组织——江苏省高校自然辩证法教学研究会应运而生了。萧先生被推选为理事长，研究会挂靠我校。1985年10月江苏省自然辩证法研究会成立，会员遍及全省高教、科研、医药、大企业和政府部门。萧先生不仅因道德文章为人景仰，而且因对研究会工作服务的热忱而受到会员们的爱戴，众望所归，又被选为理事长，研究会也曾长期挂靠我校。在他负责主持这两个研究会工作期间，他经常邀请各界专家学者前来做专题报告：请原江苏省政府经济研究中心常务干事沈谊同志（会员）主讲"科技兴省"；北京大学周辅成教授介绍中国伦理道德问题；请南京军区总医院专家办公室陶乃煌主任医师（会员）谈医疗保健等。题材多样，内涵丰富，会员们反映这些报告对拓宽视野、扩大知识面很有帮助。另外，无论经费如何紧张，仍坚持主办一年一度的年会，把年会作为会员发表文章、抒发己见的场所。不但鼓励会员踊跃投稿，而且他本人每次都提供新作，参与大会宣读交流，他的文章往往成为大会讨论的主题，《从黑格尔、费尔巴哈到马克思》、《辩证法史话》和《精神世界掠影》等书都是。与会者都感到获益匪浅。在他的领导下，研究会办得很有生气，得到会员们的赞许和省科协学会部的表扬。

综上所述，已不难看出他为实现既定目标而殚精竭虑、开拓进取、全力以赴的精神风貌，他真不愧是一位雄心勃勃的学者和组织领导者。

追忆先师萧焜焘先生

王卓君[*]

1999年3月1日下午，正是农历元宵节前一天，我于下午匆匆搭机赴北京参加教育部召开的宣传思想工作会议。甫抵北京机场，即感胸闷气急，身体特别不适，不知是因为旅途劳累还是什么原因，总隐隐有一种不祥的预感。到了会议地点北京大兴国家高级教育行政学院，仅给家中通了两分钟的电话，就躺下休息了。

第二天一清早，我尚未起床，所住房间的电话铃声大作，我妻子告诉我，昨天晚间我的老师萧焜焘先生猝然去世。噩耗传来，顿时惊呆，不幸印证了昨日的预兆。虽然先生的身体年余来因肾衰而成颓势，靠血透生存，但春节前我见到先生时，仍觉其能够与从前一样，再一次地战胜病魔。可这一回先生却撒手人寰，永远地放弃了他心爱的研究事业，永远地离开了我们这群弟子。

我的眼泪不禁夺眶而出。萧焜焘先生是我哲学生涯的领路人和尊敬的导师。先生仙去，我与先生在一起度过的许多难忘岁月及他对我的教诲一幕一幕地又重现于我的眼帘。

---

[*] 作者系东南大学副校长，教授。

一、入室弟子

初识萧焜焘先生，是我在南京大学哲学系读大三上学期时。当时听说南京工学院的萧焜焘老师要给我们高年级的学生上西方哲学史，就很想去听一听。因为早就听我们系的权威孙叔平教授讲，萧老师的课具有特别的风格，很值得一听。于是我壮着胆子挤进了课堂。几堂课下来，我这个南方人居然对萧先生的一口湖南话听得分毫不差，而他所讲的古希腊哲学与以前老师讲的有很大的区别，不再是流行的两军对垒的阶级斗争哲学。他分析的角度和方法，选用的材料和人物，往往独有其妙。台上萧焜焘先生讲得眉飞色舞，台下许多学生也跟着神情飞动。一句生动的巧喻，引得大家哈哈大笑，一个生涩的概念，噎得大家两眼发愣。就这样，半个学期下来，萧焜焘先生的哲学史还未走出古代希腊，我这个原先对哲学并不感兴趣的学生，却已经半生不熟地被哲学的力量所折服了。更直接一点说，我是被萧焜焘先生的哲学睿智所吸引，而产生了欲跟萧焜焘先生当学生作研究的念头的。

在听课之余，我也常常斗胆向萧焜焘先生请教些问题。他告诉我，当代哲学研究的最终目标，就是建立哲学与科学的体系——自然辩证法体系，这个伟大的构想是大约一百年前由恩格斯在其不朽的著作《自然辩证法》中尝试提出的。随着20世纪自然科学和技术科学的长足发展，这样的目标不再是可望而不可即了。当代哲学家必须与科学家联手来探索建立"自然辩证法"的科学体系。而他自己，对这个问题已经思考十多年了，现在正与一些同道就此开展工作。我在似懂非懂之间，不由得心驰神往。

机会对执着的人总是非常慷慨的。听完萧焜焘先生的课之后，我开始注意研读有关自然辩证法的书籍，从恩格斯的原著到苏联哲学家的注释本，从阿西莫夫的四卷本自然科学科普著作到西方科学哲学的经典译本，通通读了个痛快。大三下学期，我听萧先生说，他将于明年起招收自然辩证法方向的硕士研究生，我闻知后十分兴奋。因为当时南京大学在匡亚明校长领导下，是最先实行学分制的大学，而到年底我将修完哲学本科的全部学分，提前毕业，可以报考他的研究生。

我没有辜负萧先生的期望，成了他的首届研究生。事后我常常想：如果不是萧先生的课，如果不是萧先生的研究志向的吸引，如果不是萧先生的大力提携和帮助，我这样一个纯粹文科专业的学生，不可能来南京工学院从事自然辩证法的教学和研究，更不可能有幸成为萧先生的入室弟子。果若如此，我的人生道路可能就是另外一个样子了。

1982年3月，我们正式入学，在当时的南京工学院马列主义教研室做研究生。两个月后，该室中又划分出一个独立的处级单位自然辩证法研究室，由萧焜焘先生任主任。萧先生开设了"费尔巴哈论"、"西方哲学史"、"精神现象学"等课程。当时他对我特别嘱咐：你虽然是学哲学出身，但过去学的东西大多无用，必须认真地研读马克思主义的经典原著和西方哲学原著，尤其要集中于古希腊哲学和德国古典哲学；另外，你还要补上所缺的自然科学有关课程，以准备好条件来研究自然科学中的哲学问题。遵此教导，我在南工选修了化学和计算机，到南大去进修了生物学和天文学等课程，并开始在萧先生的指导下大口大口地吞吃哲学与科学的有关营养。一年多下来，居然小有所获，在一次写作业时，尝试写了一篇《关于普朗克常数的断想》，从自然常数的分类性质去论述自然界的层次性。萧先生看后，很是赞赏其中的一些思想火花，不久即推荐此文到一家杂志发表。

在哲学的学习与研究方面,萧焜焘先生的几门课对我们的影响极大。可以说正是这几门课的学习,大大地加厚了我们的理论功底,并为我们一生的研究方向和研究方法奠定了真正的基础。也正是跟在萧焜焘先生的后面,我们亦步亦趋地掌握了用辩证法的流动的观点来看待世界万物和天地人生,并开始尝试性地做一些深奥的哲学理论方面的研究。在我们发表的一些论文和著作中,别人常常能发现萧先生思想的烙印,甚至在我们的文字方面多少也有一些"萧门"的痕迹。

二、研究助手

萧焜焘先生一生志向极宏,即使屡遭挫折也不能改其衷,即使常卧病榻也不能夺其志。他的许多著述都是在生病期间于医院中完成的(因不生病时他实在太忙)。在南京工学院建立自然辩证法研究室(1985年改为哲学与科学系至今)之后,他所招收的研究生,各自的研究方向不同,但都围绕一个大的研究框架来进行。初时我们几个学生总感到我们的研究课题有些离散,难以捉摸,理论性太强,很难深入。比如我的硕士论文题目为《西欧中世纪是科学史上的否定性环节》,乍一看,这个问题纯属科学史研究中的冷门,很少有人去理会它,也不容易做出成绩。我开始动手研究时,到处都找不到相关的资料和论述。萧先生鼓励我不要有畏难情绪,要大胆地利用我英语好的特长,去搜集原始的外文材料。在萧先生的支持下,我走遍了全国各大图书馆,也利用了当时最先进的联网检索技术,终于找到了十余种相关资料。仔细研读之后,方觉先生之高见:中世纪绝不是过去人们常常误认为的科学史上的"黑暗时期",而是孕含着否定性的发展动力和向 17 世纪科学革命进军的真正因素。而这正是萧焜焘先生多次强调的"否定性环节"的真实表现。否定性环节具有"继往开来、承前启后、区分事物、延续发展之功"。科学史上的中世纪，正是这么一个为人所忽略的重要环节。

我的毕业论文完成了。从现在的水平来看，它当属幼稚之作，但在当时却得到了较高的评价。此文的部分内容先后在三家刊物上发表，也引起学术界的一点小小注目。后来在萧焜焘先生主持的《科学认识史论》这一洋洋大作中，我承担了有关章节的撰写工作，研究生阶段所做的中世纪科学史的成果作为相当有价值的理论内容被吸纳于书中。此时我们才由衷地佩服萧焜焘先生的远见卓识。

萧焜焘先生是一个体系论者，他早在 80 年代初就开始构想过哲学体系从自然哲学到精神哲学的全部内容。1984 年，他在江苏南通发起成立江苏省哲学史与科学史研究会并任会长直至去世。其中心的想法就是利用研究会的形式，组织校内和社科院及其他中青年学者一起来构建哲学体系。他的基本设想是要写三大本书：《自然哲学》，描述物质的自然界的辩证发展的过程；《精神哲学》，描述作为自然界最高产物的人类精神意识的辩证发展过程；《科学认识史论》，从哲学与科学相结合的高度来描述认识发展的辩证过程。这三大部著作计划 150 万到 200 万字。在南通召开的研究会成立大会上，他做了关于哲学体系的初步构想的报告，后又写成《自然辩证法和历史辩证法》一文，研究计划正式起步，此工作同时也得到了国家哲学社会科学基金的重点资助。

除萧焜焘先生外，我作为主要助手，是唯一全部参加三本书的课题研究的人。当时这三个课题组集中了许多中青年学者，他们的学科背景各不相同，有学哲学的，有学历史的，有学自然科学各门类的。尽管后来因种种原因只完成并出版了《自然哲学》和《科学认识史论》两部著作，而《精神哲学》可能永远也不会问世了，但大家都不会忘记萧焜焘先生对这三个课题呕心沥血的培育和对青年学者的悉心培养。

为了让大家理会他的思想脉络，萧先生首先在三个课题组分别讲了他自己的构思，然后要求大家广泛地搜集材料、阅读材料并就资料写出概述和提要。在此基础上，根据萧先生的思想观点，大家再分头拟订出负责写作章节的提纲。这些提纲经萧先生修改后，再开数次研讨会反复地讨论，并由萧先生再做多次的讲解。如此之后，萧先生深邃的思想和对哲学体系的构思，就能和我们这些来自各个学科的学者们的专业知识结合起来了。经过这么一次次反复，大家弄清了思想脉络，就开始写作初稿。稿子出来之后，经萧先生提出意见后再做多次修改，最后由萧焜焘先生对所有的稿子进行统稿。这类统稿工作实际上就是大工作量的重新加工。因为我们这些来自于各个学科的人，一是知识背景不同，二是语言风格不同，三是对萧先生的思想理解不同，四是对许多问题的剖析未必就观点一致。于是一位身体极差、经常进出医院的老先生，在家中的写字台上、在医院的卧榻旁，一个字一个字地圈改，一篇一篇地重写，终于将《自然哲学》和《科学认识史论》100余万字修改付梓出版，为中国当代的哲学研究增添了相当厚重的一笔。

这三个课题组的长期工作，培养了一大批青年才俊。许多人跟在萧焜焘先生的后面，从最初的搜集资料开始，听讲课，参加研讨，写作初稿，在萧先生的帮助下修改稿子，反复苦练，在理论和方法方面终于逐渐成熟起来，成长为各个学术领域的骨干。他们中的许多人早就成为正高职学术带头人了。现在回首那时萧焜焘先生带我们一起研究的情形，虽然甘甜与苦涩同时泛起，但感受更多的是一种成长的磨炼和学问的升华。

三、哲人凡思

我这个萧萐父先生的大弟子虽然入室最早，在有些方面却没有能够很好地继承萧先生的衣钵，与后来崛起的几位学弟学妹相比，实在是相差了不少。从 1984 年毕业留校任教起，我于 1985 年担任了哲学与科学系的自然辩证法研究室主任，1988 年起又因偶然的原因当上系里的书记。虽然那时尚可两头兼顾，但终因工作需要，于 1991 年被调到学校机关任职，从此难以回头，这对于我的教学和科研损失极大。此后，萧萐父先生的教学与科研方面的助手工作，也只能由系里留下的其他弟子来担任了。萧萐父先生闻知此事，虽然感到十分惋惜，但也没有劝阻。因为他深深知道，即使是他这么一个学问大家，有时也很难免俗，也不可抗拒地被推到一个相应的领导岗位上。在我们这样文化传统的国家，一个人的社会价值往往是由其担任的社会职务来评判的。

记得 1983 年省里决定让萧萐父先生担任省社会科学院副院长时，他曾十分正式地问过我的意见。我当时还沉浸在康德与黑格尔之纯粹理念中，就不知天高地厚坚决地回答他：你若去省里当官，江苏省并不会多一个优秀的干部，但却会少一个非常出色的哲学家。尽管最后因组织的决定及各种现实的原因，他还是赴任了，不过我总感到他当官当得很是累人，且在学术研究方面受到很大的损失。可现在我这个学生却又重蹈老师的旧辙，不知他会如何看待此事。

离开系里后每次去拜望他，他都对此事绝口不提，只是非常平淡地说：每种道路都有其必然性，你现在如我当年一样做"官"了，也并不就是一件坏事，也可有益于事业，只是千万别忘了做官、做学问与做人这三者的统一。每听及于此，唯唯而退，常以先生之言鞭策自己，不敢稍忘。虽然在现实的生活中，要做到这三者的统一是相当难的，但既然身处此位，就只能"责任所在、拼命为之"了。

先生不仅在学问上、做人上关心我帮助我，而且在生活上也对我表现出慈爱之情。

1982年夏天我急性阑尾炎发作，在鼓楼医院开刀，当时我在南京举目无亲，只有我的女朋友（我现在的妻子）在工作之余来探望我。但萧先生竟亲冒酷暑携水果骑自行车来医院看望。我后来了解到即使是他自己的孩子生病，他也不会如此上心。在家庭生活中，他是不折不扣的严父，对孩子们是严厉有余而温柔不足。但他对自己的学生，却不失宽厚与关爱。我结婚时，先生特意上街买了两只保温杯送给我和我的妻子。我儿子出生后，他曾与师母王老师亲到我住的筒子楼来看过。以后我每次打电话给先生说要去看他，他都嘱咐要带上小孩子一起去，让他也能经常看到我的儿子。

后来我调到学校工作。因我的个性，对每项工作都非常投入，常常是忙于俗务而较少做学问，再加上1996年一年待在美国做访问学者，先生的课也很少有机会再去听了，去看望先生的机会和时间也越来越缺乏。我只能在职权范围内对先生的一些生活方面的琐事给些力所能及的帮助。对我的不勤，先生也不责备，只是在电话中对我说：你现在很忙，但一定还是不能将业务丢掉。

1997年下半年到1998年上半年我的父亲在江苏省人民医院治疗癌症，我在上班之外的所有时间都是在医院中度过的。那时先生就住在后面的干部病房。我去看他，带一些营养品，并带上我于1997年在美国写的一本书。当时先生因白内障眼睛几不能睹。他对东西视而不见，但却用放大镜看了我著作的前几页，并喃喃地说：我的学生们的书一本本地出来，而我却不能写书了。言语之间，无限哀伤，听后使人肃然动容。

"昔人已乘黄鹤去，此地空余黄鹤楼，黄鹤一去不复返，白云千载空悠悠。"先生留下的精神财富是巨大的，而他留下的学术空白我们这些弟子们却很难有力量来完全填补了。

3月6日从北京一返回南京，我即去先生家祭奠，献花于先生遗像前。见先生摄于春节前的遗容，拄杖而立，面容清瘦而精神，目光深邃而悠远，似乎在鼓励我们这些后辈弟子，沿着探索真理的道路坚定地走下去。

写于1999年7月酷暑中

哲学家与教育家

朱小蔓[*]

我心中永远敬仰的老师萧焜焘先生撇下我们这些崇拜他的学生，撇下一大批热爱、惦记着的同事西归而去了。他本不该这样匆匆而去，因为还有一本大部头的著作《精神哲学》书稿正在他天才的头脑中构思，尚未诞生。他的学生已答应在春暖花开、天气好一些时为他做录音整理。但他逝去了，没有人能替代他做这一项极富学术价值、极具个性色彩的工作！

他一向不仅把我看作他的学生，而且也把我看作侄女般的晚辈。我大约是在"文革"后期知道他的，最早是我从父辈的同事、朋友的圈子里知道的。知道他在老金大入的党，与南京地下党在金大的一些党员后来有很好的关系；知道他对"文革"前的江苏省委副书记刘顺元同志十分崇敬，认为刘老是党内有丰富政治经验、有大眼光的人，也是党内不可多得的敢讲真话的人；知道他在"文革"后期、思想解放运动（1978—1982年）初期说过一些话、受到猜疑；等等。那时，萧老师在我的印象中是一位典型的党内比较有自由思

---

[*] 作者系南京师范大学副校长，教授。

想的知识分子,一个知识分子气很重的党内干部,一位热爱真理、敢于直言的思想斗士。

第一次见他是在 1985 年 9 月。那是我大学毕业工作十三年之后考入东南大学做研究生。那年我已快 38 周岁了。萧焜焘先生亲自为我们开讲三门课程,即黑格尔与《精神现象学》、费尔巴哈论以及西方哲学史。那时,我的哲学基础很不够。我是 1966 年高中毕业,经过"文革"动乱与知青"上山下乡"于 1970—1972 年底入安徽师范大学中文系学习的工农兵大学生。大学毕业后十多年做宣传、理论、青年教育工作,通读过几本马列哲学原著以及毛泽东的"两论",但毕竟哲学基础知识薄弱,对哲学未建立起基本的框架性认识,哲学思维更谈不上。萧先生的课把我引进了神圣、博大、奇妙无比的哲学殿堂。萧先生讲哲学,最大的特点是,从不给我们开出哲学概念的定义,而是讲引人入胜的历史,讲历史中的人物,讲人物提出某个哲学概念的种种轶事,包括生活经历、认识经历、认识方式及风格特征。这种展开了的、过程性的、生成性的呈现方式,使一个个哲学概念生动、跳跃起来,概念之间的联系、区别及变迁的线索逐渐清晰起来。我们终于悟出:没有僵化的、一成不变的哲学概念,只有永不停息、奔流发展的客观历史。同一个哲学概念也因历史、因时代、因人而衍生出丰富的内涵。于是,我们懂得了历史是客观的、伟大的、不容篡改的,而人更是伟大的、主体性的,人用创造的头脑在思维中创造概念,揭示、阐释概念的新内涵,从而把握和引领着时代的方向。对于感性直观思维、知性分析思维和辩证理性思维,萧先生最推崇辩证理性思维。他认为这是一种有原始的、完整生活知识作深厚基础,有精确的分析性、实证性的科学知识及思维作中介条件,有巨大而深沉的历史感作思维背景的人所特有的理性能力。这三个思维阶段是对立的、相互否定的,但又是不可分割、内在联系、循环往复、螺旋上升、缺一不可的。他讲任何一段历史发展与人类哲学思维运动都可以用感性、知性和理性三个环节的思维圆圈运动阐释得生动、贴近、趣味和意味无穷。他以从亚里士多德经黑格尔、费尔巴哈到马克思的思想内容上的巨大变迁与思维方式的惊人一致，带出了现代西方哲学之前的整个一部西方哲学史。

开始，我们听他的课是听不懂的，只觉内容艰深、思想深奥、旁枝叉叶不少，且方言浓重（这样的课大概不是当下的什么"现代教学论"原则、标准所能通过的）。但渐渐地我觉得我听懂了。我发现，随着课程的进展，自己的知识视野不知不觉拓展了，而且学会了将知识与知识联系起来，产生意义，悟出方法。不成熟的教师虽然自己有坚实的知识基础但并未把握教育真谛，往往满足于传授给人一大堆相互割裂、找不到联系的知识，而且这些知识与听讲人的生活感受相分离，使人既领悟不到价值意义，也学不到方法。它徒然消耗学生的时间和生命。而萧先生的课，虽然其中一些具体内容随着时间的流逝我已经忘却，但进入我的骨髓里的是我一生对哲学不移易的兴趣、热情、好感与信念。这一情感态度上的取向迄今影响我选择研究领域与研究方法。我一直执着地相信，哲学是有用的，其最大的作用有二：一是在思想精神层面，教人从日常生活中追问价值意义，帮人在纷乱无序时选择思想的方向，使人拓展出知识的视野与接纳事物的胸襟，令人升华出大气磅礴的情感和情操。二是在思维方式层面，哲学并不是只谈抽象概念、只讲空玄的观点理论，它欣赏无限时空中的感性丰富性，尊重科学的实证性、分析性与丰富精确性。哲学是过程性思维，是历史性思维，是系统性思维，是不断否定和扬弃的批判性思维。哲学既是现实性思维又是超越性思维。哲学者兼容具体与抽象，不把思维执于两极彼此而是循环上升，于是哲思才圆融通达，哲学人才智大慧。

萧先生对学生要求很严很严，他的哲学课不仅用启迪式、熏陶式、教化式，同时也用讯练式。仅"费尔巴哈论"这门课，他通过辅导教师苑金龙开出并要求我们做了30道问答题，每篇少至三五百字，多至一千字。现在回想起来，那是一个艰苦的、扎实的训练过程。我做了整整一本，迄今仍完好地保留着。最令人难忘的是萧先生的哲学考试，他常用抽签口试的方式，由教授组成答辩委员会主持这种口试（我于1992—1993年期间在莫斯科大学访学时目睹的哲学考试正是这种方式）。年轻的大学生们那天穿戴得漂漂亮亮、整整齐齐，神色庄重地进入口试考场。我们这届的考试也很别致。先生允许我们带任何书籍和笔记，当场在黑板上写了五道题，然后由我们去发挥答题，交卷时间不限。考试从上午8点开始，记得有人11点左右离开考场，我大约12点半离开。据说，有的同学买了吃的东西来，答题到下午2点。这种考试方法大概也不是现在什么"教考分离"、"试题库"、一律化的闭卷考试所能接受的。

萧先生不仅是好的哲学教授，而且是教育家、教育思想家。他在主政系务时期，将系名更名为"哲学与科学系"。他坚持该系研究生招生文理兼收，且合班教学。他要求理科—自然辩证法方向的研究生同我们一样听美学、听文学评论、听西方心理学史，同时要求文科—伦理学方向的我们听自然辩证法、科学技术史、科学概论，甚至听数理逻辑和数学—力学方法论。当时班上文、理两部分人年龄大的像我快40岁了，小的刚二十三四岁，我们在一个教室听课，一起进行专题讨论。知识结构和思维方式的碰撞与互渗、互补，生活经历、个性风格的相互接纳与认同，从某种意义上说，成为读研的重要课程。到现在我才真正感到现代"课程"的含义是多么需要开拓。课程绝不只是传授既定知识的过程，更不只是既定的教学计划、教材和教案，它是学生在教师的引导下增加人生经历，重组自己的生活经验、认识经验的过程。在萧先生正确而高明的教育思想下，我们的课程收获绝不是狭隘、贫乏的课程概念下可能得到的。

萧先生当时主要领衔指导自然辩证法的研究生，他并不直接为我们开设伦理学课程。但他对伦理学专业建设的贡献同样是巨大的，他讲授的各门课程中伦理思想及学术的分量相当厚重。他在讲述西方哲学史上的思想概念与人物时，凡是他着力介绍的人物，如柏拉图、亚里士多德、笛卡尔、莱布尼茨、斯宾诺莎、康德、黑格尔、费尔巴哈直到马克思、恩格斯，他都会十分自觉而热情地介绍道德哲学。如亚里士多德的"中道"观与道德的联系，其对优良习惯、情感的重视。再如斯宾诺莎关于人的幸福与理性能力的最终一致性、反对把道德看成必然地保证幸福。又如康德对道德与人的道德自由的推崇以及康德如何突破理性的界限，主张将包括实践理性在内的理性作为道德的基础。尤其是黑格尔对伦理概念与道德概念的区分，即伦理是社会的秩序、规则和习俗；道德是个体的心灵与精神，德性，是个性化的。当时给我的印象是，萧先生一方面是义务道德论者，他强调人对社会正当伦理、对民族革命精神的服膺和义务、责任；另一方面，他又是心灵道德、精神道德论者，他更强调道德是个人的思想倾向性，精神的纯洁性和独立性，道德不是从众、不是服从，而是理性的独立思考和选择。他十分推崇马克思关于道德是人类精神上的自律的命题。因此，我认为萧先生对伦理学的理解是有个人独特性的。他反对过多地甚至只从外部社会的、历史文化的、经济生活的制约上谈道德，而是主张更多地从内部，从人性、人的个体精神和心理品质与道德本性上的一致性谈道德。于是，伦理学就不能满足于谈社会规范、社会遵从或只谈内省性的个人修养。他认为道德是精神世界的核心和巅峰，一个民族和个人到达这一核心和巅峰都需要在科学、文学、艺术、历史、哲学，甚至宗教文化方面的长途跋涉。总之，在他的心目中，伦理学是一门博大精深的学问，道德精神是人类最丰富、最崇高的精神之花。他反对简单化、表浅化、形式化地看伦理教育、道德教育。记得在我们快毕业的时候（1987年）的一次课上，他拿出自己写的一篇研究斯宾诺莎哲学——伦理学思想的论文《死的默念与生的沉思》，他讲得十分动情，他推崇斯宾诺莎那种深沉的、理智的、渗透生死的大情感。后来，在他与我的个别交谈中，他兴致极高地告诉我，准备在退休后好好研究斯宾诺莎的《伦理学》。我一直从他的思想中感受到作为道德哲学的伦理学与作为社会规范体系的伦理学之不同。我的硕士论文选定道德情感作为研究课题，选择道德情感作为研究道德的突破口，主要是受到导师王育殊先生平实而融通的伦理与生活的关系、伦理与美的关系的思想系统的熏陶。但我对理智型道德情感概念，对情感发生中情致、情愫、情操三个环节的相互关系的阐释则直接受到萧先生的启发。后来，我到南师大著名的教育学专家鲁洁教授门下攻读博士学位时，我仍然念念不忘和执着于情感教育的研究。博士论文《情感教育论纲》的第六章"情感教育的内在过程"是我自认为，也是被鲁先生称为最有创造性的一部分。那里面提出的命题、概念、范畴以及构建起来的理论假设，其思想渊源正是来自萧先生阐发的亚里士多德、斯宾诺莎、黑格尔和马克思的道德哲学思想。

20世纪90年代初，鲁洁教授决定请萧先生为南师大的教育专业博士生开哲学课。自91级到96级6届共二十人左右先后聆听过萧先生讲"精神现象学"、"西方哲学史"、"科学认识史论"等课程。学生们每次都到他家里听课。所有听过他的课的博士生无不反映受益匪浅，而且几乎所有的人都对他的"圆圈运动"思维产生浓厚的兴趣，不少人运用在自己的博士论文中。在他生命最后的几年，萧先生越来越把有博士听他讲课当作命根子一般。他需要谈话伙伴，需要倾听者，需要学术知音。他在这其中享受无比的快乐，在这其中体验自己的价值。大约1998年6月的一天我打电话问候他，他要我转告博士生缪建东、刘次林等到他家当面记述对学生作业的批阅意见。那时，他的眼睛因严重糖尿病已近乎失明，学生的作业全部是由家人念给他听，他在心里形成评价意见。他生命不息，工作不止。哲学思考、教学和教育工作正是他全部的生命。萧先生常说他最喜欢的是教书，我相信这话是真诚的。

在我的眼中，在我的心目中，萧先生不仅是革命者，是党的好干部，而且是人格高尚、卓有成就的教师，是才华横溢、富有创造力的哲学家、教育家。我们尊崇他为当代中国优秀的哲学教育家，我们永远景仰他、怀念他！

1999年8月20日于南京鸡鸣寺兰园

一部人生经典的解读

樊　浩[*]

一般说来,学术大家和学术大师的人生,都是经典人生,他们的成与毁、荣与辱、喜与悲、进与退,对后人来说,都具有经典的意义。然而经典也有多种。有的经典平易近人,容易被解读,如卢梭用文学的形式著的《爱弥尔》所阐述的教育思想一般;有的经典晦涩奥僻,语焉深藏,如老黑格尔的"凡是现实的都是合理的"命题一般,需要经过解读,曲径通幽,才能发现其光辉所在。萧先生属于后者。由于特殊的人生境遇所造就的品质,由于特殊的学人气质,乃至由于特殊的专业及学养构造,他这部人生经典因其太形而上、太深刻常常给人以错觉。先生的一生,有不少心心相通的知音,也有不少不可两立的对手,更多的是一言难尽的朋友。先生驾鹤西去,给世人留下回味。作为他的学生,我不敢妄言解读先生,但愿把先生的一些小故事及自己的体会贡献出来,以帮助人们——包括先生生前的朋友、对手和熟人,对先生有进一步的了解。

---

[*]　作者系东南大学文学院副院长,教授。

高理性与高情感的二重奏

凡听过先生的课,读过先生的文章,或与先生相处过的人都有这种强烈的感觉:先生的文章不好懂,先生的演讲给人以智慧的启迪,而先生的为人则容易给人以距离感,须仰视才能达到。先生讲课,给人以理性的享受和智慧的启迪。一般老师上课,偏重知识的传授,如果用这种方法跟萧先生学习,肯定要失败。我的体会是,先生上课,不是教学生,而是带徒。短时间内很难说有什么收获,然而坚持下来,不经意间就会发现自己有了长进。这就是先生所乐道的"悟性"或"顿悟"。这种悟性是一种"无"的境界。有了这种悟性,以后不管做什么,都会收益无穷。我们以后在学术上所取得的成绩,很大程度上得益于先生的这些训练。先生对大家的影响如此之大,乃至在我们的文章和著作中,可以清晰地发现"萧门"的印记。也许,这种培养悟性的方法,用现在时髦的术语说,就是所谓"素质教育"。

初与先生相处,最容易感受的是哲人的睿智和理性的冷峻。只有长期相处,才会发现他那难以被发现的深沉执着而热烈感人的情感性的一面。先生对学生的爱,不仅是出于理性的严厉,还有那种深沉而又让人铭心刻骨的关怀。1982年大学毕业时,我被分到江苏农学院工作。由于与理想的分配差距太远,相当一段时间情绪不好。萧先生专门来信,肯定我"好学肯思,大有后望",还利用开会的机会专门看望了我们在扬州的同学。我回东大读研究生毕业时,原单位坚持我回校工作,萧先生和王育殊先生认为东大的伦理学发展需要人,坚持把我留下,最后惊动了两校的最高领导,才解决了问题。先生还四处写信,帮我联系我妻子的调动问题,虽然最后未能如愿,但这份情意我一直铭记在心。我们一位77级的南京籍同学，毕业时被分到淮北，先生总感到过意不去，半年后就把他作为研究生招了进来。另一位女同学不幸英年早逝，先生极为悲痛，摸黑送来200元，要我转交给她爱人（在20世纪80年代末，200元算是一笔不小的数目了）。先生对学生的爱心，往往与严格要求交织在一起，表现得更多的是严爱，因而不易被感受和理解，即使是学生，也容易产生误解。

先生生性刚烈，宁为玉碎，不为瓦全，从不向任何人低头，但感情却极为丰富，感情表达之强烈，最初令我很诧异。我跟随先生近二十年（我虽然两度做先生的学生，但严格说来我不够格说是先生的助手，因为我的专业是伦理学，先生则研究科技哲学，不过我们读研究生时，伦理学是先生硕士点上的一个方向），见到先生哭有两次。一次是我读研究生时，萧先生请厦门大学郑道传教授讲学。郑教授系"文革"前著名学者，"文革"中受迫害双目失明，"文革"后顽强努力，以录音带教授学生。萧先生在讲述这段故事时，情到深处，不禁当着学生的面热泪纵横，在郑教授劝说下才止住。第二次是先生的妻子王月娥教授突然中风。事发当天，当着外人的面，先生还能自持，晚上当我们几位学生去看望时，先生再也难以控制了，拉着我们的手，痛哭不止。起初，几个医院都给她判了死刑，但先生明言，只要他在，就不能让她这样死去。先生近乎顽固地认为能治好夫人的病。于是到处求医，每天与夫人以各种形式交流，只要稍有感觉，便孩子般地高兴起来。此情此景，着实令人感动。因此，在先生的眼泪中，我们感受到的不是脆弱，而是人性的生动和真实，是崇高的博大。

先生的情感世界展现得最充分的可能是对事业了。先生原先担任南京工学院马列室主任。1982年后由于各种原因，带领王育殊等几位著名教授创立自然辩证法研究室，1985年后创立哲学与科学系。

我亲眼看到、亲身感受到了创业的艰辛。先生向来身体不好，我们上大学时，好几次他都是被架着进课堂又被抬着出课堂，但无论如何，先生一进课堂，顿时就兴奋异常。系办公室搬到新图书馆大楼后，由于楼层太高，先生上楼时总要先稍喘几口气。这时，就会发现他驻足凝视系牌，陷入遐思。有一次先生对我说，只要看到这块牌子在，也就足矣。也许受先生的感染，也许亲身感受了创业的艰辛，我后来在接过系里的这个担子时也继承了他对事业的这份情感。

先生人生之难以解读，就在于高理性与高情感的这种矛盾。先生之理性逼人，先生之情感深藏，高理性与高情感本来就相互冲突，难以协调。人们感受到的是他冷峻的理性，而热烈的情感由于太执着，也由于主要表现为对事业的爱，容易让人误解为固执偏执。因为这份爱属于事业、属于集体，好像不属于任何个人，所以，许多人分享了他事业爱的温暖，感激的却不多。也许，依先生的追求和个性，本来就没有想要得到谁的感激。

诗人 + 哲学家

大凡见过先生、听过先生演讲或读过先生论著的人，都会领略到他的哲学家风范。那特殊的学者气质和独特的思想观念和学术体系铸就了他的哲学家风范。在中国哲学界，哲学家很多，但有自己思想体系的并不多，在有自己的思想体系的哲学家中，萧先生是最具个性者之一。也许这种个性化的学术和特殊的性格，在中国就注定了他的"寂寞孤怀"的命运，就像他的老师牟宗三先生一样。

先生身上最容易被人忽略的、也是性格中最隐蔽的部分是他的诗人气质。可以说，先生的风采，先生人生中的成毁得失，很多与他的诗人气质有关。这种诗人气质，首先表现为论著中诗一般的优美语言。先生思想之独特深刻为世人所少见，但先生驾驭语言的功力，更令我们折服。他常常把名词、形容词当动词用，极富开启智慧的能力。先生一生著作丰厚，但我最喜欢的是只有几十万字的《辩证法史话》。它是上百万字的"西方哲学史"讲稿的精华本。在这部书中，他用诗一般的语言，描绘了一幅西方哲学精神发展的浪漫图画。我从来没有把它当作通俗本，而认为它是真正的精华本，只是对先生思想没有全局了解的人不能窥其堂奥，难以领略这个神奇宇宙中的无限风光。这是一种难以达到的境界。

诗人的浪漫与哲学家的深邃并存于先生身上，似乎是一个不和谐的结构。它给先生带来了几分生动，几分风采，也带来了几多麻烦。1998年10月的一天，我和另一位同学一起去医院看先生，当时他刚血透回来。他告诉我们，自己躺在血透床上，作了首近百句的诗，开头的几句现在还记得。我们明白先生很寂寞，在糖尿病的晚期，严重的白内障已经使他不能看书写作，对这个把事业当作生命的人来说，这无异于判了他的精神生命的死刑。然而，就在这样的生理心理都极其痛苦的情况下，他竟有雅兴作诗。于是，系里给先生送去一台收录机，让他自己将所想所思讲出来、录下来。先生的诗人气质和哲学家的深刻，在有些情况下也给先生带来麻烦。这种特殊的才华造就了先生生动、辛辣、一针见血的语言风格，很多情况下也会让人受不了。记得刚上大学时，知青政策还没有落实，先生就在一篇文章中挖苦干部下乡和知青下乡的政策："据说我们祖先的锄头是万能的，一锄能挖出一颗原子弹！"读来真让人痛快，可领导怎能喜欢？我有时将先生和鲁迅相比较。鲁迅先生在一篇文章中描写了一个故事。有对夫妇生了小孩，抱出来给客人看。一个说，这小孩将来要做官，于是得到一阵喝彩；一个说，这个小孩将来要发财，于是得到一阵奖赏；第三个说，这个小孩将来要死，于是得到一阵痛打。鲁迅愤然：讲偶然的人奖赏，讲必然的人被打，公理何在！话讲得是对的，然而这种"必然"也太缺少人情味，让人没有信心。萧先生有时就是这种讲必然的人，入木三分，一针见血。这是哲学家本性的自然流露，而当哲学的深刻与诗人的语言功底结合时，他的话语就显得犀利辛辣，在与人相处中难免伤人。先生太哲学、太顶真了。我自己在这方面也颇受先生影响，因而也有同样的遭遇。写出来，也算是自我反省吧。

由于"诗人＋哲学家"的特有的气质和才华，先生总体上是一个完美主义者。这种完美主义倾向往往导致两种结果：对自己要求严格；对别人要求也严格。对自己要求严格形成执着的严谨的学风；对别人要求严格有时缺少必要的宽容，遇事难以通融，因而难以乐群。也许，这是完美主义者性格和命运的两重性。我们与先生长期打交道，有一个经验：不要太顶真。我们知道先生性格中诗人气质的一面，所以对他的批评哪怕是严厉的批评不要太往心里去，批评过不久就会忘记；对他偶尔的偏执也不要太顶真，诗人气质一过，哲学家的反省品质会使他自己纠正自己。由此，我联想到，人与人相处，理解和宽容是十分重要的。走进他人的世界才能理解，理解有一个过程，因而首先必须宽容别人。没有宽容，有时会失去理解别人的机会。

悲壮的哲学家

如果要用一个字对先生的一生做概括，恰当不过的是一个"悲"字。先生生前讲课中多次诠释这个"悲"字，特别喜欢西方哲学中的"悲悯情怀"一词，认为这种悲悯情怀是一种博大的爱，它悲而不切，不为物喜，不为己悲，但又充满对人类未来前途的忧患意识。先生确实具有这种悲悯情怀。但是，"悲"字之于先生，有更多的意蕴。先生的情怀是悲悯的，先生的一生是悲剧的，先生的人生是悲壮的。悲悯、悲剧、悲壮，是对这位特殊的哲学家的最好诠释。先生悲天悯人，却悲剧一生；先生一生与命运抗争，耸立起一尊不屈的悲壮人生。

什么是悲剧？鲁迅先生的诠释最经典：悲剧就是把有价值的东西撕毁了给人看。也许世人现在记忆犹新的是先生生前无意中得罪过什么人，可千万别忘记，先生事实上也是一生不得志，或者说他得到的与他所付出的和应当得到的很不相称，先生本人也是一个不断被"得罪"又不屈抗争的人。

在政治上，先生可说是坚定的马克思主义者。他思想深刻，富有批判性，学术极具个性，可对马克思主义的基本理论却极力维护，不容否定，政治立场和学术方向都十分坚定，以至我们有时觉得他有点"正统"。20世纪80年代末，当《河殇》盛行时，先生担忧这种美化西方文化、贬损中国传统的倾向，便以同样的风格、同样的篇幅写出《海难》，从篇名一眼就可以看出，二者针锋相对。《河殇》写中国传统文化的没落，《海难》写西方文化的缺陷以及西方给中华民族造成的灾难。由此可以看出先生的社会责任感和使命感。即便如此，先生在政治面前也是命运多舛，什么政治劫难都没逃过。"文革"被下放，据说在20世纪70年代末的什么事件中还成为"内控"对象。造成这种结果的部分原因是先生喜欢对政治，尤其对其当权者提出批评。而且正如上文所说，他的批评，言辞辛辣，语意深刻，不是让被批评者不舒服，而是让他们受不了，其命运也就可想而知了。先生对共产党、对社会主义如此忠诚，又招致如此命运，由此使我想起理论家与政治家的区别。理论家与政治家在政治上有许多一致之处，都要维护所服务的那个阶级的利益，但政治家往往只看到眼前利益，而理论家要看到长远利益，否则他就不是理论家，因此，二者之间常常有冲突，冲突的结果，大多是理论家吃亏，要等到若干年后理论家的正确性才得以证明，于是给予平反或昭雪，就像马寅初及其人口理论的命运一样。二者都有忠诚，但理论家往往是批评家，因而更多表现的是"第二种忠诚"。萧先生多次自述，他的志向是锻造"学者+战士"的品质。先生一生几次做"官"，又几番受谪，最后在省社会科学院副院长的位置上退下来。应该说，先生在"做官"与"做学问"之间兼顾得是比较好的。假如先生没有做官，可能人生的曲折要少些。然而，假如先生做官做得很得意，学问可能就不能做得这么好。中国文人就这么怪：太得意了就不是文人，"学而优则仕"，会被提拔去做官；但太失意了缺乏条件亦难以做出大学问，总是在"得意"和"失意"之间寻找和保持某种平衡。

先生的事业之路和学问之路也体现出一个"悲"字。在事业上，先生一心要重建哲学系，再现当年东大人文气象，可总是荆棘丛生。创立哲学系后，当时先生是国务院学位委员会专家组成员，自吉林大学舒炜光以副教授取得博士点后，先生作为这一学科全国重要的带头人之一，别人也劝他申报博士点，他认为自己的能力还不够。这一谦虚，就成绝唱。退出学科组后，几次申报均未成功，至我们接替先生担子，经几代人努力，至今系里仍没有博士点，这成为东大之憾事。可以说，先生在事业上是"壮志未酬"。我现在所做的，可以说还是在完成先生未竟的事业。在学术上，先生的学问和所取得的学术地位也很不对称。因为东大是一个工科为主体的大学，在全国范围的文科"阵地战"竞争中处于不利地位。综合性大学可以凭借学科优势推出学术带头人，而东大这样的学校的文科，要凭借带头人个人的地位和努力把整个学科拉上去，这一里一外，注定了创业必定艰苦卓绝，而且失败的可能性极大。所以，先生至去世，既没有取得博士点，也不是博导。难怪北京有些了解先生的学者认为，萧先生是一位没有被发现和没有取得应有地位的哲学家。从先生的结局中，我看到了事业的悲壮，也似乎看到自己最后的结局。

先生人生的"悲"在他最后的几年中表现得特别强烈。师母成植物人后，先生不仅失去了生活所依，也几乎失去精神支柱。先生属于比较典型的老一代知识分子，不太会料理自己的生活和家务。有一次我到他家时，看到他用老虎钳开煤气灶的开关，顿感到一阵心酸。有一次他对我说，已经吃了几天面条了，因为他只会下面条，儿女工作太忙，不忍心打扰。师母住院，他竟要坚持自己送饭。有天晚上，当我看到一个瘦瘪的老人拎着饭盒拄着拐杖在川流的自行车群中吃力地挪步时，简直不敢相信自己的眼睛。不是子女不送，而是先生认为只有自己送才能尽到心意。可师母已成植物人多年，到底是否明白吃的是谁送的饭，可能只有到天国老两口才能交流了。去年下半年，我几次傍晚时分看到他拄着拐杖在宿舍区艰难地挪步，微风吹来，几丝银发飘起，令我伤心地感悟到什么是"风烛残年"。此情此景，真的很难把他与当年在学术界叱咤风云的萧焜焘联想到一起。然而，即使到最后几天，先生也不失人生之悲壮。今年大年初六，我从老家回校，与一位同学一齐去给他拜年，他吩咐了几件事，其中之一，就是希望开学后讲一次课。我们为难了，我们知道，课堂是先生的生命所在，他过去多次讲过，如果能死在课堂上，那是最有价值的死。可是，如果真的在课堂上出事，后果却不敢设想，起码我要被指责为"残忍"。但我们也不愿扫先生的兴，答应等回春后，安排一个一楼的教室或我们与研究生一道到他家聆听教诲。先生终未等到这一天。这一要求竟成了先生永不能实现的遗愿。

先生一生悲剧，却从不向命运低头。他用自己的人生践履了在课堂上给我们讲的一句名言：磨难，对强者来说只是垫脚石，只有对弱者才是万丈深渊！

萧先生杂忆

方在农[*]

今年 3 月 1 日晚，我接到东南大学王兵的电话，告知萧先生于当日过世。闻此噩耗，我既感到突如其来，想不到恩师忽然离我们仙去，又觉得早在意料之中，这两年来萧先生病体缠身、艰难度日的状况使我对此早有思想准备。尽管如此，想到一代哲人已经逝去，夜不能寐，有关萧先生十八年来的一幕幕场景顿时浮现在眼前：有的清晰，仿佛就在昨天；有的依稀，似乎已经久远。

一

1981 年 6 月初，夏风习习，我从招生指南上得到萧先生要招两名自然辩证法研究生的信息，颇感兴趣。为此，我在一个与萧先生相识的同学的陪同下，拜会了萧先生，并向他咨询。这是第一次与萧先生相见，印象非常深刻。只见他面容清癯，精神矍铄，满头乌发，镜片后闪着两只睿智的眼睛，话语里流出浓重的湖南口音。当

---

[*] 作者系中共江苏省委党校教授。

时，他正患牙痛，一边捂着牙一边和我们谈话。他对我想报考他的研究生表示欢迎，并向我介绍了专业研究方向和招生的大致情况。最后，他鼓励我报考："很多搞自然辩证法的都是学物理出身。不要担心丢掉原来的专业，实际上你学的物理知识还不够，还需要学更多的现代物理知识。"在萧先生的鼓励下，我决定报考他的研究生。

当年9月，参加了几场昏天黑地的考试；12月，我拿着录取通知书，到南京市中医院病房里再次拜会萧先生。这次他因患糖尿病住院。自此次起，我每年都要到医院或疗养院去看望萧先生，或者说萧先生每年都会因病住院，短则几个星期，长则几个月。见到我，萧先生似乎已经知道此事。他向我表示祝贺，并谦虚地说："我不懂自然科学。俗话说：'师傅领进门，修行在各人。'以后主要靠你们自己。"针对我是学理科出身，他要我加强文笔的训练，建议我每天写日记。从此，我成为萧先生的学生。

二

做萧先生的学生，既容易又困难，既轻松又紧张。说容易，说轻松，是指听萧先生的课，跟着他在辩证法发展的历史长河中荡漾，在知识的海洋中遨游，真是一种精神的享受、人格的熏陶。小小课堂常常成为人类历史文明的演绎场所，中国现代发展的微缩景观。当然，不经意间萧先生也会流露出个人的简史逸事，使我们增加了对他的全方位的认识。个中滋味，只有亲身经历过的人才有体验。说困难，说紧张，是指在课堂上，萧先生往往又会冷不丁地考你一下，令你手足无措。刚刚上了几次课，萧先生就要所有的听课人写一篇千字文，题目是"在沉默的背后"，一星期内交。这一下，搞得大家颇为紧张，纷纷揣摩这一命题的深意。课余，各人按照各人的理解，写出自己既感得意又感不安的文章并如期交给萧先生。上课时，在大家企盼的目光中，萧先生揭开了谜底。他说："我看了大家交来的文章。有的根据鲁迅先生的名言来下笔，有的揭露了两面派的嘴脸，有的则歌颂了刚正不阿的彭大将军。大家写的都很好，我写不出这样的好文章。但是，从哲学的角度来看，沉默的背后是什么呢？是沉思，是哲学家的沉思。没有这样的基本功，不要学哲学。"以此为引导，他向我们介绍了古希腊的苏格拉底、柏拉图和亚里士多德的哲学思想的演变和古代辩证法的形成与发展。

三

做萧先生的学生，是颇感自豪的——为他的学识，为他的文笔，为他的声名，为他的经历。尽管萧先生命运多舛，但到晚年，他的学术成就得到了社会的公认。他的深邃思想、革命资历与人生阅历、刚正不阿的人品以及独特的写作风格，奠定了他在学术界的地位。然而，他对这些姗姗来迟的声名看得十分淡泊，甚至有点冷淡。他所看重的是教师这一职业，他赞同"太阳底下再也没有比教师这一职业更高尚的了"的观点；他所倾心的是教书育人，先后培养了几十名研究生；他所追求的是扩大马克思主义哲学研究阵地，团结并扶持了江苏自然辩证法界一批中青年学者。

1982年5月5日，南京工学院自然辩证法研究室（作为系级建制）正式成立，他十分高兴。他说：今天是马克思诞辰，我们要继承马克思的未竟事业，推进马克思主义哲学的研究。在此之前，他还带领研究室全体同志到清凉山春游，在扫叶楼畅谈。我手头还存有当时的几张照片，从照片上可看出春意留在了萧先生的脸上。反之，1983年10月，省委组织部派人找他谈话，要调他到省社科院工作。他说作为一名共产党员，服从组织的决定，感谢组织的信任，但他请求保留在南京工学院的关系，仍然担任室主任的职务，兼任社科院副院长。在课堂上，他向我们讲述了此事，并吟咏了晨起锻炼在玄武湖小亭避雨时所作的一首小诗。那首诗我已忘了。但当时他那淡泊而凄凉的心态与神态，我至今还记忆犹新。1983年12月，他在镇江市委党校组织了一次纪念毛泽东诞辰90周年的理论学术研讨会。他在会上作学术报告，谈到生与死的问题时，他说："譬如说我吧，大概能活75岁。"此言一出，全场默然继而哗然，我听后为之一震。时隔十五年后，当3月1日晚听到他的死讯时，我首先想到的就是多年前他的这句话。

四

1984年夏，我拿着萧先生写的介绍信走进中共江苏省委党校，结束了做萧先生研究生的学习生活。虽然我离开了萧先生，但他却仍然在多方面关心着我。1996年夏，我写毕一本书，想请萧先生写序。与他一联系，方知他的糖尿病已危及眼睛，看东西很吃力。我便不好开口，但萧先生却追问何事，问清事由后，他说："等书的清样出来，拿来给我看，然后再为你写序。"闻此言，我十分感动，在该书的后记中，我写道："最后，感谢我的导师萧焜焘先生，逾古稀之年、抱孱弱之躯、眷师生之情、怀激励之愿，为本书欣然作序。"萧先生则在序中最后写道："跨世纪战略关系到国家民族前途，方在农同志的专著的现实性由此可见。我衷心祝贺他理论探索的成功，期望他进一步钻透这一极其复杂的问题。"

毕业后，除了平时看望萧先生外，我每年春节都要给萧先生拜年，有时是到他家，更多的时候是在医院里。拜会时，过去、现在、未来、学校、社会、国家、海阔天空，无所不谈。萧先生的谈兴很好，一个小时、两个小时不知不觉就过去了。每次，我都是在心底带着一种美好的祝愿离开萧先生。但1997年的春节我与潘振玉先生去看望萧先生时，看到他羸弱的身躯，听到他说"只是活着"的感喟，心里顿时有了不祥之感。1999年的春节，初一早晨，我如同往年，先打电话问候。萧先生接电话后，问及身体，回曰："不好。还在血透，一星期三次。过几天又要到医院去。"2月22日（农历正月初七），我准备去给萧先生拜年，当打电话时，他说："我上午要到医院去血透。电话问候就行了，不要来了。"谁知一个星期后，他就未留片言只语地与我们永远诀别了。死亡之神，真是神秘莫测，常常以人们意料不到的方式，在人们意料不到的时刻，突然来临，夺去一些伟人、哲人的生命。

五

在萧先生的晚年，他所关心的其中一件事是出《萧焜焘文集》。但由于种种原因，一直拖至萧先生逝世，文集还未面世。呜呼！

萧先生是真正的学者，是不唯书、不唯上、只服膺真理的学者；他是真正的战士，是为马克思主义哲学奋斗一生，在党的理论研究战线和教育战线上贡献一生的战士。纪念学者兼战士的最好方式，是学习他的思想和精神，继承他的事业和理想。从这个意义上说，出版萧先生的文集意义重大。希望萧先生的文集能早日问世，这是对他的最好的纪念，也是留给后人的宝贵的精神财富。

孤独的思想者

高兆明[*]

  焜焘师晚年常以"思想绵密,志行高洁"赞誉斯宾诺莎,对斯宾诺莎之敬重常常溢于言表。其间,自然流露出先生内心中为人做学的标准。记得数年前,还在外地工作的我于元旦前夕,给先生寄了一张贺卡,并写上了这八个字。随后,我收到了先生寄来的贺年片。先生在贺年片上除了表达了他的高兴愉悦的心情、对弟子的新年祝福外,还特地写上一段话:他与斯宾诺莎无法相提并论,能做到这八个字是极难的。其实,先生自己的一生何尝不具有思想绵密、志行高洁这样一种特质。先生是具有这种精神特质的孤独的思想探索者。

  当说到先生的一生时,人们往往用悲悯情怀来概括,但我却更喜欢用孤独的思想者来理解。悲悯情怀更多地是一种精神气质,孤独则更多地是一种个性及其存在特质。先生具有强烈的悲天悯人之心胸,心系百姓冷暖、民族前途、人类未来。然而,先生又是一个哲学家,他的这种炽热情怀在经过哲学家的理性转化后,展现给人

---

[*] 作者系东南大学哲学与科学系副主任,教授。

的则是一种冷峻的批判。他既是一个学者，又是一个战士。爱之越深，恨之越切。正是这种冷峻的理性反思精神、深邃的洞察能力与强烈的社会批判热情，使先生不同于常人，并不易为常人所接受。先生一生经过苦苦追求后，坚信马克思主义，至晚年，即使是马克思主义在中国这块土地上似乎不如过去那样时髦了，先生亦反复说自己笃信马克思主义。可是先生对马克思主义的认识并不是附和于流行俗见，而是有自己的理解。在先生看来，马克思主义并不是那种流行的标签口号，而是一种科学的世界观、立场、方法，是人类争取自由的一种理论武器。先生一直认为马克思主义产生于德国古典哲学的基础之上，不了解德国古典哲学就不能真正了解马克思主义。先生对最初通过牟宗三及周辅成等名师受教的德国古典哲学倾注大量心血，成了国内研究黑格尔哲学的著名专家。正因为先生对马克思主义的理解带着一种追求真理的严肃态度，有着一种知识分子的良知，因而，才能在政治风云变幻的年代坚持自己所理解的作为真理与科学的马克思主义。既然如此，先生自然也就不会为那些拉大旗作虎皮者所欢迎，也不会为那些对马克思主义并没有真正研究的普通人所理解。当马克思主义在我们这块土地上火红时髦时，先生却被当作马克思主义的离经叛道者而受冷遇、遭批判。一个执着于马克思主义的人，并不能为那些自诩为马克思主义者的同胞们所理解。在那样一个特殊时代，他是在追求马克思主义真理的崎岖小道上独行的探索者之一。

在外人看来，萧先生的学术思想似乎除了黑格尔哲学外，就是自然辩证法，似乎视野较窄，缺少大家之气。其实，萧先生心目中的自然辩证法体系就是一种特殊的哲学体系。或许亚里士多德百科全书式的思维逻辑、黑格尔庞大的思辨哲学体系使先生对哲学体系有一种不同常人的独特领悟。他所理解的自然辩证法，以他那种具有贯透力的思维能力，将宇宙自然、社会人生、物质世界、精神领域融为一体。他酝酿已久、晚年致力的工作，已开始将自己的这种哲学体系展示给世人。其中有已呈现给人们的《自然哲学》、《科学认识史论》，还有更为重要但我们已再也无法看见的《精神哲学》，以及集先生毕生心血、准备以纯粹抽象概念推演方式出现的概念流动体系的著作。由于种种原因，先生的思想没能完整留下，甚至有些根本就没留下。先生的思维非常人所能及，其识见常常出人意料，然仔细琢磨又不得不佩服。先生的学识并没有完全被社会所认识。这正如有些学界前辈所说，萧先生是一个有待后人认识的当代少有的中国哲学家。遗憾的是，随着先生的离去，有些宝贵的思想财富可能会被永久尘封。

萧先生抽象思辨的思想表达方式，使得他的思想文章独树一帜。先生于抽象思辨、概念范畴的流动之中得心应手。三段式在常人那里机械枯燥，到了先生之手则变为一种思想的韵律，富有生命力与美感。不过，先生的思想文章又必须循其理路方可理解，稍不留心，开个小差，就可能不知所云。这种思想魅力与逻辑魅力既展示了一种理论的力量与学养的深厚，往往又使缺少知识准备、思维训练或耐心的人却步不前。在一个充满浮躁的时代，理论的沉思及其逻辑魅力似乎有点不合时宜。它只是供少数思想消费的奢侈品。

先生曾数次对我说过，他是一个反潮流者。这不是那种赶时髦的反潮流，而是一种不人云亦云，敢于追求真理、独立思想的反潮流。然而，日常生活本身是不太喜欢不合潮流者的，顺之者昌，逆之者亡。有时唯我独醒，也会是一种悲剧。按柏拉图的说法，哲学家是大智慧者，然而，对宇宙人生了悟的哲学家却往往不具有难得糊涂的日常生活的圆融智慧。一个人一旦有了难得糊涂的日常生活圆融智慧，他必定会活得如鱼得水。但真正的哲学家大多并不具有这种日常生活智慧，萧先生即为其中之一。

在我研究生毕业离校时，萧先生曾送我一首诗，这就是于谦的《石灰吟》。尘世浮杂，洁身自好，自强不息，百炼成材。这可能就是先生对我的教诲。此后，面对学界比论文数量的风气，先生又非常认真地告诫我：要重质量，不要赶数量；一年能写一两篇像样的文章，就很不错了；十年下来，如果你写的这些还都能站得住，那么，就很了不起了。在那样一种社会环境中，这样一种声音听起来是那么平实清纯、圆畅超脱，又那么稀少、不合时宜。可是谁又能否定这种声音的合理性呢？时髦流行的，未必就是有生命力的。一个思想家常常因为自己超出常人的识见而成为孤独的行路人。先生对他所亲手创建的这个系（所）一往情深，可当我在他生命的最后一段时间中就工作变动及去向选择征求先生意见时，原本以为会遭到先生的批评，至少是婉言回避，但出乎意料的是先生对此却似乎早有想法，非常认真地向我提出选择建议，并详谈了他的理由。这使我情不自禁地想起先生有一次与宋希仁老师和诗的情景。先生以作为思想家的洞悉力与出于对学生的扶携，做出了令常人意外的事。

先生对事业自有一种完满性追求。先生出口成章，落笔成文，文字优美，华彩横溢，自不待说。对学生弟子要求亦如此，以至于在旁人看来近乎苛刻。记得我们有一个师弟的毕业论文不合先生的要求，先生不顾一切说情，硬是没给他授予学位。以至于我们这帮同学也暗暗为师弟鸣不平。带研究生这样一丝不苟、严格认真，不仅在现时，就是在十多年前也是极为少见的。在严、威之下，先生亦平添了一种特殊的孤独。说来很难令人相信，我们同学中竟有人毕业后也不敢去见先生。

孤独，并不是孤单，它在形单影只的同时还有一种孤傲、孤高。在先生的晚年，我与先生接触较多。由于彼此的了解，先生对我有些不避外。在与先生的交谈中，我感到先生有那样一种气质：自信中透露出高傲，高傲中透露出素养。丰富的阅历，广博的知识，敏锐的思想，思辨的能力，使先生完全有理由具有这样一种精神气质。他对待自己的作品与思想，犹如对待自己孕育出的婴儿一样钟情、爱护，自信她的品位与前途。同时亦表现出对我们司空见惯的那些文字垃圾的鄙视。这种孤傲、孤高，非常人所能具备。不过，它亦酿成先生身上的另一种个性特征：自信、固执、耿介。凡是先生认定了的，他都是要坚持下去的；说在别人看来不适宜的话，做在别人看来不适宜的事。当然，也就免不了某种有意无意间对别人的刺痛乃至误伤。

先生是一个活生生的人，自然免不了人的某些弱点，或许在先生作为孤独思想者的存在中亦包含了某种这类弱点。不过，先生作为一个孤独的先行者，在其孤独先行中，昭示了一种学人的风范，一种生活的品位。

执着学术　献身教育

陈爱华[*]

我第一次见到萧老师是在 1978 年 3 月初的一个下午，在梁重言老师的引见下，我见到了刚刚做完学术报告的萧老师。当时我正面临由工科向文科的转行，由于对文科了解甚微且底子薄，对自己今后能否在文科方面发展信心不足，因而情绪比较低落。见到萧老师时，我有些不知所措。萧老师似乎已经猜透了我的心思，十分和蔼地对我说："你还很年轻，研究自然辩证法比较适合。因为研究自然辩证法既需要理工科的功底，又要有哲学上的造诣。现在你已经有了理工科的基础，下一步需进修哲学和自然辩证法课程，打好哲学功底，以尽快适应未来自然辩证法的教学需要。"萧老师的一番话，使我豁然开朗，既明确了今后努力的方向，又有了自信。接着萧老师又委托梁重言老师为我制定了三年进修计划：系统地进修哲学和自然辩证法的本科和研究生课程。

不仅如此，萧老师还积极为我们青年教师的知识结构的完善创造条件。在我进了自然辩证法教研组以后，只要有机会，萧老师就

---

[*] 作者系东南大学文学院副院长，副教授。

派我外出进修,并再三嘱咐我,要抓住机会积极地向哲学界的名师们请教,尽快地打好哲学基础,学习新知识,使自己的知识结构能够适应文科教学需要。二十多年来,我先后到广州等地的高校,系统地进修了自然辩证法、哲学、逻辑学、伦理学等系列的本科和研究生课程,形成了文理交融的知识结构;为学校开设了二十多门本、专科生和研究生课程。在抓好青年教师知识结构完善的同时,萧老师还十分重视教学与科研的结合,并且言传身教,身体力行。他率先写论文,举行科学报告会;撰写专著,为教学服务。在萧老师的带动下,马列教研室的科研蔚然成风。青年教师更有了科研的兴趣,进而使科研和教学相互促进。

在培养青年教师的过程中,萧老师非常注重严谨学风的培养。萧老师的严格会让每一个接受过他教诲的弟子和青年教师难以忘怀并受益终身。记得我担任萧老师所讲授的"费尔巴哈论"研究生课程的辅导时,萧老师不仅要求我在课堂讨论中做主题发言,还请了若干位老师组成了考试小组,进行口试和笔试,以了解我对哲学原理的掌握程度。考试后,萧老师还写下了100多字的批示:

> 陈爱华同志的试卷写得详尽而认真,说明她基本掌握了《费尔巴哈论》的要义,历史地理解了马克思主义的基本内容。应该肯定:她的《哲学原理》以优秀的成绩过关了。
>
> 当然对她应该提出进一步的要求,如何在大量材料的基础上进行创造性的概括。完全用自己的语言更为精炼地写出各个问题的要点,将每一个题目写一篇1000字以内的短文,我想,这将花费更多的思维劳动。

萧焜焘
三八妇女节

尽管现在已过去了近二十年，我一直将萧老师的这一批示珍藏着，用它勉励自己，在概括提炼哲学思想上下功夫。

萧老师特别注重对青年教师学者的品性培养。他常对我们说，做学问是十分艰苦的，不仅要有勤学善思的精神，而且要耐得住寂寞，有甘于坐"冷板凳"的精神；做学问需要刻苦钻研，不能急于求成。同时，他对于勤学者给予亲切的关怀。当时我留校后碰到了改专业、进修、工作和住房等一系列困难，由于思想上压力过大，病倒了。这时我思想上极度苦闷，精神上也十分消沉。萧老师知道后，一方面鼓励我努力克服困难，另一方面引导我阅读《马克思传》，从革命导师的生平中汲取做人和做学问的力量。我读完《马克思传》，写下了5000字的读书心得《做一个敢于在崎岖的山路上攀登的人》交给了萧老师。他看了我写的心得以及我在思想上的转变，十分欣慰。在他的亲切关怀和其他教研室老师的热情帮助下，我坚定了新的专业信念，连续几年寒暑假都不回家，在学校奋力苦读，"恶补"人文知识的"养分"。记得有一年的大年三十，寒风刺骨，大雪纷飞。夜幕降临，我所在的五楼朝北的房间冷得连毛巾都结了冰。我在房间里，裹着棉大衣，一面跺着脚、搓着手，一面看着书。忽然听到楼下有人在喊我，我急忙打开窗户，眼前的景象真让我感动：只见萧老师带着他的孙女站在雪地里，大声地呼喊着我，邀我到他家过除夕。顿时一股暖流流遍我的全身，我激动得热泪盈眶。在萧老师家，我感到如春的温暖——在异乡感受到慈父、慈母般的温暖。后来我结婚成家了，萧老师知道后，特意托人送给我一面扇形的"喜鹊登梅"的镜子道贺。镜子的寓意深刻：不仅能正衣冠，而且也是萧老师学者风范的印照。虽然我家已几经搬迁，但萧老师送的镜子总是挂在居室里。

更令我终生难忘的是萧老师对于后学的关怀和提携。1994年，在萧老师多年的指导下，经过十年的探索，我写成了《现代科学伦理精神的生长》一书。该书获得了学校的资助出版。我怀着激动的心情捧着书稿到萧老师处，告诉他这个消息，并请他给这本书写序。萧老师听了后非常高兴。当他仔细地读完书稿后，欣然同意写序。萧老师为我的书稿写的第一篇序是住在东南大学医院时完成的。在这篇序中，萧老师主要从"知天"与"达人"的对立与融合的历史发展中，阐释了科学精神与伦理精神的融合，进而阐发了科学伦理精神生成的必然性。然而，因萧老师转院治疗，这篇写好的序一时不知放置何处而难以查找。我在探望萧老师时，萧老师关切地询问出版社何时需要书稿，并告诉我，要是这篇写好的序实在找不到，就再写一篇序，一定要赶在出版社截稿以前。我当时听了萧老师的话心中十分感动，我看到了导师关怀学生的赤诚之心。其实，萧老师当时虽然住在医院，但每天的日程却排得满满的：上午接受治疗；下午给南师大的博士生上课，或参加有关会议；晚上还要接待各方的探访者。萧老师为了给我的书稿写序，不得不在凌晨两点起床，挥笔写作（事后萧老师告诉我，只有在凌晨才无人打搅，思绪才得以凝聚）。1994年12月31日凌晨3时36分萧老师终于将第二篇序完稿。当我在元旦看望萧老师时，萧老师满脸微笑地对我说，"我要送你一份新年的礼物"。接着他把刚写好的第二篇序亲手交给了我，并告诉我他写作的经过，还鼓励我以此为契机，抓好科研，多出成果。我手捧着萧老师写的序，听着萧老师的亲切话语，热泪忍不住地夺眶而出，心中充满了激动和对恩师的感激之情。同时我更为萧老师执着学术、献身教育的精神所感动。1995年8月，当我把刚刚出版的、还飘着油墨香的《现代科学伦理精神的生长》一书送给萧老师时，他十分高兴，并笑着告诉我，第一篇序找到了。这便是后来发表在《学海》1997年第1期的书评。萧老师写道：

……知天，天之中包含了人，不达人无以知天；达人，人之演化却以天为基础，不知天无以达人。因此，天人相分势将被扬弃而过渡到天人合一。"天人合一"乃天人混成通过天人相分的中介，在更高层次上的复归。因此，科学精神、伦理精神都是各有偏执的，而科学伦理精神才是克服了偏执而臻于真理的时代精神的体现。陈爱华同志的专著《现代科学伦理精神的生长》根据大量中西古今的资料，历史地辩证地分析了这一问题，而且，结合对现状的体验，深深领悟了这一问题的精髓，我阅读之后，为她的苦学沉思的严谨治学态度所感动，为她取得的颇具创新意义的研究成果而高兴。

萧焜焘
1994.8.2（8:08）
写于东南大学医院

作为一名教师，萧老师深爱着大学的讲坛，深感大学讲坛的神圣。只要一站在讲坛上，萧老师便忘却了病痛、疲劳，只见他写板书如行云流水，讲授中充满了激情和深邃的哲学智慧。多少次萧老师的咽炎发作，在课堂上咳嗽不止，但只要喝了几口水，稍稍有所缓解，他又全身心地投入讲授。同学们深深地被萧老师的哲学睿智所吸引，更为他的敬业精神所感动。同学们动情地说："萧老师心中只有学生、课堂和讲坛。"难忘1986年萧老师给研究生讲授黑格尔的《精神现象学》。由于过于辛劳，他突然病倒，住进了医院。当研究生们探望他的时候，他仍然不忘教学。为了完成预定的研究生教学计划，他带病走上讲坛，坚持教学。萧老师常常是上午从医院赶来上课，讲完课再回医院治疗。正是凭着这种顽强的毅力和献身教育的精神，他一次次与病魔作着殊死的搏斗，完成了预定的教学任务。

　　萧老师时时关心着学科建设。一方面他十分重视以教学促科研，另一方面也十分关注以科研促教学。在学科建设中，从资料室的建设到学科的设置，从学术梯队的筹划到人员的配备，从文科实验室的筹备到文科教学楼的规划，萧老师事事操心。随着科学技术的发展，科学技术在社会中的作用日益显现，科学技术中的哲学问题日渐凸显。在萧老师的倡导下，东南大学率先成立了自然辩证法研究室。在自然辩证法问题研究的基础上，萧老师将研究扩展为以自然辩证法研究为主干，以科技经济和科学伦理的研究为两翼的三个方向综合研究的格局，在校领导的热情支持下，进而将原来的自然辩证法研究室扩建为哲学与科学系，从而也为东南大学文科的发展奠定了基础。

　　即使在生命的最后的日子里，萧老师仍不忘教学和科研。我去医院探望他时，他在言谈中仍然对学术有着一份执着，他说："我现在算是一个'闲人'，可脑子不能闲着。过去事务繁忙，没有空去思考一些哲学问题，现在可以好好地去想想。虽然现在眼睛看不见，但可以说，可以通过录音机把随想录制下来，便于以后整理。"萧老师说这番话时，显得是那么地平静和安然，但面对病痛的折磨，这需要付出多么大的勇气和毅力！我的心深深地被震撼了。因为只有一个人把自己的生命与学术和教育连为一体，才会达到这样的境界！

　　萧老师虽然离开了我们，但他执着学术、献身教育的精神将永远激励着我们！

一串瑰丽的圆圈

王东生[*]

我的敬爱的导师萧焜焘先生认为，世界是"过程的复合体"；这个客观世界的过程性，通过"三"极为简洁地表述出来；"三"是一个特别重要的辩证法范畴。在他看来，起点、中点、终点——"三"即是全体，圆满地体现了事物发展的过程。

逢"三"是一个终点和新的起点。不幸的巧合，就在1999年3月的第一天，先生突破生之有限，驾鹤西去，实现了永恒，复归于自然。先生的逝世，既留给人们无尽的哀思，又实现了他的思想、精神与生命的统一。他所特别强调的辩证圆圈运动的思想，是他最重要的学术建树，也是他一生学术生涯和人生态度的真实写照。他的学术成就和人生经历，不啻一串瑰丽的圆圈。

三拍两顿，天成其圆

萧先生发表于《中国社会科学》1980年第2期的论文《关于辩

---

[*] 作者系江苏省社会科学院研究员。

证法科学形态的探索》，深刻地论述了黑格尔、恩格斯关于辩证"过程论"的思想，坚持和强调"肯定—否定—否定之否定"是辩证法的实质。这是他此前研究成果的终点，也是他在新的历史时期新的学术生涯的起点。

在萧先生看来，理论思维包括辩证法—逻辑学—认识论，构成了肯定—否定—否定之否定的辩证圆圈形发展过程。其中，辩证法包括三个彼此相接的圆圈：客观存在的辩证法（全分—一多—同异），客观联系的规律性（原因与结果—可能与现实—偶然与必然），客观世界的过程性（客观存在—客观联系—客观过程）；辩证逻辑将概念及其相互关系看成是圆圈形回旋上升的前进运动，个别—特殊—普遍（一般）、演绎—归纳—类比、分析—综合—实践形成了思维过程上升发展的阶梯；认识论由认识的基础—认识的否定—认识的进程这些理论内容所构成。以否定性为其核心，使得科学的认识论和革命的辩证法在本质上是批判的和革命的。

《关于辩证法科学形态的探索》的发表，在学术界引起了广泛的注意和一些争论。有人据此认为萧先生主张"否定之否定是辩证法的核心"。先生没有参与争论。因为在他看来，问题根本不在于辩证法的"核心"而在于其"本身"。他认为，辩证法所了解的"过程论"、"发展观"，就是从自在到自为、从潜在到现实的展开过程。这样的"发展"是一个动态的圆圈，即"自身超出—自身分离—自身回复"，也就是"否定之否定"过程（"安置—对置—结合"、"正题—反题—合题"），即"自己运动"的过程。这一过程并非像一条直线抽象地向着无穷发展，而是像一个圆圈那样，是回复到自身的发展，这个圆圈又是由许多圆圈所构成；整体乃是许多自己回复到自己的发展过程所构成的。辩证的客观过程以及辩证的思维，就是这样一个圆圈套一个圆圈，一个圆圈大似一个圆圈地向前发展的；这一发展的线索就是"否定"，这一发展的节奏性与全貌就是"否定之否定"。其中，肯定和否定构成对立面，通过对立面的否定或扬弃，达到否定的否定。否定的否定就是那对立面复归于统一的环节，它是对立的"统一"、正反的"合"。可见，对立的统一就是否定的否定；"否定的否定"与"对立的统一"是同一个规律的不同表述，而不是两个规律。对立的统一或否定的否定作为辩证法的根本规律，它就是辩证法的核心；由于它乃是辩证规律自身辩证发展的显现为真的阶段，所以，可以把辩证法简要地确定为对立的统一或否定的否定的学说，它就是辩证的圆圈形运动的规律。

萧先生关于圆圈形运动的思想，是对于马克思辩证法的真知灼见。关于辩证法的实质与核心问题，很长时间以来，理论界不少人食古不化、望文生义、穿凿附会，甚至以讹传讹，硬说某经典作家主张"对立统一是辩证法核心"，反对以否定之否定来表述辩证法，甚至将否定之否定从辩证法体系中排除出去。这种观念显得十分浅薄和粗陋。

海纳百川，万流归宗

1981年春我在南京大学哲学系进修，恰逢萧先生为南大学生开设"西方哲学史"选修课。几堂课听下来，我被先生渊博的学识和缜密的逻辑力量所折服，开始懂得哲学、认识哲人，顿感求师有门路、立业有根基。从此开始了向萧先生的求教、报考研究生以及在先生直接指导之下搞研究做课题的人生历程。我做萧先生的学生近二十年，感受最深也是受益最大之处，是萧先生关于科学与哲学"合—分—合"的真知灼见，以及由此出发所进行的深刻探索与奋力攀登。

萧先生认为，哲学是智慧之学，不同于知识和技巧，是不可教传的。唯有积累丰富而坚实的知识基础，加之在此基础上的逻辑训练和理论思维，才能领悟和贯通。倘若没有这个知识基础，而硬要去谈"哲学"，势必导致哲学的粗俗化和浅薄化。他主张，不应当在大学低年级学生中开设哲学课，只有在进行了必要的和基本的文化知识教育的基础上，才能开设哲学课程。有人提出，哲学（自然辩证法）研究人员要具有"科普知识基础"。萧先生不以为然，多次指出：一个合格的哲学（自然辩证法）理论工作者，必须精通科学文化知识，绝不能对于科学知识一知半解。至少要在某一学科领域达到前沿，在科学知识方面具有用数学方法进行演算的能力，否则不算有真才实学，也不能有所成就。先生尊崇恩格斯晚年研究自然科学、实现"脱毛三变"。他不但要求研究生以现代数学和理论物理为必修课，他自己也始终处于高度的亢奋状态，学而不厌，奋力拼搏。尽管年老多病，依然以强烈的求知欲望，刻苦钻研自然科学知识，认真研究科学技术综合理论，他甚至在花甲之年同研究生一起研习古希腊文。从他身上，我们看到的是一位耄耋长者、著名专家在学术研究道路上，永远为自己设定起点、孜孜不倦地进行追求和忘我奋斗的精神。

萧先生自青年时代起，就立下了全面论证和阐述马克思主义哲学体系的宏图大志。有感于活生生的革命辩证法被曲解和被僵化、教条化和漫画化，萧先生晚年致力于全面构思一个唯物论的新体系，试图恢复马克思唯物论的本来面目，重新确立它的理论尊严。为了完成这一体系，萧先生对于马克思理论进行了刻苦研读。他学习刘顺元书记，几十年如一日，每日坚持读马克思的书十页以上，日积月累，持之以恒；为了读懂弄通马克思，先生对于黑格尔学说进行了独到精深的研究；为了考察哲学思维发展的历程和规律，先生长期进行西方哲学史的研究和探索,对辩证法进行"探源"、"探索",深刻地揭示人类理论思维发展的脉络和规律;为了探讨人类认识发展的客观规律,研究科学与哲学在历史上的"合—分—合",先生于1984年冬主持成立了江苏省哲学史与科学史研究会,亲任三届会长,以教学、培训的形式组织学会活动,探讨"两史"关系,研究思维规律,探讨西方尚理工、中国崇人文的特点,对东西方文化进行比较研究。

萧先生所研究的领域和所要建立的体系,博大精深,从物到人,从概念原理到社会现实,从自然辩证法到历史辩证法,从情感世界到民族精神、爱国主义,从为人治学到从政治国,从宇宙自然到社会人生,经数十年艰苦奋斗,先生完成了对于这一理论体系的构想的绝大部分论证与著述。这个"唯物论的新体系",由《自然哲学》—《精神哲学》—《科学认识史论》三个环节构成。《自然哲学》分"宇宙论—生命论—技术论"三个环节展开,表现了"宇宙的客体性"—"生命的主体性"—"技术的主客统一性"的对立统一或否定之否定过程。《精神哲学》以《自然哲学》的终点—技术论作为自己的起点,从社会存在出发,分"伦理篇—情理篇—哲理篇"三个环节展开。从自然哲学到精神哲学,表征着整个哲学体系是一个物质的从自在到自为的发展过程:宇宙自然的辩证法—人类生长的辩证法—社会精神的辩证法,这构成辩证法自身的整体发展过程。《科学认识史论》揭示哲学与科学"原始综合—科学分化—辩证综合"的历史发展过程,最终实现哲学与科学融为一体的高度综合的真理性阶段。哲学与科学经历了"原始综合—知性分析—辩证综合"的圆圈形运动。

这是一个宏大而又严密的理论体系。《自然哲学》以《精神哲学》为归宿;《精神哲学》以《自然哲学》为前提,它们形成两个紧密衔接的圆圈，体现了从客观到主观、从物质到精神的整体圆圈运动；而《科学认识史论》则是一种双螺旋形的进展，它是哲学与科学的"原始综合—科学分化—辩证综合"的历史发展过程，最终达到哲学与科学融为一体的高度综合的真理性阶段。不必深入于体系之中对于其中的概念范畴及其关系做过细考究，仅从这个体系的框架，人们就可以看出这一工程的宏大与艰深。只要真正掌握了先生所坚持的科学与哲学的"合—分—合"的辩证法，掌握了他以"否定"为契机、以"否定的否定"为主导精神的方法，萧先生的文论就不啻是一个严密而流畅的逻辑体系。其中，每一个概念都有其特定的合理的位置，每一条原理都表达出确定的因果关系，都是自成起讫的圆圈。每一个概念的出现和每一个结论的导出，都是科学精神的表现和哲学沉思的结果，似从胸中自然流出，毫无人工雕琢与牵强附会之嫌。倘能如此，就不仅能懂得萧先生理论之深刻，而且能领略他文笔之华美。相形之下，那些貌似通俗的所谓哲学普及读物，却是漏洞百出，任意拼凑而成，缺乏内在逻辑，毫无科学内容，是没有思想理论价值的东西。

大直若屈，大巧若拙

萧先生是卓有成就的学者和专家，在学术上独树一帜。与此同时，他又是一个充分个性化、高度情绪化的人。凡听过萧先生演讲的人，都会深切感受到他那种表里如一、尽抒胸臆的风格和童心不泯、直言不讳的精神。在萧先生身上，既有崇高深奥令人景仰的一面，又有天真纯朴大智若愚的一面。这种智与勇的统一、深刻与率真的统一，返璞归真、情理交融，构成萧先生独特的人格形象，成为他人生道路圆圈上的美丽一环。

萧先生在学术上洞见迭出，建树颇丰。但他决非那种谦恭拘谨的书斋学者，而是一位血气方刚、奋不顾身的斗士。他所发表的任何文论，都经过自己精心琢磨，自成一体，有感而发，从不敷衍追风。无论在学术领域还是在现实生活中，他从不苟且迎合，决不趋炎附势，而永远是锋芒毕露，仗义执言。他把维护马克思哲学的神圣与尊严作为自己神圣的使命，用自己的口和笔，永不懈怠地进行斗争。1987年春夏之交，有单位组织学术研讨会，研究"马克思主义哲学的现代化"。先生正患病卧床，不能前往。当他得知我将要参加这次会议时，要求我代表他在大会上发表意见。他坚持：根本不存在什么"哲学现代化"的问题；当前我们要解决和坚持的问题是，认真地完整地准确地进行马克思哲学的研究，用以指导四个现代化建设事业。此后，他发表了《先进的哲学与落后的研究》的论文，全面陈述了他的思想观点。

萧先生以教书育人为终生事业，以三尺讲台为舞台和战场。熟悉他的人都知道，一旦他登台演讲，就无比专注，旁征博引，奋笔疾书，谈笑风生，挥洒自如。当此时，先生总表现得物我两忘、奋不顾身。以至于师母王月娥老师有一次给我下达任务：你们萧老师讲起课来就忘记了自己，下课后就体力不支，疲惫不堪，你们要管住你们的老师，让他在课堂上节制一点。

1986年初，先生因患肾结石住鼓楼医院动手术。在伤口尚未拆线的时候，萧先生回到学校为研究生讲解《费尔巴哈论》。当时，春意料峭，乍暖还寒。我们青年人穿着毛衣毛裤在教室里还感到有些凉意。当先生讲到一些人贩卖现代西方哲学中的错误思潮，鼓吹逻辑实证主义、贬抑马克思哲学时，怒发冲冠，愤然立起，猛地脱掉身上的羽绒服，慷慨陈词，表示要同这种错误思潮决战到底。我们一面为先生的激情所感染和打动，一面又担心先生身体着凉加重病情。出于无奈，我只好给先生递上一张纸条：室内无暖气，请穿好棉衣。先生看到字条，方才从激动中稍稍平静下来，顺从地穿好衣服，继续讲课。下课了，先生已完全体力不支，面色惨白，汗流浃背。是我们几个学生连架带搀，把他送回了医院病房。

在萧先生的精神世界中，既有硕果累累的丰田，也有初始质朴的原野。正是这种"不全面"，表现出先生鲜明的性格特征。他不算计别人，却屡屡遭人算计；他对人推心置腹，却有时会使人感到不快；他作为老师和领导，从来公事公办，以至有些事情的处理对于下级和学生来说，似乎显得不近人情。他常说：得"全票"者，不见得是最优秀的人。他所追求的是真善美，想说出的是自己深思熟虑的感想和结论，而较少顾及人们是否愿意听、能接受。他从没有想成为一位人皆称道的"谦谦君子"，因而不太关心人们是否对他鼓掌与喝彩。"走自己的路，让人家说去吧！"马克思引用过的但丁的诗句，成为萧先生人生哲学的写照。不为名利所累，就取得了初步的自由。曲高和寡，斯为哲人。事实上，可能会有人说萧先生偏颇，但不可能有人说他肤浅。正是这种奋不顾身的忘我追求，使得萧先生在学术领域取得了卓著的研究成果，成为当代中国近乎贫困的哲学领域的一朵奇葩。

独将千古让先生

段培君*

萧老师静卧在鲜花松柏之中。这一次他安静地躺着，没有起来热情地将他的学生迎进书房，滔滔地讲述他最近在精神世界遨游的所见所闻。我不知道他是否还在继续遨游。我只知道，这是一颗不倦的灵魂，如果他以另一种方式存在的话，他就不会停止遨游。他也许去了另外一个地方，一个人类至今还深感陌生的地方，在那里他可能又在进行新的精神现象探游。然而，这一切我永远无法知晓了，我再也不能与他做直接的交谈和沟通。

在我离开南京北上的路上，上苍似乎也感到了我深切的失去，淅淅沥沥下起了小雨，继而飘起了小雪，最后再也控制不住感情，漫天飞起了鹅毛大雪。我脑海里突然映出了诗一样的句子：雪似梅花天风起，扶摇长空祭英魂。以往与萧老师的交往、所受到的教诲和帮助、萧老师的道德文章，也如这雪花，片片从脑海里飞出，缀成了一条白色的缎带……

---

* 作者系淮海工学院教授。

一

第一次见到萧老师的具体场合已经记不清了，只记得萧老师似乎戴着一副中式的帽子，一副严肃思索着的面孔，属于那种传统知识分子的风貌，时间大概是 1978 年的下半年。我那时只知道，他是我们系主任那样的领导，一个业务权威，更多的就不知道了。那是一个人情沸腾、思想解放的年代，那种感受，如同恩格斯在《费尔巴哈论》中所说的，只有亲身经历过的人才能体会到。

萧老师这一辈是特殊的一代人，是对自己的信仰严肃真诚的一代人。后人们或许会做出与他们不同的选择甚至不接受他们的信仰，但不能不敬重他们的严肃和真诚。他们对事业和生活的严肃和真诚的态度恐怕永远值得后人深思。记得有一次上课，当谈到他们这一代人的追求时，他突然哽咽起来。他说，难道我们这一代人前赴后继、苦苦追求的事业就是这样的结局吗？我们就是为了这样的结果（指"文革"刚结束时的局面）而奋斗的吗？说着说着，突然没有声音了，同学们吃惊地看到，萧老师的眼镜后面闪动着泪花，全场一片默然。在这默然中，同学们的灵魂受到了一次震撼。

萧老师一生与黑暗、专制、腐败势不两立，年轻时他就向往光明、民主和文明。我曾多次听到他对一些丑恶现象深恶痛绝的批评。听过他哲学史课程的同学们可能不会忘记，有一次他在课堂上讲到民主问题时，就直接指斥封建帝王一类人物不仅身前要那么多人侍奉，而且死后也要许多人为之服务，不但是最大的专制者，也是最大的剥削者。我有时想，萧老师的学问是与他的这种人格密切相关的。过去人们说，言而无文，行之不远。从学问的角度也可以说，人之无品，学而不远。没有人格的力度，学问的意境也不会深远，至少人文学科是这样。孔子说:"知耻近乎勇。"萧老师的勇,他在学问上的进取,是以他的道德感为基础的。很难想象,假如没有这样一种苦苦的精神追求,几十年来他如何能这样锲而不舍地艰难跋涉。做学问,就是做一个真正的人。古人把"博学于文"和"行己有耻"放在一起说,这意义,通过萧老师的一生是容易让人明白的。

萧老师看起来是一位严肃而严谨的师长,不是所有的人都能知道,在他那严肃的外表下面是一颗炽热的爱心。他对学生的呵护是非同寻常的。大约是 1997 年,他和我见面后突然说,我现在想学生了,可能是我现在老了。我听了为之一惊。我想,我的同学们都能理解这种吃惊,因为这种表达对萧老师来说是少有的,而这恰恰是他隐藏在内心深处的感情的表露。有一次,萧老师谈到一个学生时,动了感情,眼睛全红了。他的爱之深、责之切让我想起了一句诗:"为什么我的眼里常含泪水?因为我对这土地爱得深沉。"

二

萧老师在哲学界和江苏社会科学界是以对否定之否定规律的独特诠释和坚持而著称的。在"文化大革命"期间,这也是他获罪的一个重要原因。他始终认为,辩证法的核心是对立统一规律的命题是有问题的,他不赞成辩证法就是一分为二的提法,他认为这一提法或许反映了辩证法的某些思想,但容易构成对辩证法的肢解。他曾借用黑格尔的词汇说,这是一种知性的看法,而不是一种理性的看法。也就是说,这是一种分析理性的说法,而不是一种辩证理性的说法,或者更进一步地说,这是对辩证法的非辩证的理解和表述,因而不能由此形成辩证法的科学形态。萧老师之所以写作《关于辩证法科学形态的探索》,大概原因即在此。他认为,辩证法的这几个规律需要比较完整的、统一的理解，需要在同一个过程中说明，而不是分别地给予外在的说明；这个过程也不能停留在知性的阶段，而必须达到理性的阶段。这样，如果一定要借用一个规律的名字说明辩证法的话，那么比较切近的表述应当是否定之否定规律，它的叙述框架更近乎辩证的过程，并且这一过程本身就包容了对立统一规律和质量互变规律。所以，萧老师对辩证法的理解是强调辩证法的过程性和完整性的。在他看来，没有这样的一个过程，辩证性就无从展开，辩证法也就无从谈起。客观的辩证过程与主观的辩证表述在此是一致的。萧老师在讲课中经常阐述"三"的意义，而指出"二"的不足，道理也在这里。

如果我对萧老师的上述解说没有大的偏差的话，那么我以为萧老师对辩证法的理解是围绕辩证法的确切性、科学性、完整性而展开的。也就是说，这是辩证法理论内部的学术问题。作为萧老师的学生，我认为萧老师对辩证法的理解是独特的、深刻的、发人深省的；而作为学术界的一员，我也赞成对萧老师的看法当然可以仁者见仁，智者见智，各有其不同的看法。问题是，萧老师为其学术观点付出了惨重的代价，很长一段时间里，他都戴着一顶"恶攻"的帽子，而他的学术研究和思想传播也就受到不可避免的限制。

萧老师对辩证法的理解是在对黑格尔、费尔巴哈和马克思思想的研究基础上进行的。这里，有他的著作《从黑格尔、费尔巴哈到马克思》为证。在国内，萧老师以研究黑格尔而著称。北京大学的一些著名教授就和我谈起过萧老师在研究黑格尔方面的影响。他被推荐为大不列颠黑格尔学会的会员也应当是这个原因。虽然，在分析学派"拒斥形而上学"的声浪中，黑格尔被大大地讨伐了一通，但随着"形而上学假设"的回归，人们将再次看到，黑格尔不仅是哲学史中不可缺少的环节，而且其思想是哲学中不可缺少的规定性。

萧老师的另一个坚定不移的学术信念是自然哲学的建立。当初，他给我们讲授他的自然哲学观点时，我们这些同学受科学主义哲学影响，多以为这是萧老师受了黑格尔的影响所致。大家以为，随着科学的发展，自然哲学已经一去不复返了，自然哲学的提法是黑格尔哲学的残余。可萧老师不以为然，仍信守己道，矢志不移，直到1990年写出了《自然哲学》的专著。萧老师认为，自然是本体性的存在。他曾借用巴尔扎克的话说，社会也不过是"大自然中的一种自然"。他不赞成仅仅从科学的视野去观照自然，认为这样还停留于知性的认识，还不是哲学的认识。在这一点上，他与海德格尔的认识有相近之处。海德格尔关于对象性思维的分析和自然沉沦的观点现在已为哲学界所熟知，自然哲学再次成为哲学的热点或时髦，在这个时候回想萧老师的一以贯之的思想，不能不敬佩他在德国古典哲学基础上对自然哲学的推进，不能不敬佩他的学术远见。

萧老师的真理观是反映他学术品格的又一聚焦点。他对真理的理解也体现了他宽广的学术视野和浓厚的学养。与他对辩证法的理解相一致，萧老师一直坚持区别知性认识和理性认识，认为知性概念是静态的、分析的、抽象的，理性概念则是动态的、综合的、具体的。真理是包含知性环节的，但真理绝不是知性的概念。知性尚不足以圆满地体现思维的本质，只有到了理性阶段，思维完全的具体的展开才是真理。也就是说，思维的完整的辩证运动才是真理。到了晚年，他对真理的认识更加深化，更加鲜明，并且有了新的拓展。去年，他以多病之躯专门写了《真理妄谈》一文，在此文中，他强调了主观感受性在真理中的地位。他认为："如果没有主观感受性，'真理'只能在冷漠的客观对象的外在表面性中徘徊，不可能进入丰满的精神世界。由此看来，主观感受性规定了'真理的导向'；导致了'纯客观的超越'；完成了'价值的升华'。"这里，他已经从价值与事实的关系来理解真理的问题。他还对这一过程的机制做了说明,具体解释了"意志的激发性"的作用。他认为,"意志激发性通过'生命的演进'、'目的的形成'、'实践的行动'三个环节自我完成,从而将'感受真理'提升到'实现真理'的高度"。基于这样的认识,他对科学主义的真理观进行了直接的批评。萧老师的这些具体论述当然都可以讨论,但对现代哲学比较通晓的人都能感觉到,他在住院多年的情况下,是如何在学术前沿奋斗并取得切实成果的(他的这篇文章转载于《新华文摘》1998年第6期)。

三

萧老师曾经说过,如果身后给他一个称号的话,他最喜欢的是"人民教师"这个称呼。他对教师事业的热爱,对培育人才所倾注的热情,贯穿了他的一生。在我与他交往的过程中,我深深感受到他对学生的真挚关心和殷切期望,感受到他的无私帮助。

我感到萧老师对我的特别关照是在我毕业以后,而且这种关照与日俱增。大概是1984年,那时我在某一机关工作,似乎与专业已经比较远了,但他给我发了一个通知,希望我参加在黄山举行的科学哲学方面的会议。我确实去了,与萧老师有一些交谈,收获不少。后来我感觉到,这实际上是老师希望学生继续他们的学业。1987年,他到连云港开会,专程到我家里去了一次,那一次他和连云港的弟子们谈得很开怀,很畅意,至今我还记得他当时那高兴的样子。那次他告诉我,我当时所从事的工作只能是暂时性质的,长期不可。他是为我做价值导航。这种导航以后有过多次,到北大读博士也是其中的一次。我选了一封信,以此说明他对学生是如何关心的。

培君：

　　文章看过了，写的很好，当然仍有可以商榷之处。这个题目有关知识，我是 40 年代中，从牟宗三、王宪钧先生所知一二的，半个世纪未再搞了，因此印象模糊，它的近况更一无所知。因此，意见仅供参考，看后请寄还给我。

　　祝好。

萧焜焘

　　读了这封信，可能会有个印象：萧老师对我的论文没有多少意见，即使有，也只是"仅供参考"。如果是这样，那就大错特错了。实际上，他在我的稿子上写了不少在我看来颇为尖锐的意见。萧老师在学术问题上是一丝不苟，一扣不让的。就在我回信后萧老师仍然有些不依不饶，他写了以下这些话："你提出的几点修改意见，是很好的。我觉得你今后要再深入时，着重讲讲'科学理性'（严格讲是'科学知性'）与科学主义根本对立的观点。科学主义乃是游离于科学知性之外的科学的排泄物，想用来作为培养人才的唯一法宝，这是没有哲学头脑的匠人的可悲……"

　　可萧老师除了严格要求的一面，也有另外的一面。在这之后的某个日子，当他不知从什么渠道知道我的身体有些不适时，马上给我写了一封信，开头即是："近况如何？身体好些吗？念之！"这种对学生的慈爱之心让我感动。我在向他遗体告别的时候，虽百感交集，但仍强忍住，未让自己的眼泪真流下。可是，当我回到家里打开这些信件，读着读着，泪水却像开了闸的水滚滚而下。我再次感到，我再也不能和一颗高尚的灵魂谈话，我再也不能得到一位慈祥而严格的长者的关注。

　　人谁不走？然走得不一样。萧老师的离去和他的一生使我想到了一副楹联：

> 登百尺楼，看大好河山，天若有情，应识四方思猛士；
> 留一抔土，以争光日月，人谁不死，独将千古让先生。

这联是送给徐锡麟先生的，我觉得送给萧老师也同样适合。不过，这样仍然不能表达弟子对萧老师的感情，也不能具体体现萧老师的神貌，于是，我不揣浅陋，写下了以下的长短句以作纪念：

悼念恩师萧焜焘先生

一袭青青衫。饮泪罗水，捧楚辞，风雨下江南。无所惧，雨花台下，唱大江东去，虎踞龙盘。

常梦千万年。驰希腊，走柏林，漫道古今典。欲相问，上下中西，否定加否定，何处是家园？

忽然已作仙。琵琶一曲，花丛里，相对却无言。是精神现象游，故垒西边？揾热泪，听歌弦。

1999年5月于北大燕园

瞬间与永恒

——忆勇于抗争死神的萧焜焘先生

张致刚[*]

早在20世纪70年代末,萧焜焘先生重返讲台给众弟子耳提面命之时,他的身体就欠安有恙。先生年复一年地劳作,一次次病倒住进医院。倘若换了一个人,在此情形之下,或许早就将教鞭一扔,从学界退隐作罢了。然而,对于萧先生而言,他的病不仅未消减他钻研学问的斗志,相反,倒给他一本本哲学专著、一篇篇学术论文的面世准备了养精蓄锐的大好时光。在病榻上,他从未白睡白养过。透过萧先生一本本论文专著的字里行间,不仅可以看到他呕心沥血的羸弱身影,而且能看到他与死神抗争,从而一次又一次将死神的阴影驱赶走的不朽记录。

作为萧先生的学生,先生关于"生命"概念的界定,令我记忆犹新。先生生前最为推崇的生命定义莫过于他诵读和引用的黑格尔的名言:"生命乃是自身发展着的、消解其发展过程的、并且在这种

---

[*] 作者系南京医科大学社会科学系副教授。

运动中简单地保持着自身的整体。"[①] 在先生看来,"生命在不断死亡的绝对不安息中前进,死成了生的阶梯与节拍","生命的永恒寓于个体生命的不断死亡之中,因此,死乃生之真理"。

在对待疾病与死亡的态度上,萧先生对医学表现得既十分信赖,也十分宽容。这令我这个在医学院校供职的弟子感到有些许宽慰,但却有更多、更沉重的不安。因为说实在的,无论是现代医学还是传统医学,其所作所为似乎只能是诊病治病,而这种诊治的效果对个体必死而言,往往显得是那样的回天乏术,比如,对于像糖尿病综合征这类慢性病而言,医学在治病除根方面似乎总难奏效。而医生们所能做的,最多只是在每一次急性发作之时,做一点缓解症状的治标之举。即便如此,往往在缓解一种主要症状的同时,还伴随着令病人难受的这样或那样的副损伤。萧先生每一次的住院治疗,虽然达不到去病除根的效果,但他仍然给医生的诊治做出了最好的配合。

记得1998年6月初,我去南医一附院看望正在住院治疗的萧先生时,他正在听任医生们的"摆布",身上埋置了一些输液用的插管。由于插管久置难免发生伤口感染,这样就不仅在原先的痛苦之上又平添了一层"医源性痛苦",而且还给行动带来了诸多不便。然而,即令如此,先生在给学生讲述他身上的插管时,还忘不了说上几句自嘲的玩笑,并且再次提及"人是机器"这一命题的哲学内涵。先生在与我交谈时,显得是那样的坦然和轻松,好像病痛与他无干似的。

对于个体必死这一客观必然,萧先生不仅知之甚详,而且还有极为深刻、冷隽的沉思。或许是一种强烈的使命感所驱使,使得先生在勇与死神抗争方面,显得是那样的从容、那样的坚强。诚如先生自己所言,每一个人无论在任何处境下,都要直面人生、奋进不

[①] 黑格尔:《精神现象学》上卷,第120页。

已。这样才能把握每一瞬间，充实每一瞬间，以使自己在现实世界中达到永恒。

在与死神抗争方面，先生"决不纠缠于不死永生之类问题苦恼自己。他认识到死里求生的道理"。事实上，先生在医院配合治疗，遵医嘱行事，决不以病人自居来向医务人员寻求过分的关照，正是他言行一致的最好注脚。想起在医院当我问及先生住院治疗期间还需什么关照时，他十分平静地说，不需什么特殊的关照。

先生在与死神抗争方面，确实践行了他所倡导的"死，不会使他懊伤若失，相反益增其生之紧迫感"。记得一天下午我最后一次去病房探视，正好医生让他去做B超检查，因当时先生身边无亲属陪伴，于是我便扶他去了。由于前面尚有两个病人等待检查，我俩便在候检室的椅子上坐下并交谈起来。令人惊异的是，病中的先生一谈起他感兴趣的话题，仍是那样的富于哲理并娓娓道来，让人丝毫也觉察不出他已是身患重症的病人，似乎只是等待例行检查而已。待检查完毕，我再扶他返回病房大楼时，才知他已大半天粒米未进了。路过病房小卖部，他去购买快餐面，那是四包最便宜不过的鲜辣快餐面。当时，我抢着给他付钱，但先生却说什么也不肯。就在他自己付款时还喃喃自语：这几包面又可支撑一阵子了。于此可见，先生死里求生的意志有多么的顽强，真正体现了他在《死的默念与生的沉思》一文中所描述的："生之朦胧，死之威胁，又复归于生之朦胧……朦胧的复归则体现了经历了死生搏斗，生之永恒状态。"

先生去了！与遥遥无期的时光之大相比，一个人生前再长的寿命都只能算作瞬间。但先生的人品、学问及等身的著述，这一大笔无法计算的精神财富，仍将在人世间留存，并将在人类绵延不断的世代交替中、在人类文明进步的未来发展中得以永续。

天公何使哲人萎

汤敬昭[*]

我们与萧焜焘同志相识,是从1963年他调到省哲学社会科学研究所开始的。当时,我们都是青年研究工作者,在孙叔平所长指导下学习,为研究工作"打基础"。焜焘同志调来后,和李廉同志一起担任哲学研究室的组长。他是我们的领导,又年长十几岁,按当时习惯,我们称他为"老萧"。这含有亲切和尊敬之意,年轻人之间是互称姓名的。他于20世纪40年代毕业于金陵大学哲学系,并在该校任教,受过系统的西式教育,有一副现代学者的翩翩风姿。他的知识结构也与一般理论教员不同,他精通外语,对西方哲学有系统而深入的了解,对德国古典哲学,特别是艰涩难读的黑格尔作品有透彻的了解和独到的体会。老萧对西方科学的发展脉络也烂熟于胸,可以随便截取一段,娓娓道来。这都给我们一个功底深厚的"洋博士"的印象。后来,我们又惊讶地发现,他对中国传统文化,对古代哲学和文学都有丰富知识。他的文章富于辞采,别具一格,没有那种"千人一面"的平板枯燥之气。但他很谦虚,从不张扬自

---

[*] 作者系江苏古籍出版社原副社长。

己的学识与功力。老萧来到研究所以后，和我们一样，在孙所长指导下读书，对孙叔平所长十分尊敬。有时，他还随佛学研究班（由中国科学院哲学社会科学学部在南京举办，江苏研究所代管）的学员到佛学大师吕澂府上听讲佛学。后来，他的听讲笔记还被吕先生弟子借去整理成吕澂著作，公开出版。

他到研究所以后，读书之余，便断断续续撰写《从黑格尔、费尔巴哈到马克思》一书，是在过去讲解《费尔巴哈论》的讲稿基础上形成的专著。他对黑格尔辩证法和马克思、恩格斯辩证法的关系，下过一番研究功夫，1964年1月发表于《江海学刊》的《论否定性的辩证法》一文，便是研究成果之一。他的看法是，苏联哲学教科书所讲授的唯物辩证法体系与马恩辩证法的论述，不尽相符，成了不合辩证法精神的僵化教条。但在当时，还表述得相当委婉，没有批评任何对象，只是论述自己对马恩辩证法的理解。在不久到来的"文化大革命"中，这篇文章竟被打成"反对毛泽东思想的大毒草"，使他受到长达数年的批判与审查，以致全家被下放到全省最贫困的地区泗洪县。"文革"以后的1980年他在《中国社会科学》杂志上发表的长文《关于辩证法科学形态的探索》，就是《论否定性的辩证法》一文的展开与深化，在全国理论界产生影响，受到胡乔木等思想理论界领导人的重视。他的大胆探索精神终于得到社会的肯定与赞赏。

"文革"砸烂了研究所，经过下放劳动以后，我们分别调到其他单位工作。20世纪80年代初，我从出版社调回省社会科学院哲学研究所。几年后，老萧也从南京东南大学调回省社科院任副院长，分管哲学所。这时，"左"的路线已被废止，改革开放的春风吹遍全国，理论学术界也迎来了思想解放的春天。老萧作为副院长，到任不久便在长期的知识积累和深入思索的基础上设计了一个大型研究课题，拟带领一批科研和教学人员共同研究和撰写《宇宙自然论》和《意识形态论》两部专著。从题目上看，似乎是对自然辩证法和历史唯物论的意识形态部分的进一步研究。实际上，它的思路和结构是全新的，独特的，也可以说是个新的哲学体系。它以马克思主义唯物论为基础，以螺旋形的辩证法运动为灵魂。《宇宙自然论》从物质论出发，按"宇宙论—生命论—技术论"三个相续的环节展开。《意识形态论》从社会存在出发，按"伦理篇—情理篇—哲理篇"三个相续的环节展开。全书环环相扣，两书首尾相接，形成一个历史发展与逻辑演进相一致的辩证运动过程。老萧为设计这个课题倾注了大量心血。他通过全面思考，对每章每节的内容都做了规定，并对参加此课题的社科院和东南大学以及外聘专家做了数次讲解，召开过多次讨论会。他还向哲学所同仁分多次讲解了黑格尔的《精神现象学》。此课题成了全省和国家的重点课题，争取到资助经费，大家的初稿写完后，他又一一审阅，提出详细修改意见。各人的二稿写出以后，又汇集到他那里，待他作为主编统稿成书。因为此课题工作量巨大，课题组成员近三十人，各人都有其他工作需交替进行，老萧又不断患病住院，所以断断续续拖了五六年，到我调回出版社时尚未成书。后来，听说老萧在《宇宙自然论》上花了很大功夫。先是完成全书统稿，后又应出版社要求，由他一人执笔重写一遍，书名改为《自然哲学》，于 1990 年出版。《意识形态论》也由参与人员开会研究同意由老萧重写一遍后付梓，书名改为《精神哲学》。可惜老萧病情日重，直到临终未能完成此事，使这一体系缺少一个重要部分，实是千秋憾事。

记得 20 世纪 70 年代后期，研究所已不存在，我在江苏人民出版社任编辑，他回南京工学院任教师。我们约他写一本哲学通俗读物《辩证法史话》。他一再推辞，说写不好。我们坚持认为，此书作者非他莫属，坚决不退让。他被"逼"无奈，在南京市中医院住院期间将此书写出。它从古希腊各学派哲学的辩证法因素和古希腊哲学本身的辩证发展谈起，见解独特，文辞优美，使我们大喜过望。此书出版后广受好评，一位不知何处的评论者在《文汇报》撰文称赞时，题目就叫《一串优美的圆圈》。20世纪80年代，有一次在钟山疗养院疗养时，他因紧张审阅《宇宙自然论》和《意识形态论》的有关资料，竟昏厥于病房，被医生下过"禁读令"。他用积极的生命观对抗疾病，在与疾病周旋的同时勤奋写作，意志的顽强是很惊人的。去年9月，我陪同从北京来的研究所老同志张舒予到人民医院看望他。他已形销骨立，憔悴不堪，全赖血液透析和注射白蛋白维持生命，却仍谈笑风生，责怪我们未通知他参加老同志聚会。他告诉我们，尽管病痛难熬，但他"从没有想到死"，不考虑身后之事。所以他猝逝后，儿女们没有找到任何遗嘱或留言之类的材料。

老萧是个很有生活情趣的人，很有幽默感，喜欢同朋友谈天，谈话中常有突出的笑声。但在某些时候，他又易情绪激动，抨击某事时会疾言厉色地发表愤激之词，显得孤介率性。在别人看来，有的话是真理的闪光，一针见血，淋漓痛快；有的话却属不了解全面情况的偏激之言；有的话则是不谙时俗的"书生"之语。过去多年的"左"的路线及其流毒，使老萧深受其害，在"反右倾机会主义"和"文化大革命"时期，他都成为所在单位的批判对象，并被两次下放劳动，惹祸的都是他的言和文。在"文革"之后的理论务虚会和后来某次学习会上，他也曾因直率过激的言论而陷入受疑境地。但是，老萧毕竟是中华人民共和国成立前夕入党的共产党员，要服从党的领导，执行党的路线，而且，他做任何事都很认真，不马虎敷衍，又有卓越的理论分析能力。可叹的是，特殊的历史条件和特殊的个性竟会造成这样的局面：他已被运动内定为审查批判对象，却浑然不知,后期又受命去"帮助"别人,"帮助"时又操起理论利刀,深入"解剖",弄得多方不讨好。这是具有理论素养和独特个性而又需顺应历史潮流的知识分子一种无奈的很难逃避的命运。

有人曾把老萧视为有离经叛道倾向的人,他一生的事实证明,这种看法是完全错误的。他对马克思主义有着坚定的信仰,对十一届三中全会以来党的路线,更是衷心拥护。他的大量著述和讲稿可作明证。人的性格是多方面的,善于思索的知识分子对事物有自己的看法,是生活中常见的事,只要基本立场无大的偏差,就应给予信任,让他发挥所长,他就会对社会做出较大的贡献,老萧的一生就是最好的证明。他有幸在生命的最后二十年里获得一个温和轻松的政治环境,能够在学术研究领域自由驰骋,终于在辩证法科学体系的探索上,在由《自然哲学》、《精神哲学》到《科学认识史论》的哲学思想体系的思考上,在有关中华民族精神的研究上,都取得了重要成就,做出了独到贡献。随着时间的推移,这些成果将会受到越来越多的人的了解和重视,将在中国哲学研究领域长期闪烁光彩。

求真的代价

虞友谦[*]

萧焜焘先生遽尔辞世，令人痛惜。作为前辈学者，先生不仅有极深的学养、坚定的信念与执着的追求，而且有其独特鲜明的个性。这些精神品格无疑是十分崇高、受人尊敬的。我与先生有十五年的接触与交往，近闻声嗷之余，觉得先生之为学与做人，留给我印象最深的莫过于"求真"二字。

这种印象的萌生，乃是源于一件小事。1994年我刚从干了近十年的行政岗位回到研究所。当时正处于学习张家港的高潮，从省、市各级政府、部门均以提出一些振奋精神、鼓舞士气的口号为时髦，哲学所也不能例外，几经讨论，终于提出"民主、宽容、自律、创新"这样具有自身特色的"训词"。我带着这八个字去请教萧先生。先生认真考虑之后对我说："创新"较一般化，不如改为"求真"。新、旧往往只显示在器物层面或操作手段上之区别，仅仅属于表象；而科学研究则需要深入事物之里层，探求本质、揭示规律，这就无所谓"新、旧"，而只存在真、伪的判别了，所以求真才是最重要

---

[*] 作者系江苏省社科院哲学与文化研究所所长，副研究员。

的，根本的。何况当前，动辄言创新，人人创新，事事创新，还有什么真正创新可言。这创新二字实在太滥，信誉已大打折扣了。这番精辟的议论使我如饮醍醐，茅塞顿开，当时的感觉真如佛家禅宗所谓"一声棒喝，当下大悟"了。回来后，我立即把改动过的"八字所训"请书法家书写后装裱高悬于办公室之素壁。数年来进出办公室，举头面对，相看不厌，虽然纸已发黄，但其精神意蕴仍熠熠生辉，并已在很大程度上融入全所人员的心中。

经此事之后，我不由时时以"求真"二字对萧先生的治学与为人作一番观照，不仅觉得处处若合符契，而且也解开了我心头存积多年的一个谜团：20世纪80年代初，我刚来哲学所工作，一次去拜望孙叔平老前辈，言谈间，论及江苏哲学界人士，孙老对萧先生极为推重，说他学问功底扎实，思想深刻，视野开阔，是难得人才云云；但孙老也认为萧先生的文章一般人不容易读，并笑称萧先生的为人"有点怪"。据说我们江苏的书记、理论家刘顺元同志也曾这样说过。对于前面的评价，在后来与萧先生的接触中自然是顺理成章，完全认同。即如文章的不易读，主要也是因读者的水平跟不上而已，一旦理解了，很少不佩服先生行文逻辑之缜密，文字之优美的。但这"怪"究竟属何指，很长一段时间内，我的确茫然。现在终于明白所谓"怪"，主要是指萧先生率性求真不同流俗的人生态度。大凡一个人为了求真而义无反顾，只计是非真伪，而不顾利害得失，与世俗的规范多少有些相违，不为"拘拘小儒"之流所喜，被认为"怪"就在情理之中了。当然，孙老、刘老只是借世俗之论以为打趣而已，其内心实在是一种赞许。这从刘顺元同志力荐萧先生来社科院当领导可见一斑。

品味萧先生之"求真"，也有层次的不同，可用"求真实"、"求真理"、"求真情"来加以概括与区分。所谓"求真实"，乃是绝对地尊重事实,最大程度地抹去事物发展过程中逐渐附加于其上的各种伪装与涂饰,使其呈现原始固有的面貌,萧先生认为这是搞科学研究的最基本的素质,舍真实而谈科学,不啻痴人说梦。这本是浅明之理,在自然科学研究中一般能得到较好的贯彻(也有例外),在社科研究中便有了许多干扰,而在社会政治与人事方面,这竟成了难以企及的境界。毛泽东同志当年曾号召干部讲真话,要求大家具"五不怕"精神,即:一不怕撤职,二不怕开除党籍,三不怕老婆离婚,四不怕坐牢,五不怕杀头。可见讲真话之难。领导干部中好像只有彭德怀才敢于冒了这些风险讲了真话,其结果也是基本应验了"五不怕"的内容。萧先生在科研工作中的求实作风,不仅有其著作佐证,而且也为学界所公认,自不待多言;而在社会政治人事方面,他的看法与做法值得一提。他认为在社会状况较纷乱、民主不发展或政治高压的形势下,要求大家普遍讲真话是缘木求鱼,不切实际的。但作为学者、知识分子,必须保持自身的人格与社会责任感,即使没有可能讲真话,至少应做到保持沉默,不讲假话。他最痛恨"乡愿",而对为获一己之利、编造谎言、助纣为虐之徒,更深以为耻。所以他对"文革"时期一些为邀林彪、"四人帮"之宠,出卖灵魂而加官晋爵的"学者"十分唾弃。他认为,普通人,因各种客观因素无法讲真话,是可以谅解的,但如果因此而说谎造谣则绝对不能原谅。我从近距离的观察中,无论是在党内还是党外,学术的或非学术的会议、讨论、学习等场合均曾遇到萧先生因口无遮拦、直抒胸臆而致形势苍黄、局面尴尬的情况。尽管没有闹到"五不怕"包含的那些后果,但是屡屡因此而开罪于人使许多人不快则是十分肯定的了。所谓"求真理",那主要是表现于他的学术特别是哲学追求。先生1949年以前在金陵大学主攻西方哲学,毕业论文是有关维特根斯坦逻辑的辨析,1949年以后他通过黑格尔转而研究马克思主义，从此马克思主义成为他毕生的坚定信仰。他坚信马克思主义乃是因为服从真理，而决非由于马克思主义属于主流意识形态的显学，因此可以攀附龙须，捞取资本或居为奇货。这一点从他对马克思主义哲学的虔诚的态度可以了解。在他的文章中我们不仅看到他用马克思主义的立场、观点、方法所进行的严肃的社会批判，而且也时而见到他从理论的角度对某些权威、对领袖的个别论说甚至对一个时期的某些政策提出异议、批评，甚至反对的意见。他的确是实践了向真理负责而不是向个人负责这样崇高的境界。不过在旁观者看来，这是着实要承担风险，不免为之捏一大把汗的。至于"求真情"，当然首先表现于他对共产党与社会主义的真诚的热爱。但他是一位学者，是一位有个性的哲学家，他决不满足于以呼喊口号、作政治表态等"朴素的阶级感情"来表达其深沉的情感，他的情感是建立在牢固的理性信仰的基础之上的。正由于此，他的情感不易为个人曲折遭遇所动摇。另一方面，也正因爱之深，所以责之切，对于社会丑恶，对党风不正，对腐败行为，对政策失误等等现象，每一言及，便痛心疾首，长叹唏嘘。提到"情"的方面，自然不能不述及萧先生与其夫人王月娥女士的伉俪之情。他们早年共同踏上革命之途，风雨相携六十年，坚贞不渝，至晚年而弥笃，足为子女、后学之楷模。萧先生重病之前，王月娥女士已长年卧床，因脑损伤而意识不清。萧先生曾伤感地对我说："我在一天，对她是个安慰，万一我走在前，留下她一人，如何是好？"那种情真意切之状，感人肺腑，思之令人酸鼻！

我想，先生之求真，既源于积学功深，洞明事理，故能形成高远的思想境界，另外，特立独行与天性至诚的禀赋也是一个重要的因素。但不管出于何种因素，如我上文所涉及，在世俗之中，这种义无反顾地求真的禀性，是非付出代价不可的。在普通人，则往往被视为戆大；而在学者，自然就被目为怪诞了。

代价之一便是孤独。由于先生不会"作秀"，不懂事务应酬，不善周旋揖让，甚而有时不知忌讳，故不见重于官场，自不必说；而于学界，对于时下流行的"跟风"、"炒作"、"哄闹"之类更是一无所长，且不屑一顾。所以常常只能僻处一室，做"灵魂的探险"。他的交往似乎也很简单，师长辈里他常提到的有宗白华、牟宗三、金岳霖等人，健在而有过从的好像只有周辅成老先生。萧先生颇推崇尊师重道的传统，每次晤见周老先生均是执弟子礼极恭、关怀照顾亦尽其所能。同辈学者，为其所称道的，仅数人而已。这在常人看来难免有凄凉落寞之感。而先生本人却并不在意，这种坦然于孤寂的态度一旦以战斗的姿态面向愚众时也会产生出一种悲壮的美感来。比如20世纪80年代《河殇》的风潮。经一部分人的策划、鼓吹，加上报纸、电视的造势，中央尚未表态，于是涉世未深的青年对全盘西化的所谓"蓝色文明"趋之若鹜。当时不乏有识之士对此不以为然，但仅私下议论，抒发愤慨而已，而萧先生则很快写了长文《海难》，批驳《河殇》的错误观点。当时他可谓是以一人面对众口，以冷静的理性面对狂热的煽情，完全显示出"荷戟独彷徨"的战士风采。

代价之二乃是屡遭挫折与误解。从20世纪50年代以来，国内政治折腾不断、民主未能得到很好的发扬，知识分子所企望的"独立之精神，自由之思想"自是无从体现。在此形势下，如果甘心于做一个"乡愿"，如《庄子》中所云，"彼且为婴儿，亦与之为婴儿；彼且为无町畦，亦与之为无町畦；彼且为无崖，亦与之为无崖"，"呼我为马而马应之，呼我为牛而牛应之"，随顺俯仰，滑头圆转，也许可以一帆风顺，甚至飞黄腾达。但这是为真正的学者所不取的。萧先生在历次运动中，多有曲折、屡被误解，或是受审查，或是被批判，仅我所知，即非只一端。对于公开的批判审查，也许还好忍受，而一些当时不知情，事后（也许多年之后）才知晓的背后的调查，回想起来真令人不寒而栗。比如萧先生在"务虚会"期间曾赫然成为省、市某些部门的重点调查对象。我一直困惑：为什么一个真诚的马克思主义者，却总会受到以马克思主义作为指导思想的自己的组织误解与猜疑，除了用求真应付出的代价来解释，还能说什么呢？

代价之三是物质生活之简约。先生于物质上极为随便，从无过分要求，只满足于做一个精神上的"贵族"。他相信：单纯地追逐物质价值的丰富只能使人日趋鄙俗；只有精神价值的不断追求才能使人生的境界得到升华。他的住房狭窄而简陋，充斥其中的除了书籍、书橱、书桌及一些陈旧的家具外，很少有像样的摆设；他无烟酒之类的嗜好，似乎也少常人具有的业余的乐趣；他的全部兴趣也许就是读书、著述、讲学和听听音乐而已。直到病重住院之前，他从未停止过给研究生上课。真是实践了所谓"战士效死于沙场，学者尽职于讲坛"。他的这种简约的物质生活固属其主观追求的反映与结果，但也并非毫无客观的因素所促成。如严格按其资历、级别考虑，他的确有不少应该享受的待遇未能得到落实。其中当然有诸多说不清道不明的复杂原因。不过，我想，计划经济时代形成的在个人物质资源的调剂与分配上的"会闹的孩子多吃糖"现象，也许是一个重要的原因吧！

行文至此，感慨良多！然而在特定的历史时期，像萧先生这样有理想、有追求、不苟合取容的学者，遭遇一定的人生挫折也不足怪，所幸的是所付"代价"较之彭德怀、张志新等并不算大，何况先生最后廿年是在改革开放的形势下度过的，这廿年的宝贵时光不仅使他在学术思想上趋于成熟并跃上了一个新的台阶，也取得极为丰硕的学术成果。我想，随着改革开放的深入和民主化进程的发展，因追求真理而付出的代价或导致的不幸将会越来越少。我希望有朝一日，我们的社会能让无论是政治上还是学术上的"说谎者"、"骗子"、"乡愿"、"阿混"之流付出沉重的"代价"。我的这种愿望，萧先生于地下，一定也是首肯的吧！

萧先生的哲学境界

卞 敏[*]

对于"境界"一词,人们也许并不陌生。哲学是作为人所特有的终极关怀方式,哲学境界是对人生意义的一种自觉意识。我所理解的萧焜焘先生,其学术成就以研究黑格尔辩证法最引人注目,而晚年对人生的感悟极为深邃。这表现在哲学思想上,有一个从自然哲学向精神哲学的过渡。在我看来,萧先生的这一转变是和江苏省哲学史与科学史研究会的一系列学术活动分不开的。

萧先生是我十分敬仰的一位哲学家。最初知道萧先生,是1980年3月我在辽宁大学哲学系读研究生期间,当时正在准备写作申请硕士学位的毕业论文。萧先生发表在《中国社会科学》1980年第2期上的论文《关于辩证法科学形态的探索》深深地吸引了我。这篇论文根据人类理论思维发展的客观规律,具体分析了马克思主义辩证法对黑格尔辩证法的批判、继承、发展的关系,辩证法、逻辑学、认识论三者的本质联系,辩证法三大规律的联系和统一,辩证法基本规律与范畴的内在联系,以及辩证法理论内容和逻辑结构的统一

---

[*] 作者系江苏省社会科学院邓小平理论研究中心副主任,研究员。

性、严整性、科学性和自身发展的辩证性。萧先生对辩证法精髓的深刻理解和对辩证法科学体系的独特构思,给我当时正在进行的对《哲学笔记》的研究以极大的启迪。

1981年10月研究生毕业后,我被分配到江苏省社会科学院哲学研究所从事科研工作。1983年,萧先生从南京工学院(现为东南大学)调江苏省社会科学院工作,任院党委委员、副院长,负责全院的科研与学术工作。1984年12月,萧先生亲自主持创建了江苏省哲学史与科学史研究会,并担任理事长。从研究会成立之初,我就兼任该会学术秘书,直至担任秘书长。由于研究会开展学术活动的关系,我与萧先生的接触多了起来。学会每年的学术活动,都是萧先生出主意,由我来具体组织操办,因而有较多的机会在一起谈学术。

省哲学史与科学史研究会成立十五年来,在萧先生的直接领导下,围绕自己的办会宗旨,在哲学史与科学史相结合的研究以及中西哲学史与文化史的比较研究方面,开展了一系列的学术活动。我觉得,研究会的学术活动从一个侧面体现了萧先生晚年的哲学追求与哲学境界。

首先,萧先生的哲学境界体现为一种历史精神。"两史"研究会成立后,最初几年主要围绕哲学与科学、西方哲学史与科学史的关系开展研讨活动,所取得的一项重要学术成果是以萧先生任主编,由研究会多名会员参与,集体研究和写作的《科学认识史论》。该书由江苏人民出版社于1995年8月出版,全书计63.2万字。

众所周知,黑格尔哲学是有深厚的"历史感"的。在我印象中,萧先生也经常讲到哲学的历史感,成立"两史"研究会这件事本身就说明了这一点。以往,国内外学术界受传统学科界限的影响,对西方哲学史与科学史基本上采取分别研究的方法,很少见到对哲学史与科学史做融会贯通研究的理论成果。科学史在哲学史著作中只是作为科学背景材料处理，哲学史在科学史著作中只是作为文化、宗教、哲学背景材料铺垫。《科学认识史论》作为一部使西方哲学史与科学史真正融为一体而进行综合性研究的学术著作，具有独创性和开拓性。

该书旨在论述哲学与科学分合的历史观，揭示哲学与科学同源而分流，最终又复归于综合的辩证过程。作为概念系统的哲学与科学具有同源性；哲学与科学的研究对象和方法具有歧异性；哲学与科学的发展具有相互依存性。体系宏伟，结构严谨，史论结合是该书一大特色。在萧先生看来，只有哲学与科学有机结合的科学认识史，才能历史地论证从自然哲学到精神哲学的"科学体系"的逻辑合理性与历史趋归性，才能确证马克思主义哲学体系的真理性。在这一思想指导下，全书以哲学与科学发展的历史进程为依据，以其内在的发展逻辑为框架，以史带论，以论为史的灵魂，达到了历史与逻辑的完美统一。

其次，萧先生的哲学境界体现为一种民族精神。20世纪80年代末，国内舆论界掀起一股吹捧《河殇》的狂潮。萧先生对《河殇》全盘否定中国传统文化的错误倾向不以为然，提议研究会讨论中华民族精神问题。为此，研究会从早期的西方哲学史与科学史的研究转为中国哲学史与传统文化的研究。研究会围绕中华民族精神问题，开了三次专题讨论会。萧先生特地为研讨会写了《中华民族精神的形成与发展》等三篇论文，并亲自做主题报告。

1990年，研究会召开"中华民族精神的形成与发展研讨会"。民族精神作为维系和支撑一个民族生存与发展的精神力量，是一个民族对其自身存在价值和尊严的自我意识。民族精神作为一种文化的载体，是传统文化的内核，是包括整个民族的价值观念、道德理想、行为准则、心理素质等在内的群体意识。从具有五千年文明史的中华民族精神的形成中,从女娲补天、精卫填海、后羿射日、愚公移山、大禹治水等远古神话传说中,我们就能体悟到一种"自强不息"与"厚德载物"的精神。先秦儒家的仁义精神、道家的超越精神、墨家的兼爱精神、法家的法治精神等是中华民族精神形成的理论养料,都对中华民族精神的形成与发展产生过不同程度的影响。

1992年,研究会召开"儒释道与中华民族精神研讨会"。中国传统文化在源远流长的历史演变过程中,形成了"儒道互补,佛融其中"的格局。儒家文化将哲学视为安身立命之本,注重培养一种"天行健,君子以自强不息"的理想人格,即以理性自觉精神为基础的"浩然正气";道家文化将天道与人道结合起来,将人生的体验哲理化与抽象化,从一种深刻的人生哲理内涵中透露出大智大慧的艺术性;佛教文化将人作为一种宗教境界,其内涵在于对人生永恒价值的追求、对德性的强调、对众生平等观念的弘扬。

在周辅成先生的提议下,1994年研究会又召开了"传统文学艺术与中华民族精神研讨会"。中国传统文学艺术涵盖面很广,包括诗歌、散文、小说、戏曲、绘画、书法、音乐、舞蹈、雕塑、园林、建筑等。萧先生认为,人的精神世界由知、情、意三种要素构成,文学艺术的诸形式一般具有形象性的特征,着重表现人的情感,在人生真、善、美的追求中属于求美的层次。民族精神的内在灵魂是一个民族感情的问题。中国传统文化将文史哲融为一体,具有哲学诗意化、史著文学化的特点。在表达宇宙人生意境的最高层次上,文学艺术与哲学是相通的。

再次,萧先生的哲学境界体现为一种人文精神。在社会主义市场经济与现代化建设的时代背景下,研究会在中西文化比较研究方面,又进一步将民族精神引申为人文精神的研究,召开了"市场经济·科学主义·人文精神"、"中西文化与现代化"等研讨会,探讨科学精神与人文精神及其与现代化的关系问题。

市场经济作为商品生产与商品交换在生产社会化基础上的普遍化的经济形态，是伴随着从农业文明过渡到工业文明的历史转型时期而产生的。科学技术与市场经济是同一历史阶段上的产物。科学精神作为科学技术在人们精神状态上的反映，本质上是一种理性精神。市场经济与科学精神具有直接关联性。而市场经济社会的正常发展，无疑还需要一种具有理想色彩的文化精神给予支持。市场经济需要科学理性与人文精神的塑造。

人文精神是人性——人类对真善美的永恒追求——的展现，是对人的一种终极关怀，是对人的价值及其生存意义的形而上的关注，表现为一种超越实用理性而又与宗教彼岸追求迥然有别的价值理性。人文精神本质上是一种自由精神、自觉精神、超越精神。人文精神作为人类文化发展的内在灵魂，是人类精神文明建设的核心与基础。人文精神在其终极关怀的层面，以人的全面发展作为最高的价值追求。现代的人文精神本质上是一种珍视人的自由而全面地发展的精神。

现代化的本质是理性化，是工具理性与价值理性的统一。现代化建设从根本上说需要两种精神，即以工具理性为目标的科学精神和以价值理性为主导的人文精神。科学精神与人义精神的关系，或者说谋求科学与人文的平衡发展，是现代化进程中需要着力解决的一个重要问题。从历史上看，人类在步入近代工业文明以后，似乎注定要面临非此即彼的选择：提倡科学理性，必须以放弃人文精神为代价。经济的工业化与市场化，政治的民主化与法制化，文化精神的理性化和主体化，构成现代化的历史形式。在现代化进程中，人类追求进步和文明的生活方式，唯有文学、艺术、哲学等人文科学最具自由意识和个性特征，也最能体现人类自由自觉的创造精神。

人的文化素质的提高,具体表现为求真、向善、趋美,以人的自身完善——人的全面自由发展——为内容和目的。人文精神是人类文化发展的内在灵魂,这正是精神文明的文化建设的永恒魅力之所在。

最后,萧先生的哲学境界体现为一种理想精神。从哲学与时代的关系入手,研究会还探讨了哲学发展在重建人文精神中的作用问题。哲学作为一种文化理想,以反思人的存在及其意义的方式参与时代精神的塑造。在市场经济的背景下,哲学应从终极关怀的层面,以人文精神关注人的存在与发展,为塑造崇高的理想信念而发挥价值导向的功能。

就人的个体而言,人文精神是一种人生态度、一种道德境界,即对生命的一种承诺,因而必然要通过人的行为方式与生活方式表现出来。哲学的一个重要功能是揭示人生的真谛,提升人生的意义。从中西哲学史上看,哲学的意义总是要倡导一个智慧的和德性的人生。精神文明建设的总体目标,如果从人文精神的意义上说,就是在正确世界观、价值观的指导下,追求一种真善美和谐统一的人生。这既是现实的要求,又是一种理想的境界。哲学要面向生活,就是要促使现实人生不断向理想人生转化。

如果从这一思路出发,哲学在重建人文精神中的作用,概括地说可以归结为两点,即理性训练和德性培养。哲学的智慧具有寻根究底、追本溯源的性质。智慧与知识不同。知识是知性思维的产物,智慧是理性思维的产物。知识是科学的目标,智慧是哲学的目标。理性思维是辩证思维。辩证思维的能力不是天生的,也不是和普通的日常意识一起得来的,而需要锻炼。这种锻炼需要一种科学理性精神的滋润。

德性作为一种实践理性,是对生活的哲学内蕴的一种体悟,是人类精神的一种自我修正的能力。哲学最重要的功能，是它的精神价值与道德理想的教化功能。德性的培养，相当于精神文明的思想建设与道德建设，即要引导人们树立正确的世界观、价值观、人生观。

在当今社会转型时期，思想层面发生剧烈变化，诸如"跟着感觉走"的非理性主义，以经济利益为唯一目标而不顾及社会利益的工具理性主义，一些领域道德失范，拜金主义、享乐主义、个人主义滋长。为社会建立新的人文价值，为个体寻求精神家园，应当成为全部社会人文科学特别是哲学的重要任务。

这是处于世纪之交的人们，对哲学的深切期待，也是萧先生留给我们的值得永久回味的精神财富。

哲人不易其稿的情怀

陈天庆[*]

    1993 年末至 1994 年，我在几次学术会议上见到了萧焜焘先生。在有了点联系后，我终于在 1995 年鼓起了勇气登门向他求稿。

    说来还在 1991 年时，我读到萧先生的《自然哲学》，尤为其"前言"所震慑。其"直与天地万物同流"的气势，大异于 80 年代学界那种惯见的虚张声势。由此，我就总想寻机直接编发萧先生的文章，并受其教。不过，或许出自我对哲学所固有的敬畏感吧，我对见萧先生也有某种顾虑。

    但见到萧先生，出乎意料，他不仅很爽快地拿出他新近刚打印好的《知天·达人·通变》的大文给我，而且很关心地问起我们杂志的情况，并自然平易地与我谈起一些学术问题。这令我很感动。萧先生并非想象中的那种哲学家派头，分明是个宽厚和善、可敬可亲的长者。

    可当我满心高兴回来细看萧先生的文章时，不免感到有些为难。一是文章较长，按我们杂志当时控制版面的"死"规定，必得

---

[*] 作者系《江苏社会科学》杂志编辑，副研究员。

删去近 2000 字；二是文中有"刺"，且很尖锐，却又指向不明，这样发表，恐会引起某些误解。于是，过了几天，我又登门向萧先生谈了以上难处，希望他同意做某些删节。萧先生听罢说，文章确是看了某些经济学权威的书有感而发，至于怕引起误解，是否要删节，倒可考虑。不想过些时候，我接到先生的短信，说他考虑了，不准备删节，为不破我们杂志的"规矩"，不给我为难，文章就不发了。我见此急忙于次日去见萧先生，诉说文章很快就要付印，或可由我代删后请先生过目再发云云。可末了先生还是笑笑摇头。他拿出一本杂志，指着其中发表他的文章处，说："早知如此，我是不会同意他们发表的。"我一看，只见那印页空白处，点点有先生对错漏字和删节的亲笔订正。我一时无话可说了。先生对他的文字如此认真，哪是我等删惯别人文字的编辑所能理解的！尽管先生说了不发文章不怪我，但他以及他的文章的内在的生猛凛冽的神气却长久逼迫着我。

《知天·达人·通变》就这样未能及时刊出（时至今日亦未问世），这给我留下了难以弥补的遗憾，增添了我对敬畏之哲学的苦涩回味和自责。直到 1997 年秋，我将自己有关马克思哲学的论文寄给萧先生，请他指教，并很快收到他亲切鼓励的信时，我才感到自己实在太多虑了。于是，我又登门再次向先生求稿。

久未见了，先生依旧是那样平易和善，只是形容瘦癯，行动迟缓，身体已大差了。他摸摸索索地找出两篇文章，说："我的眼睛已不大看清东西了，这篇《真理妄谈》是最近'瞎'着写的，恐怕是我的绝笔了。这篇《传统伦理规范的扬弃与当代人文精神的建立》是去年写的，也未发表，你看着用吧，只是不能删。"我诺诺接过，嘴上虽打趣说："萧老师竟然妄谈真理，真是七十随心所欲不逾矩了。不过这不能说是'绝笔'，说'绝唱'可以。你调养好身体，我还等着看《精神哲学》呢!"心情却一下沉重许多。先生身患重病,却仍未忘记我以前要删改他文章一事,我真是愧对先生啊。

《真理妄谈》集萃美的文笔、圆融的逻辑和澎湃的激情为一体,论说真理之客观性与主观性的辩证统一,即知、意、情的辩证统一,层层相扣,一气呵成,的确堪称绝唱。我在"编者按"中说此文表现了先生"一生不懈追求真理的哲学家情怀",乃是感于先生在几乎失明之际仍然强烈表达的"悲悯情怀"而发。现在,追忆先生不易其稿的往事,再联系先生晚年经我之手的三篇文章细细品味,我对先生的哲人情怀似有了更深一层的理解。

先生不易其稿,从表面看,与他坚执的个性有关,但先生坚执的是什么呢?决非仅是其文章的词句(尽管先生为文总是文字功夫与深思熟虑一齐迸发的),更是其异常珍视的、体现哲人生命与使命的精神,这就是费希特所说的那种"人的使命与学者的使命"相统一的精神。先生治学为文,极为认真,他经历了早年英美哲学流派的扎实训练,中年对以马克思、黑格尔为代表的欧陆哲学的深入耕耘,加之其中国传统文化的淳厚底蕴,至晚年,其哲思在历经磨难之后,已贯融中西,创成体系。按说在《自然哲学》之后,抓紧完成计划中的《精神哲学》的撰写,乃是先生顺理成章应做之事,其学术成就将不可估量。萧先生不是不知这点。可在重病缠身的状况下,先生却将《精神哲学》一搁再搁,而选择了针对重大现实问题的哲学思考。如他所触及的因对根本性的"社会存在"缺少真切的、规律性的、"通变"的把握,而导致经济改革中出现普遍的急功近利现象、社会文化伦理道德的失范现象、高科技时代片面高扬认知理性的"科学主义"对人文精神的侵害现象等,这些"时弊",在先生看来,是不能不挺身而出、痛加针砭的。我以为,先生正是由这使命感出发而更看重于纯学术的跋涉的。因为在其文中,他表达出对

"生命大限"的清醒意识，表达了对生命的"线"与使命的"点"的辩证关系的深切体察，每每在文末流露出壮心不已的感叹。因此，正是这种使命感，体现了先生鲜明的、非同一般的哲人情怀——执着而又超越的悲悯情怀。

因此，先生不易其稿，乃是坚执不改其哲人的使命即生命，实乃其真正马克思主义者的风骨的体现。作为编辑，我与先生就删改稿子的事打交道，客观上固然有版面的"规矩"的约束等缘由存在，但在根子上，在着眼点上，我却与先生有极大的差异。这就是我想删去的是那流露感情的、带"刺"的、触及现实可能带来麻烦的文字；但先生恰恰相反，他视这些乃是其生命的激发所在，是其使命面对的所在。删掉这些，剩下一些思想逻辑的表述，尽管不失其学术价值，但却少了其生命律动的成分；而这在萧先生看来，缺少了仁爱、真情这些区别于干巴巴的逻辑的、所谓"虚妄"的生命之律动，断不是完满的真理，也不是真正的理性精神。因此，先生对于我想删去一些文字的意见，是不会接受的。先生很清楚，我的那些怕长、怕尖锐的所谓"意见"，其实是当今学术刊物中一种较为普遍的心态和意趣的反映。所以先生宁肯不发表，也不再外投了。以至于这篇大气浩然的《知天·达人·通变》终未能问世。这从一个侧面体现了我们学术生态环境的某种可悲。像这样具有大智大勇悲悯情怀的哲人的文章不能顺畅发表，那些"小聪明主义"的东西不流行才怪！

应该说，我从先生不易其稿这件事上得到了深刻的教训，它不仅使我在后来编发先生的文章时不敢马虎，而且在学术境界上能透过字面而具体地体察哲人丰富的情怀。比如在他生前发表的最后一篇论文《传统伦理规范的扬弃与当代人文精神的建立》之中，先生创造性地论述了当代中国人文精神建立所必须遵行的"五德"：诚信、公正、仁爱、尊重、自由。这"五德"以诚信为本,以公正为度,以仁爱为中介,以尊重为现代义利之平衡,以自由为人生圆满之终极。从而形成人生社会辩证推移之伦理实体运行的现代人文精神。按先生的话说,这样"达到哲学的云层,才能鸟瞰全局、深入人心、陶冶性情、圆融无碍、自由翱翔"。这里,我们无须讨论其"五德"推演的高妙和精湛,而要察出其极为可贵的哲人平衡圆融的心态、境界和情怀。

"五四"以来,国人饱受积贫积弱、内忧外患之苦,心态很不平衡,打倒、赶超等口号一浪推一浪,促使无数志士仁人前赴后继。可一谈斗争,往往便是势不两立,好是绝好、坏则绝坏。现代真正的辩证理性精神难以壮大,政治功利主义占压倒优势。这使得不少有识之士也难察其明。这种状况直到改革开放才有所扭转。但功利主义之风又转移蔓延到其他社会领域。人心不稳不正的现象十分严重。萧先生是受其害甚深的马克思主义的哲人,起而对其抨击是很自然的。可贵的是,先生完全超越各种长期、短期"赤字高悬"的失衡心态。不论对《河殇》的兴起,还是对新儒学的张扬,抑或对科学主义的盛行,先生都敏锐地予以深刻的审视评析。先生深得马克思主义辩证的"通变"的哲学之精髓,已完全与那所谓"激进主义"与"保守主义"的价值分野无缘。比如,他早在20世纪80年代便已摒弃了市场经济和计划经济的制度分立,而做了哲理上的、社会发展的贯通阐发;而他致力于中西传统文化中那有限超越之精华成分的细密搜寻,而并不在乎"诚信、仁爱"是中国所谓封建社会的理念,或"自由"、"公正"是资本主义社会的所谓"标识",而对其进行切实的扬弃和贯通,努力创发出现代中国人文伦理精神的崭新生命意义,以供国人在理论和实践上比照其间。就此而言,我觉得先生树起了一种十分鲜明的学术情操风范。它是超越的,但又不是仅停留在云层中的，而恰是贴近现实人心的；它是激情的，但又不是情绪化的、标语口号式的，而是有说服力的。它导引人们向前、向上，又充分理解人们的现实处境，因而提出要全面辩证地把握"人性"，要深究主体性，要全面地研究价值观念。我想，正是这种悲悯的哲人情怀，才导致先生平和地对待我要求他改稿一事，进而不怪我，乃至对我多有教诲的吧。

正如恩格斯所说，一个民族要想站在科学的最高峰，就一刻也不能没有理论思维。在现代，哲学发展离不开科学的基础，而科学的发展又需要哲学精神为其开路。我想，就真正的辩证理性的科学精神而言，先生的哲人情怀从某种意义上可以说乃是现代中国人成熟的标志和写照，是值得我辈时刻思齐的活的精神实体。它是弥足珍贵的，但愿它能发扬光大。

忆父亲

萧孟凝　焦诠[*]

父亲萧焜焘于 1999 年 3 月 1 日离我们而去。往事如潮，时时浮现在眼前，给我们留下了不尽的思念。

1922 年 12 月父亲出生于潮南省长沙市一个电信局职员家庭。祖父在抗战逃难期间，病逝于乡间。祖母高师毕业，曾与向警予同窗，她在家主持家务，实为一家之长。在她的严格家教下，自幼聪慧的父亲打下了很好的古代文学基础，并受到了进步思想的熏陶。在长沙最好的中学，父亲以全科优秀的成绩毕业。他考上了金陵大学，本可上经济系或化工系，却选择了哲学系的数理逻辑专业。我们曾问他为什么要学哲学，他说为哲学深奥博大、常人难以理解所吸引。他也不无遗憾地说，如果他学化工，当今肯定是第一流的科学家、实业家。我们曾把女儿的作文读给他听，他在夸奖的同时，又认真地说，以后千万别学文科。尽管他选择了哲学，并从不后悔，但在经历了风风雨雨的半个多世纪以后，他的心灵深处一定以为学理工科对于国家和个人更有实用价值。

---

[*] 萧孟凝，南京电力高等专科学校教师；焦诠，中国药科大学社科部副教授。

父亲的人生可以用"知难而进，锲而不舍"来概括，他从未停止过对文学艺术、自然科学知识的学习。他年轻时读过大量的中外名著，改革开放后又买了《巴尔扎克全集》、《追忆逝水年华》等名著，《大不列颠百科全书》等各种工具书以及各种传记和理论书籍。家里一直订有《知识就是力量》、《中国建设》、《自然》、《无线电》、《读书》等多种报纸杂志。他认为无论学什么专业都要博学多闻才能学好，文学艺术陶冶人的情操，科学知识给人力量。我们的侄女是学建筑的，父亲一再教导她，要学好古文、英文，以此为基础扩大知识面，否则最终只能是工匠、画匠，而不是建筑师。父亲自己也是这样做的。为了能看懂德文经典著作，20世纪60年代，四五十岁的他还到南京大学去学习德文，另外还进修高等数学。他留下的一本本德文练习本，让我们看到他一丝不苟的学习态度。

父亲年轻时积极投身于抗日救亡、反对蒋介石专制独裁的学生运动。1998年深秋的一天，焦诠陪上海党史办的骆安仪女士去医院探访父亲。骆女士是葬于雨花台的"文萃三烈士"之一骆何民同志的女儿。病中的父亲见之精神振奋，对往事记忆犹新，侃侃而谈。那是1947年，父亲虽然已是教师，但仍然积极参加南京学生的"反内战、反饥饿、反迫害"大游行。他起草了《告教师书》，指出："内战扩大，人民处于水深火热之中，为人师表者，应该攘臂先行，走在游行队伍的前列。"此信以大字报形式贴在校门口，产生了很大影响，对当时的学运起了很大的推动作用。同时他也被国民党特务列入黑名单。他于1948年11月与母亲一起被国民党宪兵逮捕。家中只剩下祖母和才出生五个多月的哥哥。父亲先后被关在东郊马群和瞻园的国民党宪兵司令部。一日，宪兵用卡车把父亲押送回家，说是取衣服，实是想抓走祖母和哥哥，妄图利用骨肉之情迫其招供。车到家门口还未停住，父亲就大喊不要交出孩子。在邻居的掩护下，祖母和哥哥被转移，后由父亲的老同学潘培生叔叔送到湖南。父亲在狱中倍受折磨，曾被押到东郊荒野之处陪杀，他面不改色，视死如归。母亲和卢志英、骆何民等同志关押在同一座监狱。她因一家人生死未卜，思儿心切，忍不住伤心流泪。隔壁牢房的卢志英同志传来勉励字条，老共产党员的帮助，坚定了母亲的革命意志。李宗仁代总统后，为创造国共和谈气氛，下令释放政治犯，父母才被集体保释。而卢志英、骆何民等不幸英勇牺牲。父母曾多次教育我们，他们是真正无私、无畏的共产党员，是值得永远怀念的。

父亲在半个多世纪的教书生涯中，为国家培养了不少优秀人才，他对学生的每篇论文都具体指导，细心斟酌，时常一本本资料认真核对。其实凡是跟他有过接触，甚至不相识的全国各地同行，只要寄文章给他或上门请教的，他都认真跟他们交换意见。正如西南交大的一位教师来函所述："萧老师很幸运，他有很多弟子，室内弟子，室外弟子，省内弟子和省外弟子，这和他生前诲人不倦，广交朋友的作风是分不开的。"父亲一生以教书为最大乐事，在他晚年因糖尿病引起眼底病变，视力微弱，严重尿中毒引起浑身浮肿的情况下，他仍凭着惊人的毅力、严密的思维和深厚的理论功底，坚持为南师大教育系的博士生义务授课，指导论文。尽管他忍受着病魔的折磨，但他也感受到工作的乐趣。他的老朋友和我们家人看着他每况愈下的身体，心急如焚，多次劝说他不要再干了，要安心养病，多多锻炼，安度晚年。他虽然答应，可是一旦感觉好点就又有许多计划。父亲为学生所付出的可以说是超过了对我们子女。他坦率直言，严格要求，诚心对待每一个学生，希望他们学有所成，并为他们的成绩而由衷地高兴。

父亲不仅在教书育人方面倾注了毕生的心血，而且在理论研究方面也取得了显著的学术成就。他写作多用腹稿，成竹在胸，落笔有神。他的哲学著作具有鲜明的个性特色，摒弃了一般哲学著作枯燥晦涩的弊端，既有智慧的沉思，又有感性的抒发，其学术境界达到历史与逻辑、熔铸古今与汇通中西、理论内容新颖性与体系结构独创性的统一。他在病中还念念不忘《精神哲学》的写作，每天构思、打腹稿，准备今年动笔，可是心愿未成，便已仙逝。

"亦余心之所善兮，虽九死其犹未悔。"这幅字一直挂在他的书房中，可谓父亲一生对马克思主义信仰、对真理的追求的写照。他勤于思考，勇于探索，不唯上，不唯书，表现了理论上的坚定性和独特性。在他的笔下，理论之树常青。对于一些反马克思主义或假马克思主义的学说，他深恶痛绝，认为他们是断章取义，是有意篡改马克思主义的精神。他晚年出于对不良社会风气的忧虑，以强烈的社会责任感，积极思考中华民族精神的弘扬与当代人文精神的理论建构问题。父亲认为，"诚信乃作人的第一要求，而且是立国之本。现在都谈科教兴国，其重点在于科学技术的发展与科技人才的培养，这是必要的。但仅止于此是不能兴社会主义之国的。'诚信立国'是根本，必须先立乎其大者，'科教兴国'才有可能。如果没有忠诚于共产主义理想、信守为人民服务的规范的人，科技成果与专业人才就有可能成为中国重新滋生官僚资产阶级和买办阶级的土壤与力量"。因此，父亲呼吁要在意识形态、上层建筑"打假"，提出要重振"诚信"古风，他渴望传统伦理规范的扬弃与当代人文精神的建立。他的这种思想与时俱进、理论服务社会的精神不仅为学界同仁称道，也为青年后学树立了榜样。

父亲好客健谈。他有很多朋友，其中有中学、大学的校友，共事多年的同事，不同年龄的学生，另外还有妈妈的学生、朋友，我们子女的同学、朋友。他们有的是专家、教授，有的是中小学教师，有的是工人、农民、职员，有的是政府官员。虽然各行各业，但他们和父亲无话不谈。在谈话中，大家都能获得教益，获得安慰。前几年父亲在街上偶然遇见当年金陵大学的一名勤杂工，父亲一口喊出其姓名，邀请他到家中，畅谈几十年的经历，吃了便饭方才送客。父亲待人热情，有难必帮；待人耿直，疾恶如仇。随着时间的推移，越来越多的人了解了他的为人，由敬畏转而敬重。在遗体告别仪式上，热爱他的人和反对过他的人都来为他送行。

我们子女从小享受着父亲的关爱。我们从小所受的教育是要诚实，正直，努力进取。我们的家庭充满了温馨、幽默与欢乐，当然有时也有严肃、紧张的气氛。我们每个人过生日都能感受到浓浓的亲情。父母热爱大自然，每逢节假日，常常全家骑车去郊游。记得一次我们全家骑车沿着太平门外的城墙去中山陵，转弯下坡时，妈妈因刹车失灵摔倒，腿部大片瘀血，卧床多日。父亲直说险，还说以后不能骑车出游了。可是不久全家又一起骑车出游了，他认为这是最好的旅游方式，一路风景尽收眼底，又锻炼了身体。

父亲在我们心中是古今中外无所不通的。虽然我们子女无人继承他的专业，但他对我们各人的业务都能有所指点，给予帮助。哥哥及其女儿搞的是建筑设计，父亲和他们讲起建筑史和建筑的审美头头是道；我弟弟学的是物理，父亲也能给他提出许多合理建议；我教的是英语，他向我介绍当年金陵大学美国人的英语教学法，并与当今大学的英语教法做比较，指出同异与利弊之处。他教导我们写文章必须字字落实，我们写文章时常数遍读给他听，然后由他提出观点意见，字字句句斟酌，力求完善。

父亲的幽默也使我们家充满了欢乐。"文革"期间，我们全家下放到泗洪县重岗公社务农，母亲喂了一群鸡，他有感而发："皆娘之女酷爱鸡，手探鸡尾乐开盈，大黄黑白洋鸡仔，前后紧跟不相离。"（皆娘为我外祖母名）父亲类似的打油诗，常给我们贫乏、艰辛、压抑的生活增添一些乐趣。

同时，父亲也是严厉的，如果我们做错或说错什么，他是会大发脾气的，特别是对浪费行为。父亲自 19 岁上大学，因抗战和家庭失去联络，靠奖学金读完大学，从此养成了节俭的习惯，他是容不得我们浪费的。他的一部自行车用了几十年，常常自己亲手擦拭、整修。家里的一些家具、钟表、小电器坏了，他也是敲敲打打，拆拆弄弄自行修理。去医院看病，尽量少用公车，舍不得"打的"，拄着拐杖去挤公共汽车。不管我们怎样劝说，他依然我行我素。尽管他自己很节俭，但他对人慷慨大方，时常捐助一些遇到困难的朋友和亲戚。

在省社科院任职期间，他本可以分到新房，但鉴于许多老专家、老干部住房困难，他主动放弃；离休时，省委组织部问他有何要求，他没提任何事情，再大的困难都留给了自己。过去他曾为东南大学哲科系要办公房，为教师要住房而四处奔走，为社科院知识分子住房困难而大声疾呼。到头来，在房改后住房不太紧缺的情况下，他支撑着病弱的身躯去单位申请，却因种种缘故得不到购房的权利，两袖清风，成了彻底的无产者。

父亲创建了东南大学哲学与科学系，甘为人梯，培养了一批批青年学者，为他们指导、推荐了无数篇论文，把他们引荐给国内外著名学者。而自己的文集却因经费困难，难以出版，现在竟然连文稿都难以找回。

父亲和母亲，这对经历了半个多世纪风雨人生的伴侣，愈到晚年，愈是情深意切。母亲一生操劳，在生活上照顾全家。六年前她第一次脑血栓，住在东大医院，父亲看我们每天送菜、送饭太忙，坚持要陪床，天天给母亲买早餐以减轻我们的负担。后来母亲再度脑溢血，从此久卧不起，几乎没有语言功能，父亲在感情上受到重创，身体状况日益恶化。但他还是很快调整过来，协助保姆买菜做饭，照顾妈妈。多少次他坐在母亲身边为她按摩，给她喂饭。在医生下了"判决书"，母亲病不能恢复的情况下，他到处为母亲求医问药，到北京讲学，也带去母亲的病历，请名医诊治。甚至计划着如何把母亲抬上飞机去南方治病。每次外出归来都要呼唤着母亲的名字，跟她交流。父亲去世第二天，母亲无法表达哀思之情，但心灵感应，默默以泪洗面。

父亲去世前在医院住了一年多。在这最后的岁月，他特别盼望我们子女去看他。每当我去医院看他，他总有说不完的话，谈家常，忆往事，谈工作，交代对母亲的照顾。当我不得不离开时，只要他能走得动都要送我到立交桥，或者让我拎着小板凳，让他坐在路口，目送着我远去，继而看着来往的路人。我每每回头看他瘦削脱形的身影，就辛酸不已。至今想起父亲企盼的目光，感到无限悲伤。真希望时光能够倒流，上苍能给我机会，让我加倍地为他补偿。

父亲热爱生命，从不言死。他在病房中种了文竹、杜鹃花等多盆花草，每天施肥、拔草，使之郁郁葱葱，鲜艳夺目。以至病区护士都搬来一盆快枯萎的花草，请他照料。在他精心侍弄下，这盆花草起死回生。他一直盼着自己的重病能出现转机，像这些花草一样充满生机，他一直相信这一点。他渴望在有生之年完成他未了的心愿，盼望着当代人文精神的复兴，他要做的事太多，他正盼着正月十五元宵之夜与家人团圆……无奈何，老天让他匆匆离开了人间，走得那么急，那么出人意料，一天之差，竟恍若隔世。

父亲一生虽有许多遗憾，但他无愧于党和国家，无愧于他所热爱的事业和学生，无愧于他的家人和朋友。他的一生是圆满的。我想他在九泉之下可以安息了。我们在不尽的思念中要告诉他："您是我们的好父亲，我们永远爱您。"

意拔篇

萧焜焘著作精选

关于辩证法科学形态的探索
（节选）

说明：此文长达 8 万多字，系 1979 年作者在苏州自然辩证法教师培训班上的讲稿。压缩成 4 万字后在《中国社会科学》杂志 1980 年第 2 期作为挂帅文章以中英文发表。在长期的哲学教学和研究中，作者在辩证法、逻辑学、认识论等方面提出了诸多独特的观点，虽一次又一次地受到不公正的批判对待，但作者始终坚持自己的观点。在这篇论文中，作者系统介绍了自己关于辩证法的一家之言尤其是"否定性辩证法"的思想，发表后在学术界产生了很大反响。这里节选原文的第三部分第三节。

············

（3）认识的进程——论否定性的辩证法

马克思指出：黑格尔哲学的最后成果乃是"作为推动原则和创造原则的否定性的辩证法"[①]。恩格斯将马克思在《资本论》中所运用

---

① 《马克思恩格斯全集》第 42 卷，第 163 页。

的辩证法概括为:"按本性说是对抗的、包含着矛盾的过程,每个极端向它的反面的转化,最后,作为整个过程的核心的否定的否定。"[1]可见,否定问题是深入了解辩证法的关键问题,列宁认定这乃是"辩证法的精华"之所在。

否定作为一个简单的思想范畴,其意义是十分明白的。它与"是"相对立,是形式逻辑的出发点。"是"与"否"乃客观上"有"与"无"在思想上的反映。对客观存在的东西我们称"是";不存在的东西我们称"否"。因此,是、否、有、无彼此之间是界限分明的。如果我们说,是即否,否即是;有中含无,从无到有,一般都认为这是不合乎常识的。

从孤立静止的存在的观点来看,是、否、有、无的确是那样简单而一目了然。但是,我们如从联系、过渡或变化的观点来看,则凡存在物本身都是一个生灭变化过程。它是存在的,因此为"是",为"有";但它又不断在变化,以至于消亡,因此又为"否",为"无"。由此可见,是和否、有和无就其本质而言,又是不能截然划分的。是即否、否即是;有中含无,从无到有,这是扬弃了常识之见的真理。

我们必须从过程或变化的角度来探索否定的意义,才能懂得:为什么马克思将辩证法说成是"否定性的"?为什么恩格斯将"否定的否定"作为整个过程的核心?为什么列宁将"否定性"视为辩证法的精华?

a. 规定性就是否定性。

黑格尔说:"'规定性是被视为肯定的否定',这就是斯宾诺莎的'Omnis determinatio est negatio'(规定性就是否定)一语的含义,

---

[1] 《马克思恩格斯全集》第20卷,第153页。

这一命题有无限的重要性。"[1] 黑格尔之所以认为斯宾诺莎的命题有无限的重要性,在于这一命题揭示了否定的辩证性质,也就是恩格斯说明斯宾诺莎的命题时所明白指出的:"在辩证法中,否定不是简单地说不,或宣布某一事物不存在,或用任何一种方法把它消灭。"[2] 拿黑格尔的话来说:"否定恰好是肯定,或自相矛盾的东西并不消解于零,消解于抽象的虚无之中,而主要的只是消解于对其特殊内容的否定之中,或者此种否定并不是全盘否定,而是对取消自身的确定的某物的否定,亦即确定的否定;这样结果主要地就包含了其所从出的东西。"[3] "因此,每一种事物都有它的特殊的否定方式,经过这样的否定,它同时就获得发展。"[4]

因此,否定的辩证性质在于其结果不是消极的,不是与其对立面孤立隔绝的,而是推陈出新、不断发展的。此种肯定的否定,便是斯宾诺莎与黑格尔所谓的"规定性"(规定性,die Bestimmtheit,也可译作"决定")。

黑格尔在《小逻辑》中指出:"一切决定(或性质)的基础就是否定。"[5] 决定、规定性、性质等是一个意思,即指物之所以为物,有之所以为有者。它乃是变化之大流中某一有始有终的稳定状态,是无限发展中的有限环节。事物如成其为一个事物,一定在与他物相关之中与他物有差别,这种事物之间的差别性,构成该事物有别于他物的质,形成了两物之间的界限。某物如越出其界限,就不成其为某物而转化为他物了。我们常说"红得发紫",即是说红色当逾

---

[1] 黑格尔:《逻辑学》第1卷,德文版第100页,英译本第125页。
[2] 《马克思恩格斯全集》第2卷,第154—155页。
[3] 黑格尔:《逻辑学》第1卷,德文版第35—36页,英译本第64—65页。
[4] 《马克思恩格斯全集》第20卷,第155页。
[5] 黑格尔:《小逻辑》,第152页。

越一定界限时，就不复是红色而变成紫色了。黑格尔说："差别毋宁说是事情的界限，界限就是事情终止的地方，或者说，界限就是那种不复是这个事情的东西。"①差别性、界限就是事物的规定性，在无限发展的变化大流中，差别或界限构成彼此有别的诸有限环节，这样就构成了事物一定的质，我们可从而肯定其存在，称之为"是"为"有"。但界限又表明旧事物之终结，表明该事物不复是该事物而向他物转化，因此又为"否"为"无"。花开蕾逝，花谢果存，蕾、花、果构成一发展变化之流，开、谢形成界限，显示了蕾、花、果的差别性，在植物不断发展的生命中构成三个有限环节。然而开谢固然肯定了蕾、花、果的性质，但也表明了作为彼此之间的界限的否定性；花开表明花蕾为花朵所否定，花谢表明花朵为果实所否定。由此看来，规定性、决定、质、界限就是否定。否定有继往开来、承前启后、区分事物、延续发展之功。无怪乎马克思将这个否定性誉为推动原则与创造原则了。

这种辩证的否定观，科学地解决了哲学上一个千古聚讼的问题：世界是有始有终的还是无始无终的？是有限的还是无限的？孤立强调世界是有始有终的、有限的，其结果必然是承认上帝创造世界，并信奉世界末日的鬼话，也就是说，必然成为宗教的奴仆。片面强调世界是无始无终的、无限的，其结果必然陷于黑格尔所谓的"恶的无限性"，这种无限性与有限性对立隔绝，是一种彼此交往反复的无穷进展。柏格森的直觉主义强调世界是一个绵绵不断的生命之流，就是以这种绝对的无限性为依据的。

这样的世界将是神秘的、不可言说的、不可思议的。康德看到了这个矛盾，提出了有名的二律背反，这种见解，如黑格尔所评价，

---

① 黑格尔：《精神现象学》上卷，第2—3页。

虽然"必须认作是近代哲学界一个最重要的和最深刻的进步,但康德的见解是如此的深远,而他的解答却又如此的琐屑"①。康德对有限与无限只是分别地做了似是而非的证明,揭示了它们之间的矛盾,而没有阐明它们的统一。通过黑格尔而形成的辩证的否定观,则做了深刻而圆满的回答。

我们都知道,物质和运动是既不能创造也不能毁灭的,世界作为无限而存在着,它是一个自身无限发展的过程。但是,世界并不是那样一个混沌一体的无始无终,它的发展经历了极为短暂有限的每一瞬间。这有限的瞬间是现实存在的,有起有讫,可以捉摸的,它就是"眼前"或"当下"。然而,这个"当下"并不是常驻不动的。它刹那即逝,为相继而来的另一"当下"所否定,而这一续至的"当下"亦同样归于消逝,而为更后来的"当下"所否定。这种现实的有限性不断地被否定,有如"长江后浪推前浪,一代新人换旧人"。有限不断地被否定就构成了无限,换言之,有限的否定过程就是无限,这种无限性是真实的无限性,黑格尔称之为"有理的无限",以别于"无理的无限"或"恶的无限"。这个有限与无限的否定的统一,首先由黑格尔从思辨哲学的角度做了全面的论述。恩格斯指出:"真无限性已经被黑格尔正确地安置在充实了的空间和时间中,安置在自然过程和历史中。"②黑格尔由于其唯心主义体系之故,他的否定观不但出发点是错误的,而且否定的辩证性质也是不彻底的。我们的有限与无限的否定的统一的世界观是对黑格尔的唯心的辩证的世界观的扬弃,我们的出发点是物质及其运动,而其否定的发展过程是贯彻始终的。我们认为:不但精神世界不断推陈出

---

① 黑格尔:《小逻辑》,第 87 页。
② 恩格斯:《自然辩证法》,第 215 页。

新，而且首先由于物质世界有推陈出新，才有精神世界的推陈出新。

我们所生存于其中的这个自然界，外推是无穷的，这就是所谓的天外有天，无底无边；内析是无尽的，这就是所谓核中有核，永无止境。大至恒河系也未能穷宇宙之边；小至原子核也未能探极微之极。因此，自然界是无限的，然而，自然界中任何一件事物又都是有始有终的，有限的。小如蜉蝣，方生方死，只有瞬间存在，旋即消失，其有限性是十分明显的；大如太阳，虽然它经历了而且还在继续经历着无法数计的岁月，但它也是一个有限的生灭过程，并不是亘古长存的。一般认为：弥漫的星前物质由于内部吸引和排斥、凝聚和扩散的矛盾运动而收缩变密，形成了各种类型的发光发热的恒星天体，太阳便是这样的天体之一。这种由弥漫的星前物质凝聚而成的太阳，因为不断地进行微粒辐射而波浪式地朝着质量小、温度低的方向变化。当太阳靠收缩再不足以引起热核反应，不再发光发热时，就会逐渐死灭，转化为其他的东西。宇宙万事万物的有限过程，各依据其自身条件而否定其自身向他物转化，这样就构成了真实的宇宙的无限生命。

人类社会的发展也是有限与无限的否定的统一。每一个社会形态是有限的，但由于其内在的否定性而引起矛盾的斗争，从而突破其限制而向另一新的社会形态转化。这样就构成了人类社会发展的无限性。秦始皇幻想万世一系，封建社会永恒不变；资产阶级诡称他们建立了永恒的理性王国，妄图论证其绝对统治。这些都是妄想把有限的东西视为绝对无限的东西，他们不敢正视有限之扬弃才成其为无限的真理。共产党人认为共产主义社会是人类社会发展的高级形态，但并不认为共产主义社会是一个僵化的不变的社会，是人类历史的终结。共产主义社会之所以是更高级的社会，乃是由于在这种社会形态中，人们能不断自觉地解决矛盾，进行自我否定，自我更新。正由于它不将自己固持于某一点上，却否定自己在某一点上的存在，所以才得以在另一点继续存在。犹如人处于摆动的浪桥之上，想自始至终立于不倒之地，就要相应于浪桥之摆动而运动。共产主义社会正由于能自觉否定其自身的有限性，因而实现了无限性。

人类的认识、思维、精神无非是自然与社会的客观发展过程的反映，因此，人们的认识也是有限与无限的否定的统一。人类的个体生命是有限的，但由个体生命的否定过程而形成的人类世代是无限的。作为个别人来讲，他只能在他所处的时代条件下认识事物，而且他只能认识到那些条件所允许的程度，因此他的认识是有限的。这种个人认识的有限性是相应于个体生命的有限性而来，但个体生命的否定过程形成了人类世代的无限连续系列，从而使人类具有无限的认识能力，得以不断认识无限发展的客观世界，因此个人认识的有限性之否定便构成人类认识能力的无限性。

由此可见，无论是自然界、社会，还是思维，都是有限不断被否定而趋于无限的过程。这个过程概括讲来是：有限正由于它是有限的，它便有其肇始有其终结。因其肇始必仰承逝者；因其终结必启发来者。仰承启发之间，有限自己否定了自己而成为无限。有限的这种自我的内在否定性就是无限的现实性。无限正因为它是无限的，它便无待无求。因其无待，自依而不依他；因其无求，自足而臻于圆满。自依自足，无求于他而自身圆满，这样无限就显现自身为绝对的真实的肯定性。无限的这种真实肯定性就是有限的变易性（否定性）。有限与无限的否定的统一观便是如此。

b. 事物内在的否定性构成了真正的辩证进程。

黑格尔在论述他的概念辩证法时说："因此概念自身继续前进便是上述否定，否定为概念自身所固有；它构成了真正的辩证进程。"①黑格尔在这里指出了自身所固有的否定是运动的源泉,这一点是合理的。但是,他却颠倒了因果关系。概念的自我运动乃是自然和历史的辩证发展的反映,而在黑格尔看来,恰好相反,自然和历史的客观运动,"只是概念的自己运动的翻版,而这种概念的自己运动是从来就有的、不知道在什么地方发生的,但无论如何是同任何能思维的人脑无关的",恩格斯指出:"这种意识形态的颠倒是应该消除的"。②其实概念自身所固有的否定性不过是事物内在的否定性的反映。因此,从唯物主义的观点看来,应该是事物内在的否定性构成了真正的辩证进程。

这种事物内在的否定性,列宁指出:是"辩证法的特征的和本质的东西",它"并不是单纯的否定,并不是任意的否定,并不是怀疑的否定、动摇、疑惑(当然,辩证法自身包含着否定的因素,并且这是它的最重要的因素),并不是这些,而是作为联系环节、作为发展环节的否定,是保持肯定的东西的、即没有任何动摇、没有任何折衷的否定"。③列宁于此否认了外在的单纯的否定,揭示了否定的辩证进程。所谓外在的单纯的否定,如列宁所归结的,其主要特点是:主观任性,动摇怀疑,消解于无。黑格尔谈到一般人对辩证法的误解时,也有类似的说法:"辩证法一般被看成是一种外在的否定的进程,而不属于事物本身,它仅仅基于一种无用的主观欲望,或者最多除了将辩证地探讨的东西化为空虚之外,再无其他"。④由此看来,否定不能归结为虚无,它不是排除肯定的绝对否定,不是外在的简单的抛弃。如列宁所指出的:它是保持肯定于其中的否定,

---

① 黑格尔:《逻辑学》第 1 卷,德文版第 37 页,英译本第 66 页。
② 《马克思恩格斯全集》第 4 卷,第 239 页。
③ 列宁:《哲学笔记》,第 244 页。
④ 黑格尔:《逻辑学》第 1 卷,德文版第 37—38 页,英译本第 66—67 页。

是作为联系与发展的环节的否定,一句话,它是辩证的否定。

大家都熟知黑格尔将辩证的否定叫作"扬弃",扬弃乃德文"奥伏赫变"(Aufheben)的意译。黑格尔指出这个字有双层的意义:"有时含有取消或舍弃之意","又含有保持或保存之意"。[①] 事物之间之所以没有"绝对分明的界限",乃是由于事物之间是相互联系、交替发展的。事物之间这个联系的"挂钩"、转化的"桥梁"是什么呢?就是否定或扬弃。新事物由旧事物脱胎演化而来,因此是旧事物在新形态下之保存,但旧事物在新事物之中又不是原封不动的转移,而是被新事物作为养料加以吸收而成为其不可分割的一个有机组成部分,因此又是旧事物之舍弃,取舍之间便完成了新旧之交替,显现了其内在联系。这个否定不但表现了辩证进程,而且它本身就是辩证进程。马克思说辩证法是否定性的,列宁说否定性是辩证法的特征的和本质的东西,就是这个意思。

辩证的否定作为新旧递嬗,事物转化的环节,此意尚只是上述否定即规定性、界限的进一步发挥与阐明,而它所包含的更为深刻的意义尚未充分显现。我们应进一步将"否定"与"矛盾"统一加以理解,才能看出否定之所以为真正的辩证的进程。

事物的矛盾法则,作为唯物辩证法的根本的法则之一,已为马克思主义经典作家,特别是为毛泽东同志着重加以探讨。矛盾是事物运动变化之源泉,没有矛盾就没有运动,也就没有世界。矛盾之所以引起运动变化,乃是由于矛盾的斗争,而斗争的引起,正是由于事物内在的否定性。黑格尔说:"它(按:即矛盾)是在其本质规定中的否定的东西,它是一切自己运动的原则,而自己运动就是矛盾的表现。"又说:"如果现存的某物不能在自己肯定的规定中同时

[①] 黑格尔:《小逻辑》,第160页。

转化为自己否定的规定，并且使一方面保持在另一方面中，如果它不能在自身中包含矛盾，那末这个某物就不是活生生的统一物，或根据，而毁灭于矛盾之中。"① 黑格尔于此深刻地分析了矛盾的本质，指出了矛盾，即对立双方相互否定、相互包摄，从而构成了一活生生的统一体。列宁认为黑格尔关于否定的一些议论，虽然有许多神秘主义和空洞的学究气，可是基本的思想是天才的。列宁在概括黑格尔关于否定的思想时写道："只有那上升到矛盾顶峰的多样性在相互关系中才是活动的（regsam）和活生生的——才能得到那作为**自己运动和生命力的内部搏动的**否定性。"② 由此看来，矛盾的本质就是否定，否定构成了事物的真正的内在活动的源泉。事物正由于内在地包含了自我否定的因素，才形成矛盾的斗争，导致转化。事物的内在否定性引起矛盾运动，构成万物之间的世界性的、全面的、活生生的联系。我们可以说：没有事物内在的否定性，就没有矛盾，因而也就没有运动，没有世界。因此，如果说：事物的矛盾法则是唯物辩证法的根本的法则，那么，事物的内在否定性就是事物矛盾运动中的能动的革命因素。不懂得这个事物内部搏动的否定性，就不可能真正理解事物的矛盾运动，正因为如此，列宁才将这个否定性称之为"辩证法的精华"。

那么，这个构成矛盾的核心的事物的内在否定性或事物的内部搏动的否定性又是什么呢？

它乃是对立面的互相排斥，排斥就是一种否定。对立双方，互相否定，从而将矛盾推向顶峰，形成内部搏动，表现为能动的活生生的生命力量。因此，否定绝不是一个导致毁灭、归结为虚无的消

---

① 黑格尔：《逻辑学》第2卷，英译本第67—68页。
② 列宁：《哲学笔记》，第149页。

极力量，而是一个燃烧的激荡的生命的火流。

上面我们论述了否定性就是对立面的互相排斥，这种否定性又如何贯穿于矛盾运动之中呢？当事物处于相对静止的状态时，事物表现为自我肯定，事物毫不含糊地就是它自己而绝不是其他。事物的内在否定性只是理想的潜在的因素，不能认为事物内部已具备了某种现成的否定因素。我们说，种子包括了植物的萌芽、生长、结果，但不能认为茎、叶、果真实地具体而微地存在于种子之中；我们说，鸡蛋可以孵出毛茸茸的小鸡，但不能因此做出"卵有毛"的结论。黑格尔指出：这乃是一种所谓"原形先蕴"的假设（Einschachtelungshypothese），"其错误在将最初只是在理想方式内的东西认作业已真实存在"[①]。这就意味着：正在发生的东西，预先就已经是现成的了。因此，事物的内在否定性处于运动的第一种状态中时，它不是作为一个现成的因素包含于事物之中，它只是事物致变的一种性能，是变化的除旧状态，还没有跃进到变化的更新状态。在这一情况下，虽然事物的内在否定性处于理想的潜在状态，但仍然不是抽象的存在，而是在肯定的形式下不断实现自己，最终导致一种过程过渡到他种过程的变化，即进入显著的变动状态。

黑格尔描述精神发展的一段话，其实有普遍意义："事实上，精神从来没有停止不动，它永远是在前进运动着，但是犹如在母亲长期怀胎之后，第一次呼吸才把过去仅仅是逐渐增长的那种渐变性打断——一个质的飞跃——从而生出一个小孩来那样，成长着的精神也是慢慢地静悄悄地向着它新的形态发展，一块一块地拆除了它旧有的世界结构"[②]。小孩呱呱坠地，种子破土出芽，小鸡脱壳而出，就

[①] 黑格尔：《小逻辑》，第267页。
[②] 黑格尔：《精神现象学》上卷，第7页。

是这种状态。这时,事物的内在否定性将矛盾推向顶峰,内部搏动达到高潮,呈现出一片生机活跃的气象,从而充分实现了自己,旋即又在甫现的新事物中潜在地开始酝酿新的变化。内在的否定性像一根红线一样一起一伏地贯穿于事物的两种状态之中,导致矛盾的不断产生与不断解决,从而构成了真正的辩证进程。

c. 不断否定过程的节奏性。

客观事物以及反映客观事物的精神,通过不断地否定,向前进展,否定的起伏形成不断扩大的波澜,犹如投石于水,圆圈形的波纹一个套一个、一个大一个地四散漫开,这就是"辩证进程"的全貌。黑格尔称之为"圆圈",列宁称之为"螺旋形上升",毛泽东称之为"波浪式前进"。

黑格尔在论述概念范畴的发展时说:"这种具体运动,乃是一系列的发展,并非像一条直线抽象地向着无穷发展,必须认作像一个圆圈那样,乃是回复到自身的发展。这个圆圈又是许多圆圈所构成;而那整体乃是许多自己回复到自己的发展过程所构成的。"[1]黑格尔在论述哲学的发展时也说了类似的话:"哲学的每一部分都是一哲学的全体,一个自身完整的圆圈。但哲学的理念在每一部分里只表达出一特殊的性质或成分。每一单独的圆圈,因它自身亦是整体,就要打破那特殊的情境所给它的限制,而形成一较大的圆圈。这样,哲学的全体便有如许多圆圈所构成的大圆圈。"[2]列宁认为黑格尔将认识的发展比做圆圈,是"一个非常深刻而确切的比喻",并注解说:"每一种思想=整个人类思想发展的大圆圈(螺旋)上的一个圆圈。"[3]黑格尔所谓的圆圈形的发展是什么意思呢?就是"否定之否

---

[1] 黑格尔:《哲学史讲演录》第1卷,第31—32页。
[2] 黑格尔:《小逻辑》,第18—19页。
[3] 列宁:《哲学笔记》,第271页。

定"。其实，不但概念范畴以及哲学的发展如此，世界万事万物莫不如此。恩格斯指出："它是一个极其普遍的，因而极其广泛地起作用的，重要的自然、历史和思维的发展规律。"还说："否定的否定这个规律在自然界和历史中起着作用，而在它被认识以前，它也在我们头脑中不自觉地起着作用；这个规律只是被黑格尔第一次明确地表述出来而已。"[①]恩格斯对这个规律从自然、历史到思维做了详尽的分析与实例的证明。现在我试图对这个规律的理论内容做一些探讨。

黑格尔虽然第一次明确地表述了"否定之否定"，但却充满了神秘的、唯心主义的色彩。马克思指出了黑格尔辩证法的积极因素，他说，否定亦即"**扬弃**起了一种独特作用，在这里**否定**与保持即肯定便结合起来了"，从而形成"使外在化**回复**到自身的客观运动"。[②]但这种通过扬弃（否定）回复到自身的客观运动，并不是客观对象的运动，而是与人们思维主体无关的概念的客观运动。马克思指出：在黑格尔那里存在着彼此完全颠倒的关系，黑格尔的通过扬弃外在化而达到的"主客同一体"（Subjekt-Objekt）或"统摄客体的主体性"是神秘的，也就是说，黑格尔的"否定之否定"过程是一个"抽象—具体—抽象"的过程。所谓使外在化回复到自身，乃是使外化的自然回复到神、绝对精神、自己知道自己和自己确证自己的理念，这是黑格尔辩证法的神秘的、唯心主义的糟粕。

然而，黑格尔的关于通过否定而回复到自身的思想却是十分卓越的。他认定：他的那个主客同一体乃是"一个纯粹的，不息的内在的圆圈"[③]。这个圆圈"看来是一个返回于自身的圆圈，它的末端通

[①] 《马克思恩格斯全集》第 20 卷，第 154、155 页。
[②] 参见《马克思恩格斯全集》第 42 卷，第 17、174 页。
[③] 《马克思恩格斯全集》第 42 卷，第 28 页。

过中介转回到它的开端或单纯的根据。进而言之，这个圆圈是诸圆圈的圆圈；……于返回开端的同时，又是新成分的开端"①。

黑格尔的整个哲学思维体系正是这样一个圆圈套一个圆圈，一个圆圈大似一个圆圈地向前发展的。马克思概括黑格尔体系不断进行否定之否定的过程如下："扬弃了的**质**就等于**量**，扬弃了的量等于**尺度**，扬弃了的尺度等于**本质**，扬弃了的本质等于**现象**，扬弃了的现象等于**现实性**，扬弃了的现实性等于**概念**，扬弃了的概念等于客观性，扬弃了的客观性等于绝对**理念**，扬弃了的绝对理念等于**自然**，扬弃了的自然等于**主观精神**，扬弃了的主观精神等于**伦理的**客观精神，扬弃了的伦理的客观精神等于**艺术**，扬弃了的艺术等于**宗教**，扬弃了的宗教等于**绝对知识**。"②。

这里面黑格尔的出发点当然是完全错误的，这只是从抽象到抽象的概念的自我的圆圈运动，而且没有说清前一环节如何向后一环节转化过渡，其中虽然有很多地方天才地猜测到了客观对象的转化过渡，但总的讲是十分勉强的。读过他的逻辑学和法哲学的人，就知道这点。恩格斯指出："由于'体系'的需要，他（按：指黑格尔）在这里常常不得不求救于强制性的结构。"③我们对这些东西自然没有必要去穷究底蕴。黑格尔重要的贡献在于："在所有这些不同的历史领域中，黑格尔都力求找出并指出贯穿这些领域的发展线索。"④还在于：他具体地探索了世界通过否定性的前进运动而发展的节奏性与全貌。简言之：这一发展的线索就是"否定"，这一发展的节奏性与全貌就是"否定之否定"。

---

① 黑格尔：《逻辑学》第2卷，英译本第484页。
② 参见《马克思恩格斯全集》第42卷，第173页。
③ 《马克思恩格斯选集》第4卷，第215页。
④ 《马克思恩格斯选集》第4卷，第215页。

那么，这个"否定之否定"的最根本的特征是什么呢？概括讲来可分为三点：

第一，否定或扬弃不是平板的，不是直线形的上升，不是一种单纯的无限前进，不是简单的由此及彼的流动，而是前进之中的复归，上升之中有曲折，简言之，否定之否定乃是通过自身之否定向起点返回，是前进与复归的统一的上升运动。

第二，这种返回并不是循环，不是旧事物之重演，"它从一些简单的规定性开始，而每一个接踵而来的规定性就愈来愈丰富，愈来愈具体。因为结果包含着自己的开端，而开端的发展用某种新的规定性使它更加丰富。……它不仅没有因其辩证的前进运动而丧失什么遗留什么，而且还带着一切收获物，使自己的内部不断丰富和集聚起来"[1]。列宁认为黑格尔"这一段话对于什么是辩证法这个问题，非常不坏地做了某种总结"[2]。简言之，这个前进的上升运动，由简单到复杂，愈来愈丰富，愈来愈具体。

第三，它的基本进程是"三个环节两度否定"，具有"三拍二顿"的节奏性，这就是有名的黑格尔的正、反、合的"三分法"。所谓正，照黑格尔解释，"表示那范围内之单纯性质"；反，"表示那范围内的思想之分化阶段"；合，"表示由分化而回复到单纯自我相关"。[3] 黑格尔在这里讲的是思想概念运动的三个阶段，即思想的直接性，思想的反映或间接性，思想之回复到自身。[4] 我们且不管黑格尔这些玄虚之辞。明白说来，黑格尔的正反合的过程其实就是"肯定—否定—否定之否定"的过程。

---

[1] 黑格尔：《逻辑学》第2卷，英译本第482页。
[2] 列宁：《哲学笔记》，第250页。
[3] 黑格尔：《小逻辑》，第137页。
[4] 参见黑格尔：《小逻辑》，第135—136页。

这个三环节两否定的形式,不能将其视为一个死板的绝对的公式到处乱套,甚至连黑格尔本人也反对这样做。他说:"形式主义者也掌握了三分法,并固持其骨架;这种形式由于现代的哲学构成之肤浅滥用及干瘪无物,弄得冗长讨厌而声名狼藉,这个构成,在于简单地将没有概念与内在规定的形式的框架套在各种东西上面,而且用它来建立外在的排列。"[1]因此,辩证法的"三分法"只是它的完全表面的与外在的方面。黑格尔反对将这个三分法变成没有内容的形式,这自然是对的,但他却从精神发展本身去抓这个形式的本质内容,认为这个形式的内容乃是概念与内在规定,这当然是错误的。在我们看来,应该从事物发展本身去找这个形式的根据,并且根据事物的特殊性灵活地运用这个形式,这样才能避免形式主义的错误。

　　其实这个三分法"肯定—否定—否定之否定",正是事物的发展变化过程的表现形式,换言之,"发展变化过程"是这个三分法的本质内容。黑格尔从唯心主义角度出发,也看到了这一点,他认为这个第三项,否定之否定,"不是静止的第三项,而是统一,这个统一是自身中介的运动与活动"[2]。这里所谓的统一,列宁认为正是相互否定的双方的统一,因此,肯定、否定、否定之否定,不能视为外在的互不相涉的三项,而是一个发展变化过程的次第蜕变的三项,或接踵而来的三个阶段。在这里,第二项看来就是发展变化过程中的否定因素,第三项,即否定之否定,乃是上述矛盾的扬弃,即统一物之分解,转化为新东西。这个新的东西便是新的统一物,否定之否定在新的统一物中成为新的肯定,由第三项变为新的第一项,

---

[1] 黑格尔:《逻辑学》第2卷,英译本第479页。
[2] 黑格尔:《逻辑学》第2卷,英译本第479页。

开始其新的变化。列宁指出:"向'第三项'即合题的辩证转化的结果是新前提,是论断等等,这个新前提又成为进一步分析的泉源。"① 由此看来,这个使人迷乱的"正反合"不过是"发展变化过程"的表现形式而已,因此,这个三分法只有与"发展变化过程"相结合,才不致成为一个僵化的公式。

否定之否定过程的根本特征,或者说,否定之否定的普遍性,看来便是上述三个方面,即:第一,向起点的复归性;第二,由简单上升到复杂的前进性;第三,表现为"三个环节两度否定"的形式,然而,除此以外,否定之否定尚有其特殊性。

所谓否定之否定的特殊性,首先就是要研究每一个具体过程在实现第一个否定以后,如何才有可能使第二个否定发生,即如何才有可能导致向起点复归。恩格斯指出:要做到这一点,就要研究每一个别场合的特殊性质,即掌握它的特种否定。碾碎麦粒,虽然对麦粒实现了否定,但不能出现第二个否定,因为这种外在的否定性不能实现发展转化,而只有麦粒自身具备的萌发力量,才是它的内在否定性,麦粒在一定的土壤气候等条件下萌发,于是麦秆就否定了麦粒,生长成熟,麦秆又被否定,复归于麦粒。没有关于麦子生长变化的具体知识,是不能了解其否定之否定过程的,当然更谈不上促进这一过程的实现。

其次,必须注意否定之否定过程的逻辑理论顺序不一定与历史上发生的时间先后总是一致的。这个过程应从一个总的历史发展阶段来看,从事物的全局来看,而不应拘泥于历史事件发生或人物出现的先后,列宁在研究哲学思想的否定之否定过程,即所谓哲学的"圆圈"时,认为不必拘泥于人物的年代先后。他在《论我国革命》

---

① 列宁:《哲学笔记》,第249页。

一文中曾说："世界历史发展的一般规律，不仅丝毫不排斥个别发展阶段在发展的形式或顺序上表现出特殊性，反而是以此为前提的。"[1]因此研究事物的否定之否定过程，应从过程的总体加以分析，孤立隔绝、拘泥小节是不可能认识事物的辩证规律性的。

第三，事物发展的总趋势是由简单到复杂不断前进的，这是发展的必然性，但又如恩格斯在《路德维希·费尔巴哈和德国古典哲学的终结》中所言："人类历史将不但有向上的分枝，而且也有向下的分枝"[2]。在自然中虽然总的趋势是进化，但也可以是退化，或进化往往伴随着退化，恩格斯曾经认为生物的适应作用"总的说来可以是进化，也可以是退化"，而且"有机物发展中的每一进化同时又是退化，因为它巩固一个方面的发展，排除其他许多方面的发展的可能性"。[3]在社会斗争中，也可以出现两败俱伤、发展中断的情况，如《共产党宣言》中所言："……而每一次斗争的结局，不是整个社会受到革命改造，就是斗争的各阶级同归于尽。"[4]古罗马奴隶斗争便是这样的例子。至于历史倒退的情况也是存在的，在中外历史中都可以找到封建复辟的例子，甚至在业已取得社会主义胜利的国家也可能发生资本主义甚至封建法西斯主义复辟的逆流。因此，"下降的分枝"、"退化"、"同归于尽"、"历史倒退"等，在自然和社会的发展中是确实存在的。必须善于认识这些现象，力求变坏事为好事，绕过暗礁，继续前进，决不能从而得出"世界末日"、"前途渺茫"等悲观的结论。恩格斯反驳这类悲观论调说："我们还是确信：物质

---

[1] 《列宁选集》第4卷，第690页。
[2] 《马克思恩格斯选集》第4卷，第213页，新译将"分枝"改为"过程"，不如旧译。该词原文为 Ast，英译为 branch。
[3] 恩格斯：《自然辩证法》，第283页。
[4] 《马克思恩格斯全集》第4卷，第466页。

在它的一切变化中永远是同一的，它的任何一个属性都永远不会丧失，因此，它虽然在某个时候一定以铁的必然性毁灭自己在地球上的最美的花朵——思维着的精神，而在另外的某个地方和某个时候一定又以同样的铁的必然性把它重新产生出来。"[1] 因此，一个真正的马克思主义者对自然与历史发展的前景，总是充满了乐观与自信的。我们必须看到："下降的分枝"、"历史的倒退"等现象只是暂时的，终归要为前进的趋势所克服。

根据上面分析，否定之否定的特殊性主要也有三个方面：第一，必须研究特种否定，即事物借之以获得发展的否定；第二，必须具体分析客观发展的时间顺序与逻辑顺序的关系；第三，必须充分估计前进运动中逆流的出现。

事物的圆圈形运动、螺旋形上升运动或波浪式前进运动大致讲来就是如此。它不但深刻地揭示了客观事物辩证发展的全程，而且充分地展开了辩证否定这一概念的内涵。矛盾的本质就是否定，就是对立双方的相互否定。事物内在的否定性就是事物矛盾运动中的能动的革命因素，由此而导致矛盾的不断产生与解决，形成螺旋式的上升运动。从我们的论述中可见：辩证思维自身发展的逻辑，也体现了辩证的前进运动。我们从肯定与否定、有限与无限开始，逐步揭开了它的内在矛盾，展现了它的不断丰富的内容，从而达到否定之否定，而否定之否定正是向肯定之复归。辩证思维自身发展的逻辑现身说法地为我们勾勒出了这个次第展开的圆圈形运动。这个运动，详言之，如上所述，简言之，即恩格斯的那个经典性的概括："按本性说是对抗的、包含着矛盾的过程，每个极端向它的反面的转

---

[1] 恩格斯：《自然辩证法》，第24页。

化，最后，作为整个过程的核心的否定的否定"[1]。

全部否定性的辩证法便是如此。

否定作为一个哲学、逻辑范畴，内容是异常丰富的，甚至我们可以认为"否定"与"辩证法"是同义的，它正确地全面地本质地反映了客观事物发展的辩证进程，将辩证法的三个规律联成一个整体，从而有机地反映了事物发展的全貌。否定，构成了辩证法的灵魂。

恩格斯告诉我们："对思维形式、逻辑范畴的研究，是有益的和必要的，而且从亚里士多德以来，只有黑格尔才系统地做到了这一点。"[2] 黑格尔用"否定"贯穿起来的逻辑、哲学系统，其中包含了一个从错误观点出发的，然而内容却十分丰富的辩证法纲要。这个纲要值得我们批判地加以研究。

黑格尔的这个唯心的否定的辩证法被马克思首先唯物地加以改造，并在政治经济学中加以应用，获得了巨大的成功。他在《资本论》中具体地分析了经济现象，天才地运用与发展了这个否定的辩证法，辩证法在马克思手中第一次获得了一个科学的形态。于此，马克思绝不是什么硬套黑格尔公式，而是从丰富的现实材料中引出规律性与普遍公式。马克思说："研究必须充分地占有材料，分析它各种发展形式，探寻这些形式的内在联系。只有这项工作完成以后，现实的运动才能适当地叙述出来。这点一旦做到，材料的生命一旦观念地反映出来，呈现在我们面前的就好像是一个先验的结构了。"[3] 马克思几十年如一日艰苦卓绝地仔细研究了"经济"这一形态的特殊性，从而合乎规律地将它上升为一个科学的理论系统，这个

---

[1]《马克思恩格斯全集》第20卷，第153页。
[2] 恩格斯：《自然辩证法》，第218页。
[3]《马克思恩格斯全集》第23卷，第23—24页。

系统的理论线索就是唯物的否定的辩证法。

因此，我们如要对辩证法做一番探本索源的工作，就必须全面研究黑格尔的《逻辑学》与马克思的《资本论》、恩格斯的《自然辩证法》，本文只能算是对这种研究的一种理论准备，还不能算是研究的开始。

> 作者附言：这篇文章全文较长，这里发表的是其中的一部分，并做了一些删节。1980年1月8日定稿于北京，恰值周总理逝世四周年之日。谨以此文作为奉献。

学海微澜
——谈谈辩证法的"核心"问题

说明：这是《辩证法史话》1986年再版的后记。《辩证法史话》是一篇关于西方哲学史的通俗本，是作者在多年给研究生讲课的基础上写成的，代表着作者在这一领域研究的出神入化的境界。作者用诗一般的语言，融会贯通西方辩证法思想，揭示其自我生长、自我运动的历史过程；同时也阐述自己"六经注我"式的学术建构。《学海微澜》一方面进一步提炼作者的学术观点，另一方面也是针对《关于辩证法科学形态的探索》一文发表后引起的讨论和争议所做的应答。

这本随笔自1984年初公开发行后，受到一些读者的注意并给予鼓励，即令提出了不同看法，也申明这是属于学术讨论范围内的问题。理论界兴起的这种善意的切磋之风，是哲学复兴的朕兆，为此，我深感欣慰。

关于辩证法的理论内容的探讨，自从《中国社会科学》于1980年发表我的一篇文章后，全国报刊发表了一些争议或商榷的文章，据某报综述，包括我的看法在内，有四种看法。我没有参与这场讨论，因为我要探索的问题不是辩证法三规律何者为核心的问题，而是它的科学的理论内容的揭示问题。

但是何者为核心仍然成为众所关注的问题。不少人都派定我是主张以"否定的否定"规律作为核心的。这也许是由于我偏爱"否定的否定"这个术语，喜欢圆圈形运动这种构思方式所致吧！

关于辩证法的规律，马克思、恩格斯、列宁都有明确一致的精辟论述。我在本书最后三章概括地复述他们的观点时，编者却一反本书力求少做引证的主张，要求我多直接引用原文。这样做，我想无非是取信于读者，我不是以意为之的。经典作家既已讲清楚了，我就毋庸费辞了。不过时至今日，看来还有不少质疑，我便借本书再版的机会，对核心问题说一点话。学术界关于这一问题的讨论热潮已经过去了，我这一点后发的意见，不过是"学海微澜"，聊备一格而已。如能再度激发起论辩的轩然大波，那么，对推动辩证法的深入研究，可能是十分有益的。

恩格斯在《反杜林论》中说过："作为整个过程的核心的否定的否定。"[①] 列宁在《哲学笔记》中则有："可以把辩证法简要地确定为关于对立面的统一的学说。"[②] 好像这两种说法大相径庭，这其实是一种误解。

恩格斯关于辩证法的实质的讲法是：本质上对抗的对立双方，各向其对方转化，归结到否定的否定。这一思想加以简化就是："肯定、否定、否定的否定"；或"正、反、合"这样的公式。其中，肯定和否定构成对立面，通过对立面的否定或扬弃，达到否定的否定。否定的否定就是那对立面复归于统一的环节，因此，它是对立的"统一"、正反的"合"。很明显，否定的否定与对立的统一是一

---

① 《马克思恩格斯选集》第 3 卷，第 18 页。
② 《列宁选集》第 2 卷，第 606 页。

个规律的不同表述，而不是两个规律。它作为辩证法的基本规律，甚至就可以把它视为辩证法本身。既然两个规律其实是一个规律的不同表述，何者为核心的问题就不存在了。

现在问题在：恩格斯列出的"对立的相互渗透的规律"究竟具备一些什么理论内容？显然它与否定的否定、对立的统一有密不可分的联系，以至恩格斯没有单独阐述它。对此，本书曾做过扼要的分析。（参阅本书第186—187页。"本书"指《辩证法史话》。——编者）我认为还是可以对这一规律做出独立的论述的，这是我以后进一步探索辩证法的科学形态中试图考察的问题之一。

恩格斯说，他们当时还"不能详细地考察这些规律的相互的内部联系"[①]。但这种内部联系的考察却是十分必要的。我认为辩证法规律三分，照恩格斯的本意是为了"简化"，而简化是为了便于初步理解与掌握。探讨三者的内部联系却可以帮助我们从整体上理解与掌握辩证法，这是对辩证法进一步全面深入地理解的要求。恩格斯没有来得及分别论述三个规律，然后进一步着重阐明它们的内部联系。但是到1886年写作《费尔巴哈论》时，就没有分条，而是综合地论述辩证法的要义。

不过分列为三条规律也是有根据的，而且由此可以见到辩证规律自身辩证发展的层次，以及各规律的相应的客观科学根据与主观思维基础。

一般讲，质量问题在机械力学范围比较突出；对立的相互渗透问题，在物理的两极性和化学的有限过程性中表现得特别明显；而否定的否定或对立的统一，则在有机生命现象的无限过程性中得到典型的圆满的表现。当然它们之间并不是完全隔绝的。

[①] 《马克思恩格斯选集》第3卷，第485页。

从思想自身的发展来看，思想自身经历了一个从感性通过知性归结到理性的过程。这是人类思维能力的不可分割的整体。因此，辩证三规律又体现了思想由感性、知性到理性的过程：质量关系属于思想的感性阶段，此时思想尚未分化，它外在地把握原始综合的感性实体；对立的相互渗透属于思想的知性阶段，此时思想生起辩证分化，产生思想的内在对立而趋于统一但尚未能达到统一；否定的否定或对立的统一属于思想的理性阶段，此时思想达到辩证综合，使抽象复归于具体、分析复归于综合、对立复归于统一、否定复归于肯定。于是辩证法三规律自身也经历了一个"具体—抽象—具体"、"综合—分析—综合"、"肯定—否定—肯定"的辩证发展过程。

不要误解：这里的感性阶段属于经验规律；知性阶段属于抽象逻辑规律；只有理性阶段才是辩证规律。它们是思维前进运动过程中不可分割地内在联系的三个环节。如果将它们外在地孤立起来，则第一环节就变成表面的经验规律；第二环节就变成片面的知性规律；第三环节由于失去了它的起点与中介，就变成独断的僵化公式。

作为思维前进运动的整体过程，三规律作为三环节内在地相关而不可分割，这是我们探讨辩证法规律的出发点。那么，对立的相互渗透在这一整体过程中的地位与特征如何呢？它处于中介地位，特征是辩证分析。

恩格斯指出："知性的思维规定性的对立性：两极化。"[①] 对立性、两极化是知性思维的特征，它表现的方式是分析。如果脱离了思维的整体运动，这种分析就是一种静态的抽象分析；如果作为整体运动的一个中介过渡环节，这种分析就是一种动态的辩证分析。自辩

---

① 恩格斯：《自然辩证法》，第85页。

证法看来，两极化是指同一个东西的两极。两极互为条件、相互依存。黑格尔说："两极是两个生动的终端，每一端都是这样设定的：只有与它的另一端相关联，它才存在；如果没有另一端，它就没有任何意义。"[①] 因此，两极对立，绝不是互不相干的两物的外在对峙，而是相关的两极对立。

两极相关性是相对的。所谓相对的，就是说它是有条件的，不是任何情况下都存在着两极相关。所以黑格尔反对"在两极性根本不存在的地方，它也常常被人不分青红皂白地加以应用"这样一种做法。其次，所谓相对的，意味着内外的相对性。看来是外在独立的两个事物，如若共同从属于一个更大的系统之中，它可以成为这个系统内的不可分离的两极而彼此相关，因而不能把它们看成是彼此相外的。

两极相关而不可分离是辩证法的一个极为主要的观点。辩证法强调的一分为二是内在的，也就是"一体两面"，而那种外在地一分为二的机械分割的观点，恰恰是与辩证法的精神完全背道而驰的。

两极相关共外于一个统一体中，并不意味着两个独立的部分包容在一个"集合体"之内。集合体中诸部分与发展过程中的诸环节是不同的，前者表明为外在的机械拼凑，后者表明为内在的有机组合。两极性正是这些环节的关系，即两极性乃是一个物体内有机组成的诸环节之间对立、过渡、转化的辩证关系。所以，决不能将两极性僵化为一个物体的有形的首尾两端，当然更不能看成是外在不相干的两物的拼凑。

两极性既然是一种辩证关系，这种关系概括讲来是：事物因否定而致变，因此，两极性就成了致变之源。两极性是生动的、是活

---

① 黑格尔：《自然哲学》，第225页。

动的源泉。两极性既然规定两端各以其对方为存在条件，就表明了各自以其对方作为否定其自身而与自身相对立的因素，即表明了事物自身所具备的内在否定性。

事物成其为一个事物，必然是一个统一整体，因而它是一个同一的东西。事物又绝不是一个僵死的抽象物，而是一个活生生的变易转化的实体。既然如此，它自身之内就一定潜在地包含了一个否定它的"异物"，这个异物就是其自身逐渐生长起来的差别性，因而它又是一个有差别的东西。于是，同一性以差别性作为它的本质，就成了具体的同一性；差别性以同一性作为它的根据，就成了内在的否定性。同一之中的差别或统一之中的对立，就是事物的活动、自己运动的源泉。

不要以为两极互为依存、相互渗透，就已经达到对立的统一了。当事物尚处于外在的物理化学阶段、处于知性分析阶段，对立双方既是同一的，同时又是独立的。同一的，表明其内在的辩证性；独立的，表明其外在的机械性。这一点，恰好显示了它的中介性、过渡性。

两极对立是外在机械对峙的力学现象的发展，它揭示了事物的内在本质，即由于内在否定性而形成两极对立的矛盾运动。但是对运动的实质与形式的掌握，必然要进入过程性的探讨。

运动不是无穷地直线延伸，而是从起点向自身的回复。因此，这种向起点复归的运动就是"过程"。过程的本质乃是包含两度否定的矛盾运动。转化、过渡、复归是过程的前进环节。推陈出新是过程交替的结果。这样的过程正是辩证前进运动的完整的表现。

两极性必须发展为过程性，才能摆脱知性分离的偏执，达到辩证的真理性阶段。但是过程性自身也有待发展，它必须从有限的发展为无限的，才能认为是圆满的，具有真理性的。

有限过程性包摄在对立面相互渗透之内，作为向无限过程性，亦即对立的统一、否定的否定过渡的桥梁。

过程的有限性表现在过程内诸环节尚未脱尽物体的独立性，由于环节的感性存在性质、独立的个体性质，使它显得好像是孑然自立、存在于过程之外的样子，因而环节之间似乎彼此隔离，而它们的联系就显得好像是外在的。其次，过程的有限性还表现在内在的联系可以分解为独立的元素。水的氢氧元素内在结合为水的分子，但又可分解为氢与氧两种元素。这样的内在构成虽然比机械拼合前进一步，但还谈不上从自身出发内在地转变为构成总体的有机环节。

无限过程性便是由这种从自身出发内在地转变为构成总体的有机环节所构成。达到这一步才可算达到了对立的统一、否定的否定。

从两极性到有限过程性的进展，便是辩证发展全程的中介环节，便是对立的统一、否定的否定的直接先驱。在这一阶段，它蕴藏着对立的统一，即将发展为对立的统一，但尚未达到对立的统一；它准备着向起点复归，即将达到自成起结的统一体、从而达到具体的辩证综合的真理，但尚未完全复归。因此，对立的相互渗透是潜在的尚未成为现实的对立的统一或否定的否定；对立的统一或否定的否定是展开的成为现实了的对立的相互渗透。恩格斯为了简明起见，将二者合并论述也是合理的。

根据黑格尔、马克思、恩格斯一些想法，我初步考察到"对立的相互渗透的规律"应该具有上述这些理论内容。对它的进一步完整的精确的表达，还有待研究。

既然对立的相互渗透不同于对立的统一，而对立的统一就是否定的否定，那么，对立的统一或否定的否定作为辩证法的根本规律，它就是辩证法的核心。又由于它乃是辩证规律自身辩证发展的显现为真理的阶段，所以，可以把辩证法简要地确定为对立的统一或否定的否定学说。因此，恩格斯和列宁关于辩证法的整体设想完全是一致的。

我这些想法可能引起更大的争议，但没有关系，因为真理愈辩愈明嘛！

顺便说明两点。上次写这一组随笔时，我略去了斯宾诺莎，始终感到是一个欠缺，因此，这次补充了一章。其次，关于康德对辩证法的贡献，有些同志认为我估价过低，至少是说得不够充分。我反复思索了这个问题，觉得我对康德了解不够，必须认真做一点补课，然后改写可能尊重一点，草率修补反而不好。因此，这次就不改动了。其余各章一仍其旧，不是说没有要改动或增补的，而是说要搞得彻底些，就得重写一本。这是我目前的工作状况不能办到的。

我诚挚地向关注这本小册子的同志，谨致谢意。

萧焜焘

1985 年岁尾

唯物主义与当代科学技术综合理论

说明：早在 20 世纪 80 年代中期，作者就发现并指出了当代科学技术走向的趋势，并且努力对当代科学技术进行哲学的综合，即当代科学技术的综合理论。此文系统地阐述了作者的这一观点。重要的是，这篇论文代表作者在学术研究中关于辩证法科学形态的探讨转入体系三部曲建构的重要进展，对理解他的体系三部曲具有重要的意义。

一

在哲学与科学尚未严格划分以前，虽然各种哲学流派可以有唯物或唯心的倾向，但没有近代哲学唯物主义与唯心主义的意义。只有当各门实证科学获得蓬勃发展之后，对当时科学的成就做出哲学的概括，才有唯物主义及其对立物——唯心主义。

因此，17、18 世纪的机械唯物主义是严格意义的唯物主义的第一个形态。它植根于当时在科学发展中占支配地位的机械力学。机械唯物主义有其历史的局限性、科学的片面性，但在那个时代，它摧毁了宗教信仰主义、神秘主义，使科学在客观现实的基础上得到飞跃的发展，其历史功绩是不可低估的。

但是，由于它的视野仅止于自然界的外部现象，而且多属于无机现象，因而不能正确解释有机现象、生命现象、精神现象，于是在这些领域，唯心主义反而能在其歪曲的形式下，阐明这些现象的一些现实内容。

到了 19 世纪，生物学、人类学有了相当的发展。人类作为自然界派生的而又与自然界相对立的一个物种，开始得到认真的研究，人连同自然界，成了科学研究的主题。在这一基础上产生了人本主义唯物主义。人本主义唯物主义不是机械唯物主义简单的重复，它确立了人在自然界中的地位，人不是机器，机器却是人的创造物。但是，人本主义只研究了人的自然属性，没有顾及到人之所以为人，人之所以是现实的，却有赖于他的社会属性。

人的社会群体性、主观能动性、行为目的性是他的社会属性的主要内容。人必须结成群体才能生存，而维系生存不能消极仰赖自然恩赐，必须发挥主观能动作用，变革世界使之服务于人类生存的目的。这就是人类的革命实践活动；这就是作为现实的人应有的品格。因此，马克思哲学唯物主义就是现实的人及其历史发展的科学。简言之，就是实践的唯物主义。这个实践的唯物主义由于其深刻的历史辩证性，又可以叫作辩证唯物主义与历史唯物主义。

实践的唯物主义不但植根于自然科学的基础之上，而且也以技术科学与人文科学的成就作为基础。这样一种奠基于科学整体之上的唯物主义是否过时了呢？要不要为一种别的什么形式的唯物主义所取代呢？

西方便有人认为辩证唯物主义既笼统又不明确，且含有隐喻成分，没有使用精确的逻辑与数学语言，而是使用模糊的普通语言，再加以它的党派倾向性，因而就成了一种"被咒物"。于是，它理应被抛弃而代之以他们认为是"科学的"所谓唯物主义。近年来国内一种冷淡马克思主义哲学的倾向是与上述这种思潮相呼应的。

实践的唯物主义诞生已一百多年了，它所揭示的范畴、规律、原则是否陈旧了呢？是否随着科学技术的发展必须变更自己的形式呢？是否它也有所谓"现代化"问题呢？

一百多年，从漫长无尽的历史行程来看，是十分短暂的。实践的唯物主义正由于它以人类的社会行为及目的作为核心，它的任务便不止于科学地解释世界，更为重要的是革命地改造世界。它通过俄国革命、中国革命以及各国人民的革命斗争，大大丰富了它的阶级与政治内容，从而加强了它改造世界，特别是变革社会的能力，因而在世界各国人民的革命斗争中产生了强烈的影响，因此，它的先进性是不容否定的。它的发展前途方兴未艾，它的丰富的内涵尚有待进一步揭示。

然而，人类社会、人类精神的根基是自然界，完全脱离或不予重视自然界问题的研究，人类社会及人类精神问题也不可能得到圆满正确的解决。我们的唯物主义原则在经济、政治、军事方面的运用所取得的巨大成功，固然为基本理论提供了新的因素，但如若仅止于此，便将使基本理论产生局限性。这种局限性事实上已经形成了。哲学推动政治是哲学的光荣，哲学等于政治是哲学的幻灭。多年来，我们将哲学唯物主义原则理应覆盖的许多领域都拱手送给别人去开拓了。哲学研究的狭隘片面性导致了研究的落后性。这种研究的落后性又使人模糊了哲学的先进性。

我们几十年来固守着一个不可变易的僵化公式，再加上通俗化宣传产生的简单化倾向，使得实践的唯物主义的深刻的理论内容未能得到充分的展开。一个标准、两个阶段、三条规律、几对范畴，成了哲学教科书中千篇一律的模式。现在这些范畴与规律，由于随便滥用，往往面目全非，或者成了人云亦云的口头禅，从而丧失了它们的科学价值与哲学光彩了。

当然，实践的唯物主义着重研究经济、阶级与政治斗争是理所当然的，而理论只有为群众所掌握才能变成改造世界的物质力量，因此准确而深入的通俗宣传也是必不可少的。但是，自然科学中的哲学问题、社会人生问题，也是不可忽视的领域。这些问题的解决，决不能一带而过，而必须进行认真的专门的研究。西方哲学家认为我们的哲学不能解释现代科学技术所面临的新问题；不能对非物质的精神现象做出充分而合理的说明。倒是他们自19世纪以来，做了大量工作，并自以为可以借此傲视马克思主义哲学，这种态度近年在国内也得到了反响。

我们的出路何在呢？

二

当几十年一贯的僵化空疏的哲学模式日益受到人们的奚落与歧视以后，在对外开放的形势下，现代西方资产阶级哲学得到公开合法的流传，人们向往西方，这是十分自然的。我认为这种情况并不可怕，相反，对实践的唯物主义的深入展开、继续前进倒是十分有利的。它必须在人们比较、鉴别之中，证明自己是真理，才能说服人，为人们所信奉。哲学不能依靠政治权力强迫推行，想以权代理，以为大权在握，自己俨然就成了真理的化身，这样的人没有不跌跤子的。

19世纪以来，西方哲学流派繁多，但概而言之，可以划分为两个倾向。

第一个倾向，是在实证科学蓬勃发展的基础上，对自然、社会、科学、逻辑、语言进行哲学探讨。他们讳言哲学的根本问题，否定形而上学本体论的命题，认为这些是无法证实的"虚妄命题"（pseudo-proposition）。从罗素以来开始兴起的逻辑实证主义，通过维特根斯坦、维也纳学派进展到今天以"科学哲学"命名的诸流派，便是这个倾向的代表。他们之间尽管有这样那样的分歧，甚至相互攻讦，但基本出发点是一致的。

这一哲学倾向中的某些流派甚至标榜自己是唯物主义的。总之，它们以自己的什么逻辑实证主义、证伪主义、语义哲学、科学哲学等牌号与实践的唯物主义相对立，或者把自己视为西欧历史上第六种唯物主义，顺乎发展趋势也理应取代第五种唯物主义，即马克思哲学唯物主义。他们认为马克思哲学唯物主义必须服从于一种意识形态，因而成了一种被咒物。他们反对政治意识形态对唯物主义的干扰，反对依据思想史对唯物主义做历史的考察，而认为只能依据现代逻辑学、数学和科学来奠定唯物主义基础。他们还认为哲学表达的方式应该是精确的数学的科学语言，而不是模糊的文学的自然语言。这显然是一种十分偏执的观点。

西方哲学家重视逻辑、数学、科学的发展，西方科学家中的杰出者有志于从事哲学的探索与概括，这些都是无可厚非的。他们对数理逻辑、语言分析、科学发展的探讨，这些都是基本上属于科学范围以内的东西，其所取得的成果仍然是十分有益的。但是它们的哲学出发点的狭隘经验主义、主观唯心主义性质，是我们从其总体上所不能接受的。

第二个倾向，是关于社会人生问题的探讨。其实这并不是什么新问题，在西欧，古希腊苏格拉底等人便进行了这种探讨。这种探讨集中在人生的价值的研究，因此我们可以把这种研究的成果叫作"价值哲学"，一般讲它是研究人类社会行为和目的的规范的科学。价值哲学的兴起，严格讲，由新康德主义者文德尔班、李凯尔特等代表的弗莱堡学派开其端。他们认为哲学就是关于普遍价值的学说。现代西方价值哲学便是在他们的鼓励之下发展起来的。19世纪以来，通过梅农、安勒菲尔等人的努力，逐渐形成一种与逻辑实证主义相抗衡的思潮。价值哲学加深了西方人道主义的理论色彩，人道主义者认为价值为人类所独有。西方哲学家还认为价值论原理毫无例外地成了全部哲学的基础。这种价值哲学的先验的唯心主义实质是十分清楚的。虽说如此，他们对价值的主观感受性的探讨、对伦理美感等问题的研究，也还是可以借鉴的。

在科学技术领域，人生价值领域，我们多年缺乏认真的专门的研究。于是科学哲学与价值哲学就变成了西方哲学家们独步为王的领域，在这方面我们似乎有点自惭形秽。我觉得我们是必须进驻这两个领域的。马克思主义自然观与社会意识形态论的探讨，将使我们打破西方的垄断而重整声威。那种想照搬"科学哲学"与"价值哲学"以填补所谓马克思主义哲学的"空白"的做法是不可取的。

因此，这种做法绝不是我们的出路。

三

现代科学技术的成就，特别是它们的综合的理论概括，这才是我们不可以怠慢的。现在引起我们关注的是：控制论、信息论、系统论、耗散结构论、超循环论和协同学。它们表明了科学发展整体化的趋势。

控制论是科学技术相互渗透的产物，它把人的行为、目的及其生理基础（即大脑与神经活动），与电子、机械运动联系起来，它超越了无机界与有机界、特别是生命与思维现象之间难以逾越的鸿沟，从整体、相互联系、运动变迁的角度来观察问题，这种整体化的综合性的动态研究，是科学研究的一个飞跃。从整体上把握这个世界，有赖于信息的传输。所谓信息，据维纳所言，乃是人们在适应外部世界并使这种适应反作用于外部世界的过程中，同外部世界进行交换的内容的名称。因此，他把人作用于外部世界的行为过程归结为信息和信息的反馈过程。信息及其反馈形成信息流。信息流像一根红线贯穿于各部分之间将其粘合为一个有机整体。因此，信息是实行控制的根据，而其发展的趋势是整体化的"系统"的形成。什么叫作系统？系统是过程的复合体。具体讲来，如钱学森所规定的：即由相互作用和相互依赖的若干组成部分结合成的具有特定功能的有机整体。由于复合的程度不同，有简单的系统与复杂的系统，有大系统与小系统。系统具有整体性、变易性、层次性、目的性、能动性、择优性。

系统论是控制论与信息论的归宿，因此，控制论与信息论统一于系统论。在系统论思想的指导下，或者说，各自在不同领域以不同方式从事探讨的成果中，进一步扩大与丰富了系统论的科学内容。这里首先要加以介绍的是普里高津的耗散结构理论（theory of dissipative structure）。普里高津（Prigogine）及其学派提出了远离热力学平衡态的耗散结构理论。他首先从平衡态热力学出发，研究了稍微偏离平衡态的热力学，从而得到处理一般不均匀物质中各种传递过程的理论，创立了非平衡态的热力学，并由此继续推进，发现远离平衡态的稳定结构，这就是他称为的"耗散结构"。耗散结构所处理的是一个开放系统，通过与外界交换物质和能量，在一定条件下可能形成新的稳定有序的结构，从而实现由无序向有序的转化。普里高津的这些设想无疑是与系统论的基本思想合拍的。因为系统论所着重的也是整体性、联系性、有序性以及动态原则。不但如此，它还使冯·贝塔朗菲（L. von Bertalanffy）首倡的一般系统论提出的有序稳定性有了严密的理论根据。耗散结构由于论证了系统自身如何由无序走向有序而形成一个稳定结构，因此，钱学森说：这个理论也可称为系统的自组织理论。

近年来，一般性探讨从比较简单的系统的控制论，发展到所谓巨系统理论。它着重分析系统的层次结构。在这种思想指导下，艾根和休斯特（M. Eigen & F. Schuster）提出了"超循环"（Hypercycle）概念。他们把巨系统理论具体化到生命现象，从而建立生命现象的数学结构模型，并通过生物遗传信息传递过程，验证了他们的模型可以复现生命现象的特征。他们之所以将他们的理论命名为"超循环"，主要是他们观察到生命现象的层次结构。构成生命现象的酶的催化作用所推动的各种循环，是分层次相类属的，下一级循环组成高层次循环，高层次循环又组成更高层次的循环，如此递进不已，这便叫作"超循环"。它使达尔文进化论立足于更可靠的科学理论基础上。

如果说，耗散结构的出发点主要是热力学，超循环论则从有机生命现象出发，他们取得了基本相同的结果。这就证明从无序到有序，层层向前推进的观点有相当普遍的意义。

哈肯（Hermann Haken）从20世纪60年代开始研究激光，到20世纪70年代形成"协同学"（Synergetics）。这是一个尚在发展中且进展迅速的理论。协同学作为系统思想的最新发展，它具有更大的普适性。对于复杂系统中自组织的动态的诸元素之间的相互作用的机制的探讨，在协同学中得到了进一步发展。因此，协同学标志开放系统中大量子系统之间的相互作用的整体效应。它力图阐明在具体性质极不相同的系统中产生新结构和自组织的某些共同规律。因此，哈肯将协同学规定为："关于系统中各子系统之间相互协同的科学。"

从某种意义下来讲：协同学是耗散结构理论的突破与推广。这就是说，不一定在远离平衡态的情况下，才产生有序结构。哈肯证明：某些平衡态，如超导现象、铁磁现象也是一种有序结构，甚至连液体、固体结构在一定程度上也是有序的。

如果说远离平衡态不是稳定的有序结构形成的先决条件，那么在各种具体性质极不相同的系统中，导致稳定的有序结构的因素又是什么呢？钱学森认为：哈肯的贡献在于具体解释相空间的"目的点"或"目的环"是怎么出现的。所谓目的，就是在给定的环境中，系统只有在目的点或目的环上才是稳定的，这也就是系统的自组织。这个目的点或目的环，我看有点类似哲学中讲的从量变到质变的"关节点"。现在问题在如何求出这个"点"或"环"。哈肯从相变理论中采用了序参量概念，在系统演化过程中，从众多变量中，找出起主导作用的序参量。在不同系统中，序参量的性质也不同，例如磁化过程的"磁化强度"，化学过程中的"粒子浓度"。这样一来，从无序到有序便不是不可捉摸的了，而是可以精确计算出来的。哈肯认为他的理论不但可以在自然科学、技术科学中得到广泛的应用，就是在经济学、社会学方面的应用也能获得成功。

控制论、信息论是系统论的基础，耗散结构论、超循环论从不同侧面发展了系统论的基本思想，而协同学从整体上将系统论推向了一个新的高度。这真是当代科学技术综合发展中，科学家的天才杰作。

当代科学技术发展取得的如此重大的理论成就，不能不触动从事哲学探讨的人的思考。简单的比附是没有意义的，这样做不仅不能增加哲学理论的深度，反而使特定的科学概念失去了凭借。望文生义的移植就更糟糕，这样做，不但造成哲学自身的混乱，而且使科学概念漫画化了。哈肯也对这种移植的做法不大赞同。他说，有人想用热力学方法来处理经济问题,因此,像熵这样的热力学概念也出现在经济学中了;但他对这种做法表示怀疑。他还声明,他并不认为他的协同学能够解决所有这些问题。因此,想把这种卓越的综合的科学技术理论转化为哲学原则是极不容易的。我认为哲学的范畴与原则同科学的概念与规律相比完全属于两个不同层次、不同领域。简单讲,前者是理性、智慧的表现;后者是知性、理解的表现。前者源于物,但离物而游弋于方寸之间;后者沉于物,剖物而思齐,明性而致用。因此,以系统论为代表的当代科学技术综合理论,它的切近目标是把一些过去不属于工程技术范围的领域,变成工程技术。它力图将事物发展过程定量化、网络化、模式化,从而达到工程技术的应用水平。钱学森列举的系统工程多达十四项,连教育、行政、法治这些完全与工程技术不沾边的部门也囊括到工程技术领域中去了。最近第五代电脑兴起,日美竞相研制"智能机",于是人类思维认识的成果——知识——也被工程化了,从而提出了所谓"知识工程"。循此前进,它造福人类,前程似锦。在这方面,并不需要哲学家插手,就此发表一些不痛不痒的空论,更不要去讲那些贪天之功的大话,好像科学成果的取得,正是由于科学家的研究方法与思维方法符合了那一条哲学原则。

诚然,20世纪以来,"工程技术"概念所问披靡,其魔力有点类似17、18世纪的"力"的概念。它必然影响同时代的哲学思潮是不待言的。但这些偏执的知性的科学概念引入哲学中的后果是大家所稔知的,我们借鉴历史,幸勿重蹈覆辙。

无疑地,哲学的生长不能缺乏科学的营养。哲学如何吸收消化科学成果变成自己的血肉,关键是如何解决科学的定量化与哲学的辩证化的统一的问题。这就首先要求哲学界认真学习科学、特别是对当前迅速发展的科学技术综合理论,要真正搞懂,从而受到启发,摸清方向，掌握其精神实质。在此基础上与科学家长期真诚合作、切磋琢磨，只有这样，或许有可能达到豁然贯通的领悟。到了这个时候，新颖的深邃的哲学思想便将不可遏制地涌现。

那么，当代科学技术综合理论将给我们一些什么启发呢？因为我还不懂，不能回答这一问题。我只想就"工程技术"概念与实践唯物主义的关系，略抒己见。

工程技术是实现人的意志目的的合乎规律的手段与行为。它旨在变革世界使服从于人的一定目的。因此，它不是纯客观的，而是使主观见之于客观的一种合理而有效的手段。它不仅有科学的理论的意义，而且有行动的意义。工程技术的内在实质是人类的理智与意志在认识与改造世界的目的之上的统一。这个内在实质便透露出工程技术蕴含的"哲学灵魂"。

工程技术的哲学灵魂是什么呢？就是革命实践。如果说，马克思、恩格斯关于实践范畴的提出，其理论渊源是黑格尔的"善的理念""目的及目的的实现"以及被唯心主义者充分发挥了的"主观能动性"，那么这一范畴的现实根据是什么呢？恩格斯曾经天才地提出是"工业"。工业能使我们将自在之物变为自为之物，从而确证了客观真理。工程技术进一步揭示了工业内在的结构与科学的内容，从而更加接近实践范畴。我们以工程技术作为进路（approach），也就更能窥探出实践的丰富的理论内容。这就说明以实践为特征的唯物主义，不但没有过时，而且在当代得到了强有力的工程技术力量的支持，从而焕发出青春的活力。这种科学地认识世界、革命地改造世界的冷静而刚毅的合理意志一旦渗透科学家的身心，他们的科学事业定将大放异彩。

工程技术概念不能代替革命实践范畴，但革命实践在工程技术蓬勃发展的基础上，获得了新的活力，它的抽象思辨的灵魂有了一个更加硕壮、更加精力充沛的躯体。

实践的唯物主义与将各个领域从应用上导向工程技术的当代科学技术的综合理论，相互砥砺，并肩前进。这股从理论到实践、从哲学到科学汇合而成的洪流，势将加快我们走向共产主义的航程。

哲学是时代的精华，它一定要跟上时代。因此，我们必须克服研究的落后性，捍卫哲学的先进性。马克思主义哲学基本理论的深入探索，长期忽略的主要研究领域的大力开拓，现代科学技术的综合理论的吸收消化：这是改变我们落后研究的三个主要方面。如果我们能在这些方面进行切实有效的工作，我们的先进的哲学将重新赢得人们的尊敬与热爱。

> 作者附言：关于耗散结构、超循环论、协同学主要是根据钱学森等著的《论系统工程》等书刊综合复述的。复述如有误，过错在作者。

《精神世界掠影》序言

说明：《精神世界掠影》是作者在给研究生开设黑格尔《精神现象学》课程的基础上写成，于1987年出版的专著。作者认为，《精神现象学》是黑格尔哲学全书的袖珍本，是马克思哲学实践唯物主义、辩证逻辑和认识论的最直接的先驱。在这部著作中，作者用马克思主义哲学的方法对这部"天书"进行独特的解读分析。同时在其中阐述自己的思想，隐约有着作者思想体系的影子。

180年以前，当拿破仑攻占普鲁士之际，黑格尔匆匆完成了一部系统论述自己哲学思想的著作——《精神现象学》。这是一部"天书"，斑斑黑点，不知所云。然而，它又处处闪光，透露了那无影无踪的精神现象、意识形态的发育生长过程。"神龙渊潜，罔可窥破！"一旦窥破，你便将随心所欲，遍历人生，登临哲学顶峰，摘取智慧之果。这部天书虽然是典型的唯心论的著作，但在它的神秘的思辨形式下，却充满了现实的内容与活生生的辩证法。

黑格尔这本书是在法国革命精神的鼓舞下，意欲振兴民族国家而作。振兴之道在于知识，首先是关于真理的知识。哲学便是关于真理的知识，它是人类尊严与理性权威的确证。《精神现象学》便是阐述哲学作为最高的精神现象或意识形态，是如何通过意识自身的辩证发展而最终形成的。

精神、意识不可捉摸，没有感觉形态，然而人类正是以具有高度完善化的精神意识功能，作为他与其他高等动物相区别的特征之一的。精神意识的发育生长并非一蹴而就，它的完善化是一个过程。过程的起点是"这一个"（this）直接的呈现，它没有分化，浑然一体。"这一个"产生否定其自身的因素，自身分化，一分为二，对立出现，矛盾形成，过程展开，中介过渡，承先启后。对立致极，矛盾上升，从而达到对立扬弃，矛盾消融，复归于统一，这便是过程的终结，真理的显现。这个终点又成为新的起点，开始高一层次的圆圈运动。这便是《精神现象学》全书一贯到底的辩证逻辑结构和真理的发展深化过程。我们如果抓住了这根攀登的线索，就有希望在黑格尔体系的迷宫中挖掘到无数的宝藏。我不可能一一描述这些宝藏，可以肯定我还远远没有掌握这些宝藏。我觉得首先在我眼前闪光的是关于个人意识的分析。这些分析，理论的深刻性，内容的现实性，是一般心理学家、逻辑学家所不能望其项背的。

关于个人意识的分析，基本上是关于人的认识能力的分析。感性直观、知性分析、理性综合，是认识能力自身的辩证推移的三个密不可分的环节。感性是起点，知性是中介，理性是终结。只有达到理性思维才具有认识与实现真理的能力。孤立的感性是表面的，孤立的知性是片面的，没有起点与中介的理性是僵化的。三性推移过渡又有其中介，从感性到知性以知觉为中介；理性又可细分为观察的理性与行动的理性或实践的理性，从知性到实践理性以观察理性为中介。思维能力的整体过程性是黑格尔极有价值的辩证思想之一。

黑格尔赋予理性以行动的意义、实践的性质，就便于理性向意志过渡、认识向伦理过渡、真向善过渡、个人意识向社会意识过渡。

在社会意识中展开的宇宙人生的画面是十分壮阔而深邃的。黑格尔关于自我意识的论述，实际上已进入社会人生问题的探讨。自我存在的见证是欲望，而欲望体现为生命。生命乃是自身发展着的、消除其发展过程的，并在这种运动中简单地保持着自身的整体。生命活动的行程构成宇宙人生社会的历史。

人要维系其生存，必须以万物为刍狗；而生殖，实际上是自己的生命被新生的生命缓慢地逐渐地吞噬。这是生活的血腥的真理。这种自然的互相吞噬是客观的必然的，无道义可言；而社会剥削的出现，社会吞噬的出现，就形成主奴对立、高贵意识与卑贱意识的对立。黑格尔倾注同情于奴隶，赞美劳动出智慧，卑贱者由于劳动而掌握事物，反而从依赖变成独立，而高贵的主人却仰给于奴隶的供养而从独立变成依赖。黑格尔思辨地论述了社会的革命转化，显示了他当时的进步倾向。

在社会形成对立关系的基础上，黑格尔从现实出发，论述了伦理、道理、宗教问题，显示了他对社会生活的深刻理解和极其渊博的学识。社会行为规范的遵守是维系社会生存必不可少的条件，否则社会势将分裂而崩溃。小规模的城邦，行为规范作为舆论制裁的手段基本上便可奏效；大规模的帝国，行为规范要进一步形成法律强制，才能威慑宵小、镇压叛逆。至于道德、行为主体修养，一般是适应行为规范的。关于宗教的分析，黑格尔更多地涉及感情与艺术的探讨。他从人对自然物的崇拜说到对其模拟物的崇拜，工匠对模拟物的雕刻制作实际上在雕像之中灌注了人的精神，然后是赞美歌的谱制，语言歌唱更多地抒发了人类自身的感情，而较少神意。史诗则从神的崇拜转到英雄崇拜，悲剧体现了人与命运即客观必然性搏斗的不幸，喜剧则在更高的层次上嘲弄人间的丑恶和不平。黑格尔关于诸艺术形式之间的辩证联系的揭示及艺术本质的阐明，实在是妙语连珠，令人目不暇接。

黑格尔的"宗教"昭示给人的是直观的艺术世界，它是人类精神世界的现象形态，人生是如此美好，怎能叫人舍此而离去。乐观，向上，这便是黑格尔人生观的实质。

这个精神世界的现象形态的内在本质就是绝对知识。它是关于精神意识的概念式的知识，即科学或哲学。哲学旨在认识并实现真理。我们随着黑格尔在精神世界漫游，螺旋形地前进，现在在最高层次上回复到了起点。哲学于是成了这个圆圈形的辩证运动的理论形态。黑格尔是如何描述这个运动的呢？他说："当区别一经作出时，同样于作出之时，区别立刻就被消除了，并且当区别一经消除时，同样它立刻就被作出了。而真理和现实正是这种回到自身的圆圈式〔辩证〕运动。"① 还有比这更好的描述辩证法的哲学语言吗？

《精神现象学》是黑格尔哲学全书的袖珍本，是马克思哲学最直接的理论先驱。振兴中华必须振兴哲学，而哲学的振兴，除联系实际探讨现实问题外，还要历史地追溯其渊源，汲取有用的理论养料，从而加深对于现实问题的理论的历史的分析。因此，对180年以前的这部不朽的"天书"的探讨仍然是一项迫切的任务。

> 作者附言：这篇序言于1986年以《一部天书》为题发表于《书林》第2期。

---

① 黑格尔：《精神现象学》下卷，第243页。

写在《自然哲学》、《精神哲学》前面

说明：作者生前最大的愿望是完成他的哲学体系的三部曲：《自然哲学》、《精神哲学》、《科学认识史论》。鉴于《精神哲学》的难度，作者决定先完成《自然哲学》与《科学认识史论》。按作者的意图，此文作为《自然哲学》和《精神哲学》的共同序言，故在1990年出版《自然哲学》时，以"写在《自然哲学》、《精神哲学》前面"为题。在此文中，作者提纲挈领地阐述了自己的自然观与历史观，也系统地阐述了这两部书的思路，简要概括了自然哲学向精神哲学过渡的辩证过程，可以视作代表作者完成此两部书的纲领性文章。

关于自然辩证法作为一个独立学科，它的体系结构以及基本理论的探讨，一直是大家十分关注的一个问题。

自然辩证法似乎是一门新兴的交叉的边缘学科，其实是非常古老的。它旨在研究我们生存于其中的这个自然界是如何形成演化的。两千多年以前古希腊米利都学派就是以研究世界的本原或始基（arche）开始其哲学生涯的。自然哲学是自然辩证法在古希腊的表现方式。

因此，自然辩证法首先要加以探讨的便是宇宙的构成问题，这就是哲学本体论问题；其次，自然辩证法要加以探讨的是宇宙的演化问题，这就是哲学宇宙论问题，从广义上讲，它涉及天体起源、生命起源、人类起源等方面。用今天流行的但未必确切的术语来讲，这些都属于所谓自然观问题。

我认为研究宇宙自然的构成与发展，不能停留在追求一个永恒不变的实体上，而应该看到宇宙自然总是活动在时间之流中，因此，宇宙自然有它自己的历史行程。历史地看待宇宙自然，就要求我们对宇宙自然不但要进行横向的结构解剖，更要求对它进行纵向的过程追踪。这样一来，自然辩证法就必须以历史辩证法作为其延伸与补充。否则，它将是不充分的、不完全的。

漠漠洪荒　历尽沧桑

我们首先接触到的是地球和地球上的存在物，以及日月星辰。人们合理地追索到这个人类视野所涉及的自然界，在没有人类以前是不是存在，如果存在是一个什么样子？那浩渺的太空，那无际的碧海，那幽冥的地底又是一个什么样子？对如此等等进行想象和估猜，人们便做出了关于宇宙自然的神话解释。

人类理论思维的能力逐步获得了发展，开始客观地观察宇宙自然，试图对其本原做出概括，概括的结论虽然是不足道的，但提出追溯万物之源的问题，说明人类的智慧已进入到哲学意识的高度，从此人类逐步发展与加强了运用概念进行思维的本领，为哲学与科学的前进开拓了道路。

我们生存于其中的这个世界的确切名称是"宇宙"，东西南北、古往今来，它从空间和时间刻画了这个世界。这个世界是一个四维的整体发展过程。

那么,什么是"自然"呢?"自然"是宇宙的本性或本原(nature or arche),即构成宇宙的基质。关于本原的探讨,直到亚里士多德提出"实体"(substance)范畴才真正具有了哲学的意义。

关于实体的探讨与论述,构成了哲学本体论(ontology)的内容。本体论的研究就是关于宇宙的自然或本原的研究。宇宙的质的规定性就是存在及其演化过程。如果孤立看待存在演化过程之中的诸环节,则存在为多;如果视存在的演化为一整体过程,则存在为一。因此,自然首先表现为:存在与过程、一与多的"质量统一体"。

什么是"存在"(onto,being)?宇宙万事万物,尽管千差万别,但有一通性,即都是"存在",存在、有、是,是一个意思,它是事物最普遍的质的规定性。现在进一步追问:如何规定存在?三维空间是存在的抽象,它从数量上、形式上精确地刻画了这个"存在一般"(being in general)。三维空间是存在的内在的量。存在还有外在的量。宇宙是唯一的存在还是众多存在的组合?巴门尼德说存在是唯一的;德谟克利特则认为是众多的,它们就是原子。从唯一的存在进而到确立最高的存在,从而走上了论证上帝存在的道路;众多的存在发展到确立科学原子论,从而走上了论证物质结构学说的道路。

物质结构的探讨,科学地深入地揭示了宇宙构成的奥秘,使我们得以大体上如实地描述我们生存于其中的这个世界。但是这种静态的结构解剖,给人的印象是点状的网络平面,事物在时间之流中经历的变迁,它的历史行程所留下的动态特征,这些就难以确切表述。存在必须在过程之中才是现实的,孤立的点状存在,虽然也可以叫作存在,但它是转瞬即逝的行将幻灭的存在,而不是现实的存在。我们说存在处于过程之中，此语尚不确切，应该讲：存在即过程（process，becoming）。因此，自辩证法而言："being=becoming"。存在与过程的统一，抽象地加以表述就是：三维空间加一维时间。于是，自然又可以表现为："时空统一体"。

我们说自然是质量统一体、时空统一体都未能明确揭示自然的运动与发展的根源。宇宙是恒动的、永变的。谁使之变动？为什么以这样一种方式变动？变动有无终结与开始之时？如有，开始之前、终结之后又是一个什么情景？诸如此类问题，哲学与科学中有种种解答，但是不能认为都讲清楚了，今后能否讲清楚，也没有什么把握。漠漠洪荒，历尽沧桑，面对造化的无穷巨变，惊叹之余，使人油然而生穷究宇宙底蕴之感。

宇宙万物的变动，合乎常情的解释是：外力推动。由外力推动而产生的运动的一个最基本的形式是"位移"。但是，推而广之，若说宇宙天体也是外力推动，那么就只有求助于宇宙天体之上的万能的上帝的指头了。外力推动说必然导致宗教，因此，想寻求宇宙变动根源的科学解释，只能向内追索，反求诸己。亚里士多德首先提出自然为本原，本原为对立，对立是事物变动的内在根源的观点。这一观点，对亚里士多德而言，虽然尚有不确切之处，但应该说是亚里士多德辩证法天才的活的萌芽。正是在这一点上，黑格尔、马克思、恩格斯充分而确切地发展与丰富了"对立"这一辩证法的基本概念。

宇宙万事万物作为一个整体，自身产生否定其自身的因素，形成内在的对立或矛盾，对立矛盾双方通过斗争，达到对立的扬弃、矛盾的转化，出现新旧递嬗，旧事物消亡，新事物产生。因此，自然最终表现为"对立统一体"。

如果说，自然首先表现为质量统一，基本上还属于感性直观方面；表现为时空统一，基本上属于抽象的知性分析方面，那么，自然表现为对立统一，就显现了宇宙内在的辩证本性了，从质量统一过渡到时空统一，然后归结到对立统一，这就是宇宙作为一个四维整体的辩证发展过程。

物华天宝　人杰地灵

宇宙的普遍规律是永恒的、绝对的、不以人们的意志为转移的。这只是一种简单的抽象的说法。目前任何自然科学理论都是以地球为中心的。黑格尔甚至说出"太阳为行星服务"这样的话。这样的话也未必就是什么唯心主义，它无非说明科学研究总有一个出发点，有一个中心，有一个目的。无出发点、无中心、无目的的"三无科学"是没有的。因此，宇宙的普遍规律不是永恒的而是历史的；不是绝对的而是相对的；也不能简单地排斥人，当地球上出现了人，关于宇宙的研究就不能不考虑人的因素在客观上所起的或大或小的作用。

因此，关于宇宙整体的研究不能不从地球出发，以人为中心，以服务于人类社会为目的。宇宙的纯客体的研究必然要进展到关于宇宙的最高花朵，即作为精神实体的人的历史发展的研究。

人不是一个永恒的物种，他是在地球漫长的发展过程中，逐渐演化形成的，其关键是"劳动"。此点已是人所共知的常识。从此，人在生物学的意义上最终与禽兽相区别而成其为人。但人尚未真正地成其为人。

自从人类社会有了私有制、有了阶级、有了人剥削人的现象，在政治经济学的意义上，多数人由于劳动的异化重新沦为禽兽；少数人由于游离于生产劳动过程之外，从而丧失了人之所以为人的劳动本质，实际上也不复成其为人，徒有人的外观而已。

劳动的异化必然导致劳动的复归。为彻底消灭剥削的革命斗争，实质上是人进入社会领域之后，要求在政治经济学的意义上也成其为人的斗争。劳动人民虽然由于劳动的异化丧失了人的生存条件，过着非人的牛马生活，但由于劳动技能的不断精进，实际上在改造世界推动社会前进的过程中起决定作用，而且人通过工艺技术生产的锻炼，又不断提高其智慧水平，丰富其精神境界。因此，人类征服自然，理顺社会关系，从而掌握自己的历史命运的那一天必将到来，这绝不是什么呓语或幻想。

人是宇宙自身产生的否定因素、能动力量。有了人，宇宙才有了一面反观自照的镜子；才有了真正的客体与主体的对立；才有了自觉推动沉睡的宇宙定向前进的力量。河山巨变，人在地球上铭刻了自己的印迹，现在正在超出地球，向其他遥远的星球进军。人类观测所及，已达 200 亿光年的难以想象的遥远地区；人类剖析所及，已达 10^{-23} 厘米的微观领域。这是目前人类所能达到的限度，可以期望将来还将向外延伸，向内推进。但是，目前不可达到的领域，即完全排除人的影响的领域，不能认为是现实的宇宙，只能是潜在的宇宙。虽然根据推测，它是存在的，但对人类生存而言，是可以略而不计的。现实的宇宙是不能脱离人的，潜在的宇宙只能是设想的，因而是不现实的。把我们生存于其中的这个自然界，区分为所谓天然的与人工的，在哲学上是毫无意义的，在科学上是毫无价值的。"人类社会"和它的"外部自然界"是完全不可分离的。

人在宇宙的发展中同时发展自己。剥削的消灭，劳动的复归，是人类改造自然与社会的历史性胜利，是人的内在本质的完全实现的中介环节。人必须在与自然社会的颉颃中继续前进，在精神世界中达到自我的完全实现。这就是说，要在意志、感情、思维领域中完全实现自己，即达到克服盲目任性的倾向，摆脱外在偶然性的支配，掌握历史的客观必然性，从而获得完全的自由与真正的解放。

人从生物学的意义上通过劳动成其为人；人从政治经济学的意义上通过劳动的异化，大部分丧失了人的生存条件而沦为禽兽，小部分丧失了人的劳动本质变成了衣冠禽兽；通过劳动的复归，人重新恢复了人的尊严，并进一步在精神领域净化自己，完全显现了人的本质。这就是人的脱毛三变的自我实现过程。这个过程简单说来是：生物的人—现实的人—完全的人。共产主义奋斗的目标是在改造世界的同时也改造自己，即不单在生物上、政治经济关系上成其为人，而且要在意识精神上成为一个完全的人。因此，自然辩证法，由于自然界中产生了人，从而有了人类的历史，便必须进而发展为历史辩证法。甚至文学家巴尔扎克也意识到这一点，认为社会是"大自然中的一种自然"。

历史辩证法是自然辩证法必然的延伸、补充与完成。它们是一脉相承的。

宇宙之花　人生之光

人的意识精神活动，首先是向外驰骛，把自己的能力视为当然的。它认识、观察与解剖外部世界，精审入微，取得了巨大的成功。但它一旦反躬自问自己的意识精神活动、自己的认识能力时，却一时难以找出它们之所以正确的根据。"认识自己"是希腊德尔斐庙镌刻的格言，但人类认真地探索自己，自西欧而言，严格讲，从康德才开始。精神现象的历史与逻辑的发展，从现象到本质予以揭示的研究，迄今为止，只有黑格尔在唯心的神秘的浓雾掩盖下才完成了这一伟大的历史勋业。

原始人为了生存必须结成群体，群体的发展，通过民族、家庭、国家等社会组织形式，构成了人类社会的发展。合群性便成了人的社会本性。

群居生活中逐渐形成了共同信守的行动规范，以协调与维护社会群体。这样就形成了人类社会的政法与伦理关系。政法关系与伦理关系均属行为规范，不过政法是强制性的，伦理是舆论性的，二者相互补充，都是为了巩固与发展人类社会，使免于崩溃的危险。

如果说，政法与伦理有硬软之分，那么，伦理与道德便有客观与主观的分野。伦理是客观精神，道德是主观精神。道德属于自我修养，它对尚有客观效准的政法伦理规范，自觉服从，身体力行，就好像这些规范完全出自内心，不如此做，便深感内疚，无地自容。他对社会是如此地温顺，是一个十分高尚优秀的公民。但道德修养并不是培养奴才性格。当政法伦理规范一旦失去了它的客观有效性及历史的必然性时，它不但不能维护社会的生存，而且将导致社会的崩溃。这时道德修养受高度社会责任感的驱使，一反温顺驯良之故态，拍案而起，以自我牺牲的精神，无条件地担负起挽救社会沦丧之使命。此时道德感升华到神圣的地位。历史上开拓社会前进的英雄，便是这种崇高的神圣道德的典范。

政法、伦理、道德是人类的意志的表现。意志的粗野的感性实体是"欲望"，那原始的情欲与冲动，人与禽兽并无二致。人类从野蛮进入文明，欲望被控制在社会许可的规范之内进行，欲望从而升华为意志。意志不能完全脱离情欲，没有情欲的所谓意志是僵死的，不可能转化为历史的行动。黑格尔曾经讲过："假如没有**热情，世界上一切伟大的事业都不会成功**。"巴尔扎克也说："激情是人世间各种事物中真正绝对的东西"，它成了意志力的内在的动因。但意志并不是纵情任性，它如果不符合历史发展的必然，即不合理，那只是莽撞的盲动，也不可能成功。因此意志一定是有情合理的。它的展开，通过三个环节："强迫的—舆论的—自觉的"。因此，政法、伦理、道德是意志自身辩证发展过程的内在环节。

情欲升华为"意志"（will），净化为"感情"（feeling）。感情不可究诘、不容分析；但又澎湃于心，波澜叠起。感情是人生的斑斓色彩，人生而无情等于槁木死灰。仇恨与爱情、痛苦与欢乐、依赖与拼搏等感情表现是每一个人都具有的。黑格尔甚至说：痛苦是人类的特权。因此，且莫诅咒苦难的人生，正是有了苦难才成其为人生，而苦难的克服才有真正的欢乐。乐从苦来，这是人生真谛。

自然的灾难、社会的坎坷，使人惶惶不可终日。他感到自己渺小，总想托庇一个巨大的神灵支撑他虚弱的灵魂。于是产生一种宗教感情。宗教感情是人类感情脆弱的消极的方面，有待克服的方面。安慰，是不可缺少的，它可以帮助人渡过无边苦海，重建生活的信心。基于宗教感情而建立的各种宗教，虽然起着麻痹作用，但也有安慰的镇痛作用。

坚强的人不需要安慰，更不需要宗教。鲁迅说：直面惨淡人生，正视淋漓鲜血！能杀才能生。不朽的文学巨著，永恒的艺术珍品，正是人类这种勇敢无畏、乐观向上的健康感情的结晶。

文艺作为一种意识形态的表现形式是多种多样难以尽述的，一般讲，有雕刻、建筑、绘画、诗歌、音乐。它主要表达人的感情、情调（pathos），这是一种不可名状的内心感受，因此表达的手段愈具体，它就愈受限制，愈落入名状之中，而流于概念化、形式化。从雕刻到音乐，逐步摆脱了物质的羁绊、名状的限制，无任何意义的音符组成的曲调有极大的自由，它可以没有沾滞地抒发感情。因此，音乐的熏陶能梳理紊乱的感情，使个人情操日臻化境。

历史是一种综合的意识形态，它不以记述以往的事件与人物为满足，而是使往昔的时代重新复活，紧紧抓住过去与现在的联系。因此，历史是人类感情之流宣泄奔腾的长河，在历史发展过程中，有多少可歌可泣的事件，有多少叱咤风云的英雄，有多少谲诡奸诈的佞臣……总之，一切的政治纷争，一切的伦常突变，一切的爱情纠葛，一切的创造发明，这一切无不包容在历史的巨变中。所以历史的意思是指拉丁文所谓"发生的事情"本身。这种综合的、直观的、过程递嬗的、不断更替的历史之流，孕育了一种人类的深邃的感情，这就是"历史感"。历史感是辩证思维的现象形态，是逻辑分析的必要补充，是从感情到思维过渡的桥梁。

于是，感情经历了这样一个发展过程：脆弱的—健康的—综合的；与其相应的意识形态是：宗教、文艺、历史。

历史的画卷，包罗万象，记述、刻画了整个人类生存的流程。然而，它的底蕴、本质，尚有待揭示。这就是说，揭示宇宙人生的哲理。只有对宇宙人生进行哲学的思考，才能揭开宇宙的奥秘，启示人生的含义。

哲学或理论科学作为一种意识形态，是意识形态自身发展的完成。它的本性是由感性通过知性发展到理性。它的特点是用概念形式揭示宇宙人生的实质。

不要把哲学的内容讲得过分狭隘而空洞。哲学在其他意识形态发展的基础上，又经历了一个自身的发展过程，最后形成一个自身不断前进的"辩证概念系统"。这里提出辩证概念（Begriff），主要是想与知性概念（conception）相区别。辩证概念是过程（becoming）的反映，它是动态的、综合的、具体的；知性概念是存在（being）的反映，它是静态的、分析的、抽象的。

人类思维功能的发展，使人类精神（human psyche）获得了最恰当的表现。思维功能的发达则是人类作为主体、作为精神实体趋向成熟的表现。

精神作为思维的客观物质基础是人类的心理状态。这种心理状态也可以叫作精神状态或者叫作灵魂、心灵。关于人类心理状态的研究，开始是思辨的，和传统哲学是不可分的。冯特以后，它才成为一门实证科学。从此对于精神的分析就有了可靠的客观的科学根据。

心理状态的发展离不开大脑神经活动以及语言文字等表达工具。心声活动是统一的，甚至是共生的。因此，心理与语言是思维这样一种意识形态的"感性实体"。

心理与语言活动要能成为可传递的、可理解的，必须有共同的规律，即所谓"人同此心，心同此理"。于是产生了逻辑和数学这一类知性思维方法。这样的知性分析活动是思维的本质显现的中介。因此，逻辑和数学是思维这样一种意识形态的"知性导体"。

知性，就是人类的健康理智。知性思维能力对于一个人而言是起码的，甚至某些高等动物，例如黑猩猩之类，也有简单的知性思维能力。这就是说，知性尚不足以圆满地体现思维的本质，而是过渡到思维本质完全实现的桥梁。

思维的辩证能动性、辩证复归性、辩证过程性才是它的最本质的东西。思维的这个本质就是"理性"。知性思维有待发展。关于存在的静态的分析的抽象反映必须向关于过程的动态的综合的具体反映过渡，这就是说：知性思维有待发展为理性思维。理性思维的出现，标志着人类精神的成熟，此时，人类在精神领域完全实现了自己，从而变成了完全的人，并且完成了物质与精神的统一、宇宙与人生的统一。此时，思维的解放，精神的自由也得到了实现。这一切也意味着共产主义理想的实现。

理性思维就是一种解放、就是精神的自由状态。解放与自由，绝不是蔑视现实，对现实采取抽象的虚无态度，它是现实事物之间的必然性联系的揭示，现实事物辩证发展过程的展开。解放与自由：对于主体而言，就是自我的完全自觉；对于客体而言，就是真理的显现；对于人生而言，就是幸福的享受；对于情操而言，就是深情的热爱。因此，思维的解放与精神的自由，意味着主客交融，天人合一；善与美统一于真、意志与感情统一于理性。

代表着这种理性思维的意识形态就是理论科学或哲学。理论科学或哲学深刻地全面地反映了存在与过程的本质及其运动变化。辩证发展性、整体概括性、具体真理性，是理论科学或哲学有别于其他意识形态的特性。理论科学或哲学是思维这样一种意识形态的"理性整体"。

从思维的"感性实体"、"知性导体"到"理性整体"是思维自身发展的三个环节，它体现了思维自身的辩证运动。

这个辩证运动不是干瘪的无生命的。它包融了全部意识形态，把它们作为自己的不可分割的内在联系的有机构成因素。

这个辩证运动不是单纯的从感性、知性到理性的哲理运动。它将伦理与情理作为其自身发展的过渡环节，从而构成了意识形态的整体运动。

这个辩证运动也不是单纯地精神活动。它将自然界与人类、宇宙与人生的客观辩证发展过程作为自己的客观物质基础；它又将自己作为这个基础的必然的延伸与补充。

宇宙自然的辩证法、人类生长的辩证法、社会精神的辩证法，构成辩证法自身的整体发展过程。宇宙自然必然地包摄着人类自身的生长，对它们的统一的研究，可以称为"自然辩证法"。人类自身的生长必然地向社会人生和精神现象过渡，从而达到辩证进展的完成，对这个辩证进展的研究是自然辩证法研究的继续，可以称为

"历史辩证法"。自然与历史通过人作为中介而连成一体。因此,孤立地研究所谓自然辩证法是达不到真理的;孤立地研究所谓历史辩证法也只能是虚幻的。只有掌握"自然—人类—历史"这条线索,才能从整体上抓住辩证法的精髓。

> 作者附言:这曾是我给江苏省自然辩证法研究会成立大会提供的一篇论文。它是我负责的国家社会科学"七五"规划重点课题"宇宙自然论"(现正式定名为《自然哲学》和《意识形态论》[拟更名为《精神哲学》])这个哲学系统的主导的与基本的思想的结晶,是我多次为课题组成员论述我的构思的要点。全文简要地概括了从《自然哲学》向《精神哲学》过渡的辩证发展过程。因此,可以把它视为这两本书的一个纲领(《精神哲学》预计明年出版)。

本书是新的辩证圆圈运动的起点,它必须向社会精神领域过渡,本身才得以完成。

我们是唯物论者,"物质"是我们的哲学的出发点。什么是物质?好像是一目了然的,其实它的理论内容是难于叙述的。我们采取了历史地纵向追踪的方法。从物质的哲学范畴与科学的物质概念两条线的交会处来探索物质的奥义,这种动态的议论也许比静态的形式逻辑下的定义,更能帮助人全面领悟物质的含义。物质论是我们的自然哲学到精神哲学体系的总纲,它是哲学唯物论的"自在状态"。

从物质论出发,自然哲学分三个环节展开:即"宇宙论—生命论—技术论"。宇宙论主要论述自然物质的演化过程;生命论主要论述宇宙演化的突变,绽开了宇宙的花朵——生命,生命孕育了宇宙的灵魂——人类精神；技术论主要论述自然生命自身中产生的主观能动性、行为目的性，如何使主观见之于客观，在宇宙自然的基础上创建了人类世界。这三个环节表现了"宇宙的客体性"、"生命的主体性"、"技术的主客统一性"的对立统一或否定之否定过程。这是一个宇宙自然的大圆圈，这就是自然辩证法，也就是我们的"自然哲学"。

技术论是我们的自然哲学的终点，同时也是我们的精神哲学的起点。它必然要继续前进，向第二个大圆圈过渡。技术作为社会生产力的核心，决定生产关系的性质及其发展，它们的结合成为社会生产方式。生产方式作为核心与地理环境、社会人口构成"社会存在"。社会存在是"社会性的物质"，它作为社会精神现象、意识形态的客观出发点。

从社会存在出发，精神哲学分三个环节展开，即"伦理篇—情理篇—哲理篇"。伦理篇主要论述"意志"的辩证发展，它由政法、伦理、道德三个环节组成；情理篇主要论述"情感"的辩证发展，它由宗教、文艺、历史三个环节组成；哲理篇主要论述"理性"的辩证发展，它由心理语言、逻辑数学、科学哲学三个环节组成。哲理篇是精神哲学发展的终结阶段，也是整个体系的真理性阶段。如果说物质论是哲理篇的"自在状态"，那么，哲理篇就是物质论的"自为状态"。因此，从自然哲学到精神哲学，整个哲学体系是一个物质的从自在到自为的发展过程。物质论不论述到哲理篇是没有完成的。

不过，自然哲学，从整个哲学体系而言，虽然尚未完成，但它却也自成起结。我们试图把握的是宇宙自然现象是如何联系过渡，如何成为一个辩证相关的整体的。我们的工作无非在今天我们所感触、所认识的自然世界中，再次确认马克思、恩格斯关于自然界研究的原则性意见：

　　一切僵硬的东西溶化了，一切固定的东西消散了，一切被当作永久存在的特殊东西变成了转瞬即逝的东西，整个自然界被证明是在永恒的流动和循环中运动着。

　　整个自然界，从最小的东西到最大的东西，从沙粒到太阳，从原生物到人，都处于永恒的产生和消灭中，处于不断的流动中，处于无休止的运动和变化中。只有这样一个差别：在希腊人那里是天才的直觉的东西，在我们这里是严格科学的以实验为依据的研究的结果，因而也就具有确定得多和明白得多的形式。①

---

① 《马克思恩格斯全集》第 20 卷，第 370 页。

海难（节选）

说明：此文写于 1988 年秋，当时《河殇》流行于全国，引起很大的反响。作者忧于青年人中存在的几乎是一边倒的对传统文化片面否定的倾向，反潮流而动，完成这篇心血之作。全文 2.6 万字，从题目（《海滩》）到结构（六大部分）都与《河殇》相对，主题与思想当然要比《河殇》深刻得多。它旨在揭露西方文化的深刻缺陷尤其是给中华民族造成的巨大艰难（"海难"即寓有此意），呼唤人们增强民族意识和民族自信心。此文此举，集中体现了作者所崇尚并孜孜以求的"学者＋战士"的品质。完成后，《南京政治学院学报》1989 年第 1 期立刻全文刊出，并出了专号，还计划拍成电视片，后因故未能实现。

——当有人说太阳从西方出来的时候，重提太阳从东方升起这一平凡的认识仍然是很有必要的。

…………

20 世纪 20 年代以来，我们习惯地称呼"东方文化与西方文化"。20 世纪 80 年代急于创新的青年，却炮制出了所谓"黄色文化与蓝色文化"。这些富于斑斓色彩的辞藻，增加了讨论的绚丽多姿的态势，更益以现代化的荧屏手段，顿增了振聋发聩的效果。

但是，无论东西与黄蓝，都没有揭示文化的实质及其区分。文化的要义不在于东西的对立与黄蓝的殊异。

文化，有其地域性、历史性、民族性。

大河流域：黄河与长江、恒河、幼发拉底与底格里斯河、尼罗河……世界四大文化发祥地无不与大河有关。但这并不意味只有大河流域才有文化，其他人类聚居地域也有其自生的各种文化，不过不如上述四大文化具有世界性的影响而已。

文化是十分复杂的社会现象，想抓住一条河流、一种色调来大做文章，不单是表面的而且是十分片面的。就以河流作为象征性的起点吧，黄河流域作为中原，也只是中国古代文明荟萃之地，晚近对中国文化发展具有更加深刻久远的影响的，还有长江流域的吴楚文化，由于特殊的原因，长江下游早已成为了开放的窗口，西方资产阶级文化对这一地域的浸润已相当深入而广泛了。

因此，仅仅从地域而言，也是十分错综复杂的。何况地域对文化的形成、发展与衰亡，并不是唯一因素，更不是决定性的因素。

一种文化的形成并非一蹴而就的，它有一个历史的积累过程。在历史发展的长河中，一些适应当地居民生存的具有共性与优异性的东西，作为历史的宝贵遗产，一代一代地流传下来；一些随着时代的变迁，逐渐衰落下去。但是某些优异的东西也有可能在历史的突发事件面前而中断，例如，无可抵御的自然灾难，大规模的蛮族入侵等。而一些本该早已退出历史舞台的落后的因素，却由于时代的某种特殊需要，反而得到加强。

文化的形成与发展，是一个在历史前进中通过扬弃而不断积累的过程。

历史决不会戛然中止，虽说有突然的转折点。文化的历史积累不全然都是废物，毋宁说，有不少对当地民族而言是优秀的永恒的东西、赖以安身立命的东西。

在这里，容不得半点历史虚无主义。

当然在文化积累过程中也有残渣的沉淀。这些完全没有生命力的阻碍历史前进的东西，是应该清除的。

但是，在清除过程中不能良莠不分。例如，儒家作为一个整体的历史文化现象，它是封建主义的具有典型性的官方的意识形态，在这个意义上它是应该被清除的。"五四"时代的先进的知识分子提出"打倒孔家店"的口号，迄今仍有其革命意义。

然而，儒家学说作为三千年封建统治阶级的意识形态，也深刻影响了被统治阶级，特别是它的伦理、道德观念。象征"忠"的岳飞与象征"义"的关羽，是中国人民大众十分崇敬的历史人物，被奉之若神明。

一些具有广泛群众影响的儒家观念，经过民间打磨，而具有了社会共性，它超越历史与阶级成了全民共有的东西，它成了中华民族精神的构成因素。这些是难以完全弃置不顾的。

民族精神是一个民族的精神生活的历史结晶，是一个民族屹然独立与日月同辉的标志。对一个人而言，哀莫大于心死；对一个民族而言，哀莫大于民族精神的丧失。

中华民族精神是什么？在哪里？这也就是"中国魂"问题。现在我们立国，人人忧虑的是物资匮乏，经济落后，这当然是极端重要的。但是，还有看不见的隐忧，那就是：精神空虚、文化低落、理想幻灭、唯钱是举。长此以往，那种全无心肝没有灵魂的行尸走肉、酒囊饭袋势将日渐增加，从而造成了一个物欲横行的世界，而精神世界日渐灰飞烟灭了。

魂兮归来！

中国魂！

近百年来，我们的民族在苦难中煎熬。

鸦片战争的炮舰给我们上了第一课。民族的屈辱啊！我们的民族感情受到莫大的创伤。

忧国忧民的志士仁人，毁家纾难、英雄辈出，这是我们民族的骄傲，是我们振兴中华的希望之所系。

但是，另一面洋奴买办又不绝如缕，丧失民族的尊严与气节，甘心跪倒在洋人面前、舐吮其脚背者，不乏其人。

我们不是狭隘的民族主义者，我们尊重异国人士，也欣赏外国的优秀的超越其民族、阶级的各种文化的结晶。但我们决不鞭笞自己的祖宗以取悦于外国人。

那种有奶便是娘的日子，连末代皇帝也感到难堪！

文化的民族性问题是不能忽视的。

民族，是社会客观存在，它是人类在历史的长期发展中，逐渐形成而定型的。

民族，是人类在共同生活中，为了求生存而必须巩固集体，俾能协调一致以御外侮，从而形成的社会伦理实体。这个实体是由社会共同的行为规范凝聚而成的。

因此，民族之于个体是一个客观必然，你总得隶属于一个民族，而不能游离于民族之外。你与你所属的民族，休戚与共，存亡相依。秦桧、洪承畴，汉奸、卖国贼之所以为万众所唾弃，就在于他们背叛了自己的民族。

每一个人都认为自己的民族是崇高的，但同时又应十分尊重另一个民族的"民族感情"。法西斯分子都是一些民族自大狂者，他们盲目自负，不但伤害其他民族的感情，而且凶残地践踏各族人民。

民族，也不是完全凝固不动的，它自身通过历史的变迁，不断改变自己的习惯与构成。民族的融合总会发生的。我们的汉民族经过几千年的发展，事实上已融合了许多其他民族于其中。民族与种族不同，前者是社会的，后者是生理的。一个民族可以包括诸多种族，一个种族也可属不同民族。一个属于中国血统的人，如果生长在他乡异国，他将不具有中国的民族性，而与当地居民同化了。

民族性是在发展中自然形成的，对它影响最大的是生活方式。生活方式的形成，血统关系、生存空间、历史传统是它的外部条件；而心理状态、文化素养、精神品格则是它的内在根据。在特定历史条件下，阶级对立又给生活方式打下了深深的烙印，造成民族性的内在矛盾。鉴于上述复杂情况，一个民族的民族性是难于用三言两语说明的。

文化必然打上民族性的印记。文化是民族性的内在因素；民族性是文化的殊异性的标志。它们互相规定，说明彼此不可分割的联系。

不论这个民族具有如何非凡的优越性，或者令人生厌的劣根性，总是不能为它以外的什么东西替代的。它只能在外部某种影响下，通过其内在矛盾，自我转化。

因此，具有五千年历史的中华民族，虽几经兴衰，却从未根绝。它业已形成了一个一以贯之的主心骨。这就是将它凝为一体的不可替代的文化传统。

东方与西方、黄色与蓝色，都是极不确定的概念。它们的模糊性造成了东西文化讨论的混乱，改成黄色与蓝色的分歧，并不能澄清20世纪20年代争论所造成的混乱，反而为这种历史的混乱增加了扑朔迷离的神秘色彩。半个多世纪的争论，在摇晃的荧屏上踏步不前，看不出现代意义的进展，只是老调翻新，一场逗人的有趣的历史地理魔术。

…………

我不反对学习西方资本主义社会的某些制度、措施，乃至他们的某些优秀的文化结晶，例如，具体的企业管理经验，莎士比亚、巴尔扎克、贝多芬等超越了资产阶级狭隘的庸俗的感情、具有人类意义的作品。

但是，我绝不赞成从根本上拜倒在资本主义门下，将他们的利己主义、拜金主义等一股脑儿搬过来。资本主义也有"精华"与"糟粕"问题。

那么，西方文化传统的结晶，概而言之，又是什么呢？

欧洲各主要资本主义国家的文化传统各有自己的风格，但是，地域略小于中国的欧洲，其文化渊源却是一致的。

古希腊文化是它们的母体。

古希腊民族是一个天才的开朗的具有优美性格的民族。公元前600年前后，他们就奠定了欧洲文化的基础。

他们面向客观、热爱自然；尊重理性，热爱智慧。

向外探索、穷究自然界的底蕴，就成了古希腊文化的特色。就是到了苏格拉底以后，他明确宣称自己与物理学无缘，古希腊的"物理"（physis）就是"自然"（nature），这就是说，他不研究自然界的事情，而是面向人生。但是，苏格拉底解剖社会发掘人生真谛的方法，还是希腊人探索自然的方法，即以归纳与演绎作为核心的"反诘法"。这些是西欧日后实证科学研究方法的滥觞。

希腊人关于数量与图形的研究，奠定了日后科学研究中定量分析的基础。

希腊人关于存在与本原的研究，奠定了日后科学研究中物质结构探讨的基础。

希腊人对智慧的追求，奠定了日后方法论的基础，亦即开拓了逻辑与辩证法的研究领域。

这一些就是"向外探索、穷究自然界的底蕴"的希腊文化精神的主要理论内容。它开拓了欧洲日后文化发展的领域。

欧洲人从中世纪宗教神权、封建特权中解放出来，在回到希腊去的号召下，古希腊文化的胚胎发展为欧洲资本主义的文化形态。

这样就形成了科学与认识论的文化传统，资产阶级民主的政治传统。

科学与民主精神是资产阶级文化的精华。"五四"时代，提出赛先生（Science）与德先生（Democracy）救中国之所以获得知识分子的拥护、广大人民群众的支持是有道理的。因为它远远优胜于封建特权思想与文化专制主义。

马克思主义、社会主义与资产阶级先进人物倡导的科学与民主精神不是对立的，相反，正是这种精神的提高与拓深。

实践的唯物主义把单纯地认识世界的"科学精神"提高到革命地改造世界的水平。

社会主义民主突破了资产阶级民主的阶级局限性，给无产阶级劳动人民当家做主的权利。

所以，"五四"时代提倡民主与科学的激进分子不少走上了马克思主义、社会主义道路。

不幸的是，建国以后，往往借口阶级斗争，反对科学的革命实践精神，借口集中统一，阉割社会主义民主制度，从而使封建特权思想与文化专制主义暗地里占了上风。

这一切，理应随着"四人帮"的垮台而彻底崩溃。然而封建垃圾是难以彻底清除的，而借开放之机资本主义苍蝇又乘虚而入，垃圾与苍蝇沉瀣一气，一发不可收拾。

蔚蓝色真正是那样使人心旷神怡吗？我们实际上也吞下了苦涩的海水。

…………

社会主义国家在资本主义"世界统治"的薄弱环节中诞生。一般讲，它承袭了祖国的封建遗毒的重负，又受到帝国主义列强的包围与干涉。它每前进一步都要付出巨大的代价。因此，它在其发展过程中有各种失误，甚至严重的错误是毫不奇怪的。

问题不在诅咒自己的历史传统，仇视帝国主义侵略。这虽然是可以理解的，但不能解决自己前进的道路问题。

应该是：在反帝反封建之余，又认真吸收消化它们的精华，简单地全面排斥是愚蠢的。

因此，全盘否定中国文化传统是不对的；全盘排斥西欧文化传统也是不对的。

如何消融西欧文化的精华于中国的优秀传统文化之中，如何将科学认识论的文化传统与政治伦理学的文化传统相结合，简言之，如何使自然与人生统一，达到天人合一、人定胜天的境界，是建立马克思主义文化的奋斗目标。

这一切必须坚定不移地环绕社会主义道路、共产主义前途的中轴线进行。

如果说有"体"，这才是体！

以此为本，对中西文化进行严格筛选，吸收其尚有生命力的合理因素，培本促长，以利于新文化的诞生。

科学、认识论的传统，中国人是难于消化的。一般讲，它面向自然，深究其本原，采用的是知性思维的方法，讲究确定性、精微性，从不讲"概而言之"、"大致如此"一类话。至于它对认识主体的研究，拿我们习用的语言来讲，就是关于人心的研究，这个人心研究又与中国的人心研究大相径庭。简单讲，前者是理智之心，后者是道德之心。他们研究感性、知性与理性的认识能力，研究它们的性质、关系、限度等问题，这些完全是从属于自然的研究的，而他们关于人类社会的研究，大致也是采取相同的办法。

流风所及，晚近就形成了一种"纯客观的科学主义"倾向。在这一倾向中，精确性与僵死性并存，客观性与机械性一体。

其实，马克思主义早于这些学术界末流，看到了西方传统的弊害，强调了人的主观能动性、行为目的性在科学研究与认识论中的作用，它克服了知性的偏执，创造了实践唯物主义、唯物的否定性辩证法。现在某些自作聪明的人士，却把"科学主义"作为高出马克思主义的西方最新成果，不遗余力地推销给中国人，实在使人大惑不解。

当然，我不全盘否定"科学主义"。它以知性思维方法作为其灵魂，知性思维在局部的实证科学研究中是绝对必要的；而且它还是通向辩证思维的中介。过去我们将其作为形而上学思维加以批判，是不对的；科学主义将其变成唯一的，也是不对的。

我认为西方传统的这种极其精确的知性思维方法正是我们从整体上讲来非常缺乏的。没有严格性、精确性、说一不二的精神，所以我们在科学事业上难于有成。

我们没有经过严格的知性思维的磨炼，接受辩证法就缺乏必要的前提，主观随意地摆弄辩证法的公式，就成了变戏法。三十多年来，在不少事情上，讲的是辩证法，搞的是变戏法。这与我们绝对排斥西方文化传统有关。

马克思主义是西方传统的最高产物，我们只能在扬弃这个传统的基础上，才能学到真正的马克思主义。

…………

西方知性思维的实证科学精神,中国天人合一的伦理道德观念,是我们应该全面地认真地加以分析与研究的。

把这些经过彻底消化了的文化营养,贯注到马克思主义的文化理论中,中国现代文化必将大放异彩。

死的默念与生的沉思

说明：此文写于 1988 年 6 月。其时作者正处事业辉煌之巅，但似乎因身体多病等缘故，导致作者涉及对生死问题的沉思。这种沉思一方面似与中国学者尤其具有深厚国学根底的中国老一代学者的自然文化逻辑有关，另一方面，也与作者为准备《精神哲学》一书所做的思考有关。此文的引子是西方的，基本精神是马克思主义的，但根深蒂固的文化血脉却地地道道是中国的。在此文中，一方面有儒家"明知不可而为之"的抗争意志与进取精神，另一方面又有道家"明知不可为而安之若命"的复归婴儿赤子的境界，表现出作者在走向学术巅峰之际既怀老骥伏枥之志，又为身体所累并对之缺乏把握的那种矛盾的心态。此文可视为作者人生观的代表作。

斯宾诺莎曾经讲过："自由的人绝少思想到死；他的智慧，不是死的默念，而是生的沉思。"[①] 这就是斯宾诺莎的生死观，时至今日，他这冷隽的语言流射的睿智之光，仍然照亮着人生的征途。我已经在这个尘世渡过了六十五个春秋，生之大限日益临近，我觉得有一

---
① 斯宾诺莎：《伦理学》，第 205—206 页。

点资格来议论生死问题。我此刻没有那些高人雅士看透人生、大彻大悟的情怀,毋宁说,我似乎已复归于那不彻不悟的婴儿的朦胧状态之中。

一、物之成毁与人之生死

宇宙万物处于恒变之中,变乃是一物的生成与消亡的过程的表现。成毁交替,变化多端,事无二至,人无两生,序有永暂,陨灭则一,此乃"变"之通则。这就是说,在这恒变的宇宙中,一个特定事物,不论其存在的短长,形将消亡不可复返则是一样的。人之生死是物之成毁的特殊形态,有其不同于一般物的变化规律,但人不能永寿长生则同于物终归要消亡毁灭。物无永驻、人无永生同属一理。所以人生是有限的,1949 年以前我们中国人的平均年龄是 36 岁,现在平均达 73 岁,增长了一倍,但仍然终归一死。"死"乃人生之大限,古今中外无人逾越。因此,生之前景便是死,讲来未免使人扫兴,但却是客观必然。

这个客观必然是人的感情与意志不能抗拒的。"万寿无疆"、"长生不死",是人类感情的愿望与意志的要求,而理智地科学回答,则认为这是绝对办不到的。快速冰冻的人体可以复苏,但这还处于科学实验阶段,而且冻体只处于生机暂停的状态,并非真死,一旦复苏,随着时日推移,仍不免一死。

科学证明:人是一个开放系统,靠阳光、空气、食物等必要生活条件的支持,予肌体以合理的补给,才能维持正常的新陈代谢,即肌体各种细胞在生死交替中不断自我更新。关于生命活动机制的研究,自从提出细胞内蛋白质的合成学说以来,近年获得重要的进展。1953 年,美国生物化学家沃森和英国物理学家克里克合作,首先发现了脱氧核糖核酸（DNA）遗传基因，它控制生物各种性状的遗传信息，并控制蛋白质的生产。但是DNA并不直接制造蛋白质。它只是把它的指令传输给信使核糖核酸，再转而传给转移核糖核酸。然后由转移酸糖核酸再指示第二种遗传密码使用氨基酸组装蛋白质。第二种遗传密码在蛋白质合成过程中的直接的重要作用的发现，解开了蛋白质合成之谜，更具体地揭示了生命的本质。这一发现是最近由美国马萨诸塞州理工学院的生物化学家与美籍华裔科学家侯雅明合作取得的。生命之谜虽然逐步揭晓，但不死之药却难以出笼。因为不管我们认识如何前进，肌体器官老化最终丧失功能趋于死亡则仍属客观必然。人终其生，在不受任何病害侵染情况下，克享天年顶多也不过250岁。个体必死，只有在世代交替中才能绵延自己的生命。

哲学阐明：个体生命是有限的，"生命一般"是无限的。它在差别萌生中扬弃一切差别，这就是不断更新，永不止息。这种生命的无限性，不是恶的无限或直线形的无限延伸，而是自己的圆圈形旋转运动。它是有起有讫的过程的无限更替，是一串圆圈，蜿蜒前进。简言之，是有限与无限的统一，即有限的个体生命与无限的世代交替的统一。生命的永恒寓于个体生命的不断死亡之中，因此，死乃生之真理。

生命在不断死亡的绝对不安息中前进，死成了生的阶梯与节拍。生命的无限运动，在其内在环节中，通过差别的消长而更替，在每个环节中，由于差别的消融而统一，因而具体地显现了生命的独立性，凸现了生命；又由于环节的推移，独立性因联系过渡而消失，从而体现对前一环节与后一环节的依存性，于是又可以见到生命的无限性具体表现为绵延性。生命是独立的点与绵延的线的结合。

时间就是生命，这才是时间的本质的哲学的真理性的表述。那种狂呼"时间就是金钱"的庸夫俗子，让铜臭玷污时间，是对时间的莫大亵渎。生命作为时间,说明了时间的具体性。时间通过生命的载体的流逝变化,在客观实践中表现为一个时空统一的坚实形态。由于生命就是时间,因此它具有普遍的永恒的流动性。生命的流动性表现为各个环节或各种形态消长更替的运动,因而生命就是这个运动过程本身。运动过程的动力就是否定或扬弃,这个正是生命的本质。如果说,否定或扬弃意味着"死",那么,生命的本质就是死,没有死亡就谈不上有生命。

生命过程的流动性与生命形态的坚实性似乎是一对矛盾,其实二者是相互依存的。生命流动的开始与终结是生命的坚实形态出现的"环节",它作为流动过程的关节点,使生命得以有节奏地有起伏地有断续地流动,这样的流动过程才是现实的。那种没有关节作为中介的流动,是纯粹的绝对的流动,这种流动是不可理解的、神秘的,因而是不现实的。

因此,形态的坚实性与过程的流动性,构成生命的内在矛盾。形态凝固了,旋又解体;解体了,又凝固起来,这样就形成了过程的流动。这是一个从分化、解体到凝固,生成的周而复始的圆圈运动。黑格尔指出:"这整个圆圈式的途程构成了生命,……生命乃是自身发展着的、消解其发展过程的、并且在这种运动中简单地保持着自身的整体。"[1] 这个关于生命的哲学表述,我认为是十分深刻而得体的。

二、客观命运与个人抗争

这种自然的必然性表现于人类社会生活中,就是千万年来加之于人的无可奈何的"命运"。死生有命、富贵在天!天命不可违抗,

---

[1] 黑格尔:《精神现象学》上卷,第120页。

福禄寿考、狗彘牛马，一切命中注定不可更易。

客观命运摆布人，固然符合奴隶主、封建主的主观愿望，但不能说是他们强加于人的。在特定历史时期，"命运"之存在是有社会客观根据的。一般讲，奴隶社会与封建社会，宿命论的思想，笃信命运的观点是极为普遍的。当皇帝是紫微高照，中状元是文曲星附体，发横财是赵公元帅保佑，生贵子是观世音发善心……人家富贵双全是命；我衣食不周也是命。这种命运观点为权贵制造了他们的社会地位的"合理性"；却麻痹了平民百姓捍卫自身生存权利的抗争性。这一切是适应人不如狗的专制剥削体制的，而这种浇铸人间不平的体制，不幸又是在特定历史阶段适合于历史的前进发展的。大祸临头，你只有膜拜上苍、徒唤奈何而已。

这种人间的不平只是历史的短暂表现，当人类从中世纪的愚昧之中解放出来，用理性剖析事物、审查一切，开始同迷信与命运做斗争。这就意味着：人性的觉醒、启蒙运动的兴起。人们开始意识到：没有什么上帝主宰自己的命运；也没有君王的天然臣仆。人应该自己掌握自己的命运。人人生来就其社会地位而言都是平等的。"个体的自由灵魂"，这是人类有史以来第一次明确达到的自我认识。这一意识的最杰出的代表贝多芬为此谱出了扣人心弦的与命运作抗争的伟大篇章。人们从此自豪地宣称：我们应该成为自然与社会的主人。

资产阶级的先进人物，照恩格斯讲，是一些超出自己的阶级局限性的巨人：他们具有无私的理想、高尚的情操、献身的精神。他们标榜的个人主义是对践踏人权的封建神权的抗议，是自尊尊人的宣言，完全不同于他们的末代儿孙的利己主义、拜金主义。我们应该历史地看待"个人主义"。这种思想，被他们的思想家加以理想化，认为个人与他人、个人与整体并不是对立的。黑格尔指出：这就是服务的英雄主义（Heroismus des Dientes）。"它是这样一种**德行**，它为普遍而牺牲个别存在，从而使普遍得到特定存在，——它是这样一种**人格**，它放弃对它自己的占有和享受，它的行为和它的现实性都是为了现存权力（vorhandene Macht）的利益。"[1] 这样一种服务的英雄只是资产阶级创业先辈们的理想，在那个社会的统治集团中是罕有的。我们的社会，特别是它的领导阶层，想必应该是不言而喻的吧？

理想总是不能放弃的，人生而无高尚理想，相去禽兽几希？应该坚信随着人类社会的进步，国家统治变成社会管理，那时定会涌现出成批的"服务英雄"。

服务英雄主义总免不了要有所牺牲，甚至牺牲自己的生命，但是那些劫后余生的人却实际上得到了"服务英雄"的好处。他们向别人提出普遍福利的建议，但是暗中却在堂皇的言辞的掩盖之下，保留着自己的特殊利益。这样的人逐渐会在广大人民群众中丧失服务英雄的光辉，而为历史人民所唾弃。古今中外不乏这样的事例，为革命献身的英雄，真正实现了他的服务的光辉理想；但当革命理想实现后，享受革命成果的，不少是托庇先烈余荫的政治庸人。

当资产阶级夺得社会的统治以后，人民群众，特别是工农大众，似乎从宗教神权、封建特权的压迫下解放出来，实际上又沦落于资本财权的重压之下苟延残喘。个性解放、平等自由成了愚弄人的空话。"命运"仍然是一个巨大的阴影笼罩着整个人类社会；"命运"以更加赤裸裸的形式自以为理所当然地钳制着人们的头脑。"不靠神仙和皇帝，全靠自己救自己"，不但要自我解放，而且要求得全人类的解放。这才是与"命运"决战的宣言。这才是"个体的自由灵魂"的真正飞升。只要你想到了这一点，终生向往追求，力图实现这一点，那么，

---

[1] 黑格尔：《精神现象学》下卷，第52页。

你在任何岗位上、任何处境下，都会直面人生，奋进不已。把握每一瞬间、充实每一瞬间，你便在现实世界中达到了生之永恒。

三、情理与死生

人类的精神状态大致可以分为三种，即意志、情感与理智。它们是生命现象的升华状态。饮食男女、人之大欲存焉！"欲望"是生命的客观见证。保全生命、延续生命是人之大欲。不要想得过分崇高，饮食男女便是人生的起点与基点。但人之所以为人，有一个自身进展的过程。作为起点与基点的人是生物的人，与禽兽并无原则区别。随着时日的推移，人类为了生存结集为社会，这时人才有别于禽兽成为社会的人，开始从人之潜在状态转化为现实状态，这个社会的人也就是现实的人。现实的人在自然的桎梏与社会的重压下呻吟，未能充分展开人性，他必须继续前进。前进的目标是：有能力控制自然为我所用；能挣脱阶级枷锁，扫尽人间不平，自己掌握自己的命运。达到这一步便是一个完全的人。显然，对于我们而言，这是十分遥远的事情，因此，在我们心目中完全的人是理想的人。理想是可以企及的，个别人终其生是可以达到的。如我前面提到的那些开拓历史新篇章的"时代巨人"。

生物的人情欲占支配地位；社会的人意志占支配地位；完全的人理性占支配地位。当然，这种划分并不是绝对的。情欲对于所有层次的人都是不可根绝的，禁欲主义者、清教徒、苦行僧的认真的作为是逆乎人性的，这些人中不少是伪善的两面派。情欲对于人是允许的而且不可能完全弃绝的，但随着人类文明程度的提高，智慧的发达，"情欲"升华为意志、净化为感情。情欲的驱动升华为合乎德性标准的善行就是意志。德性是意志的核心，意即合乎理性的行为。因此，意志也者乃是融情于理的行为。如此率性而行，就可以获得心灵的自由，克服外界的羁绊。斯宾诺莎认为有德性的人便是智人，并指出："智人是如何强而有力，是如何高于单纯为情欲所驱使的愚人。"

"感情"是情欲通过情绪净化而成的。如果说，情欲（desire）是生理性的，那么情绪（emotion）便是心理性的，感情（feeling）便是社会性的。感情或者叫热情是人生的原动力，是人生的趣味之所在，是人生的光热点。死之悲痛与生之喜悦，是人对死生的一种感情的表达；死之解脱与生之烦忧是人对死生的另一种感情的表达；还可以有其他种种。上述两种关于死生的感情，前者是畏死乐生；后者是欲死厌生。虽说前后感情对立，但感情的偏执则一。幼年丧父、中年丧妻、老年丧子，公认是人的感情难以承受的。"人谁无情？孰能遣此！"这种悲痛欲绝的感情是无法排遣的。但是，这种父子儿女的私情，某些具有卓识远见与英雄气概的人物却是可以排遣的，这种排遣并不是所谓看破红尘、万念俱灰、寂寞无主、冷漠无情。恰好相反，它乃是一种扬弃世俗浅见、个人利害的既超脱又入世的感情。

这种感情内在地蕴涵着人生的哲理：它的悲怆性或悲天悯人的性质，是对天道无常的慨叹，是对人生坎坷的惆怅，是对个人际遇的不平，是对他人不幸的关注。他顶天立地、鸟瞰人生，充满了救世济民之情。真个是：浩然正气，充塞两间，震天撼地，物我两忘！这种由情入理，以理梳情，超脱个体、入世救人的感情，既摆脱了知性的固执、感情的偏执，又克服了意志的盲动。它是人类的大智慧的结晶，真性情的流露，是理想的人、完全的人的精神意境。

一个人如达到这样一种精神意境，他对死生问题就有完全不同于流俗的看法。

首先，他对死不心怀恐惧，对生无所奢求。他决不纠缠于不死永生之类问题苦恼自己。他认识到死里求生的道理。对于一个个体而言，无论肉体或精神都是在不断自我扬弃中前进。机体新陈代谢的亢进，表现为生机勃勃，青春长驻；勤于否定自己抓紧现在展望未来，就使得你的精神状态日新又新。肯定了死才能抓住生。他真正领悟了死的否定性是生的肯定性的前提的道理。

第二，他正视人生，对作为社会历史必然性的命运，不是屈从它而是力图掌握它。社会自由不是虚幻的，而是可以达到的。世界是人创造的，命运是自己决定的。他在不断抗争中实现自己，他生存的每一瞬间都是充实的有意义的，当他弥留之际，他幸福地告慰自己：他无愧于他一生。

第三，社会人生没有平坦的道路，特别是在阶级对立的时代，磨难是不可避免的。他不为一己之私，趋利避害，他有悲天悯人的情操，在千磨百难中，不是被碾得粉碎，而是磨炼得闪闪发光。他从不灰心丧气，在逆境中不屈不挠的生之意志日益坚强。死，不会使他懊丧若失，相反益增其生之紧迫感。他也从不害怕别人以死相威胁，却唯道是从。"亦余心之所善兮，虽九死其犹未悔！"乐道安生，死无论矣。

自由、智慧、生死，是斯宾诺莎生死观的三个重要环节，这个二百多年以前提出的观点，对我们仍然有很大的启迪作用。

生之朦胧，死之威胁，又复归于生之朦胧，这是生死的辩证发展过程。"朦胧"不同于浑噩，它体现生机初开、方兴未艾的生命躁动的状态；"朦胧"的复归则体现了经历了死生搏斗，生之永恒状态。

生之永恒，为智慧所肯定，为自由人所把握。

《科学认识史论》序言

这本著作旨在论述哲学与科学的历史发展同源而分流，而又复归于综合的辩证过程。而且，它客观地昭示哲学的确立必须以科学为前提；科学的前进必然以哲学为归宿。这个哲学与科学交叉发展、滚动推移的当代辩证综合的结果是：以工程技术为前提的马克思哲学唯物主义的现代形态的诞生。它就是这个系列著作的前两部：《自然哲学》与《精神哲学》。这是一个严格遵循马克思哲学原则，依托当代自然科学、技术科学、社会科学、人文科学的高度综合化、整体化，上升到哲学层次的"工程技术"而结晶的"现代哲学唯物论"体系。它排除了教条主义与西方科学主义的干扰，力图重振马克思学说的雄风。

作为概念系统的哲学与科学的同源性

西欧在公元前 6 世纪前后，以古希腊为代表开始克服神话的直观想象，以理智的态度审视我们生存于其中的这个客观世界，出现了一批自然哲学家。理智的，也就是知性的关于宇宙自然的阐述，使用的思维工具是"概念"。概念是理智运行的凭借，在理智思维过程中，感性直观素材的外在性、表面性被扬弃，内在的本质被知性的解剖作用分析出来，进一步被理性的综合作用所把握。这个综合分为两个层次：浅层次形成"知性概念"（conception）；深层次形成"辩证概念"（Begriff）。

哲学或科学都是概念系统，它们与政法伦理这类意志行为现象、诗歌文艺这类情感宣泄现象不同。哲学与科学都是理性（广义的）的产物，目的都是认识世界的本质，因此，它们是同质同源的。

知识，是人类理性地认知世界的成果。所以，古希腊时代把他们认知的智慧的结晶统称为"哲学"，于是哲学便成为知识的总称，此时没有具有个性的哲学，也没有分门别类的科学。这种知识的笼统性在当时知识尚未充分发达之际，应该讲是极其自然的。

不要以为知识仅属于纯粹为理性把握的东西，意志行为与感情宣泄这类主体的非理性的精神现象，如将它们客观地加以辨析，并议论短长，它们也可以成为一门科学，例如政治学、美学之类。但是，一项政治行动、一件艺术品的创作，就不是科学作业了。它们有其不同于概念思维的独特性。我们批评的艺术作品的概念化、模式化，正是因为一种僵化的固定的形式窒息了艺术的生命。

正因为哲学与科学同质同源，它们的分化只是为了进一步更深入的结合，而不是永远分道扬镳，各不相涉。但是长期以来，哲学与科学各自独立发展，自成格局，不但觉得彼此之间隔行如隔山，甚至互相攻讦，试欲一比高低。我认为这是很不正常的。由于各奔前程，哲学弄得幽暝莫测，科学搞得趣味全无。于是，哲学变成思辨的臆测，科学变成片面的偏执，从而脱离了向真理目标前进的轨道。

我们从认识的历史源头探索哲学与科学的辩证进展概况，以期动态地阐明它们的分合关系，从而促进哲学的更新与科学的进步。

哲学与科学研究对象与方法的歧异性

固然哲学与科学同质同源，但不能认为它们完全同一。公元前3世纪前后，数学、天文、地理诸学科，逐渐从知识的总体中分化出来，实证科学的雏形业已具备。亚里士多德这位古代的百科全书式的伟大的智慧之星，除孕育了一系列以后的实证科学的胚胎外，开始确立了以"实体"（substance）为核心的富有哲学个性的体系。"形而上学"（metaphysics）！研究宇宙人生的总体的学问初步形成，它是源于宇宙人生而又高于宇宙人生的根本哲学原则的揭示。从此，哲学与科学同源而分流，各自有了自己的专精的领域，这是人类知识发展的一个巨大的进步。

哲学与科学分流，表现在歧异性与日俱增。首先是研究对象的问题。哲学追求宇宙自然的生成与演化的终极原因，即意图抓住宇宙万物构成的普遍本质和演化的规律性。而科学则分别划定专门领域，从事对该领域的特殊对象的分析研究，试图穷尽该对象的本质与结构的内在机制与外部表征，予以定性与定量的描述。力求精确无误、界限分明，予人以切实而有效的认识。

于是，哲学向整体性的探索发展，它力求揭示宇宙的存在及演化的实体，逐步掌握宇宙本体的存在形态与过程形态的有机统一。对客体的思辨分析，使人反思思辨自身的实质及可靠性。于是，从思维的对象转而思维"思维自身"，哲学便从本体的追求进而对认识进行探索。认识对象的过程性、认识能力的层次性、认识客体与认识主体的辩证相关性、认识与实践的情理与行动的相融性……这一系列耐人寻味的问题大大开拓了哲学思辨与情意融通的领悟把握的领域。至于对社会人生、精神世界的体验与感受，则使人升腾到一个至善至美的哲学意境。凡此种种，是科学难以涉及也难以理解的。因此，哲学的"玄虚"是科学不可企及的领域，是它在知识领域中，独具个性以后所显现的主要的歧异性。科学家切勿斥之为空洞无聊的呓语，而应如实地看到这是科学家单纯的知性头脑所难以接受的。

至于科学从哲学总体之中分化出来以后，在实证科学的道路上迈步前进。宇宙人生万事万物都置于它的显微镜之下、望远镜之内。实验分析的解剖刀，把这个整体相关的宇宙人生分解为无数碎片。科学家分门别类进行专门研究，于是整个客观世界，根据科学家既有一定客观标准又有主观方面的考虑，编绘出一幅宇宙人生的静态的示意图。其中每一个组成部分基本上形成一门科学。一般讲，专业的科学家只对本门学科负责，于是形成"一门精到周全、其他孤陋寡闻"的局面。随着科学的前进，那些边缘交叉的领域也形成了边缘交叉学科以填补其空白，但静态的孤立的拼凑的状况仍难以改变。它很难达到对宇宙人生的整体性把握；很难显示宇宙自然的勃勃生气、社会人生的绚丽色彩、意识精神的哲理玄机。实证科学在客体的重压之下，在主体的僵直的框架之中，真是步履蹒跚，寸步难行了。不过，哲学家切勿嘲笑他们见木不见林，或谓这类具体操作缺乏思想性，而应如实地看到这种科学家的业绩既实在又实用，为人生所必需。而且哲学家如没有科学家这一系列的具体研究，就决不能构造出有价值的哲学体系。

哲学与科学在研究方法上，虽有相通之处，但也有歧异之点。哲学重直观领悟、整体概观、辩证综合、内在运动、思辨玄想；科学重观察经验、分解检测、实验取证、外在推移、逻辑推理。当然，这是一般的划分，实际上，二者是相互渗透的。哲学研究方法的主要精神在于主体智慧的能动性、穿透性、涵盖性高度发扬：它包揽乾坤、气贯寰宇、物我交融、心随物转。以神意境，绝非语词之虚夸，实为哲学智慧的涌动开发出来的客观底蕴。至于科学研究方法的主要精神则在知性分析细微之处见功夫的本领。它透悉客观事物的机制，力求实精，容不得半点马虎。它仿佛是客观事物的臣仆，马首是瞻，毫无我见，其实一旦真理在握，它捍卫真理，义无反顾。它察微而知著，见表而知里，是哲学沉思洞察整全的必要前提。因此，两种研究方法的歧异，并不形成根本敌对，倒是相反相成，相互补充。这种方法的互补性，最终促成哲学与科学相互依存，复归于融合。

哲学与科学发展的相互依存性

哲学的分化与科学的兴起，是人类认识的飞跃。科学的蓬勃发展的高峰期是文艺复兴以后，严格意义的实证科学在18世纪才开始形成，19、20世纪获得全面深入的发展。发展的特点是：18—19世纪学科愈分愈细，19—20世纪分化与综合相结合进行。从近代到现代，仿佛是"科学的世纪"，哲学似乎变得可有可无了。科学能单科独进吗？哲学真能完全由科学取代吗？当然不能。

任何一门科学都有其基础理论部分，否则就不成其为科学。这个基础理论便是该学科的哲学原则，它既是该学科的高度理论概括，又是该学科的哲学指导原则。从这个意义上讲，哲学与科学是相互依存的。

实证科学以自然科学为骨干，而自然科学中对其他学科广泛渗透的是"物理学"（physics）。physics由古希腊的physis演变而来。physics的本义为"关于自然界的知识"，因此，它乃自然界诸种知识的总称。由此可见，古代的物理学涉及全部自然形象。近代物理虽有其特定的专业范围，但由于其历史渊源，很自然地较便于其他学科挂钩。物理学作为诸自然科学的核心是十分适宜的。因而，物理学的基本理论部分，或曰"理论物理学"从西方传统而言，就是哲学。metaphysics——物理学后编，虽说是书籍编排的一种技术性的措施，但这一部分正是物理知识的理论升华。理论物理学即是形而上学，亦即哲学。可见哲学与自然科学特别是物理学是相互依存，难以分割的。研究西方哲学传统，不通数理是很难深入的。

从一门科学的深入而言，从哲学与科学历史的发展而言，都说明了二者是相互依存的。但是，这还是一种表面的议论，更为重要的是概念系统的历史辩证圆圈运动。当前科学技术高度综合化整体化的趋势，就说明科学与哲学相互依存、凝为一体的必然性。它们彼此相分只是一个否定性的中介环节，并不是它们的必然归宿。它们相互依存、不可分割，有其历史的根据与逻辑的理由。

我们以现实的历史进程为依据，找出其内在的逻辑线索，从而阐发哲学与科学"合、分、合"的辩证运动。它以史带论，而以"论"为其灵魂，因此，严格讲，它不属于史书，而是史论。故将此书命名为《科学认识史论》是适宜的。

哲理情思渗透字里行间

——读公木《第三自然界概说》

公木同志沉思三十个春秋,飞升到了那浩渺的太空,翱翔于第三自然界之中,自得地领略着那旖旎的风光。这"第三自然界",照他看来,就是艺术的王国,诗歌的故乡。他继续探索,又经历了十余载,还发现了更多的宝藏,这些就是神性王国、人性王国、理性王国。他要把他多年沉思领悟所获得的大快乐,供之于普天下老中青诗之友共享之,于是在20世纪80年代初写作的《话说"第三自然界"》的基础上,出版了《第三自然界概说》新作。这是一本言简意赅、意蕴精湛、内涵丰富的著作。老诗人在璀璨的情思之中包孕了深邃的哲理。哲理与情思启迪了人们的智慧,并浸沉于美的海洋,满心欢喜地谛视着人类自身及其创造的这个绚丽多姿的世界。

人啊!你这自然的精灵

黑格尔和马克思都谈到我们这个时代(19—20世纪)的特征是:对人的尊重,对人类的主观能动性的崇敬。因此,马克思关于新的世界观的天才的萌芽的第一个文件便突出强调"改变世界"的意义,这就是说,人不能停留在单纯的认识上,而是要行动,即在实践中达到客观规律性与行为目的性的统一，使客观自然的构造与发展符合人类安生、乐生的目的。

于是，在这个无始无终、无边无际的客观自然界，某时某地因缘汇合产生了生命现象，生命的迅速发展，产生了人类这样一种生命体。人类的各种感受器官不比其他生物见长，人鼻便远远不及犬鼻，人眼便没有鹰眼、蛙眼甚至蝇眼那么多的特异功能。但是，人为万物之灵的这个毋庸置疑的地位是客观规定的，并非人类的自夸。

人类的灵性表现在：五官整体恰到好处的配置，形成了对外界反映统摄的功能，激发主体的知性解析的能力，从而培育了理性综合、整体概观的辩证颖思。这个"感性—知性—理性"的辩证圆圈运动，便是人类精神的内在实质，它显现为：聪明、机巧、智慧。人是自然的精灵，是自然反观自照的一面镜子，是自然的自我意识。

在这恒河沙数的天球体系中，在小小太阳系中一个微不足道的永不安息的地球上，产生人类这样一种智能生物是完全偶然的，但只要条件具备，他的存在与发展又是必然的。蒙昧野蛮时代就不讲了，全球人类进入文明时期差不多都在公元前六世纪前后，中国的春秋战国时代，西方的古希腊泰勒斯时代，是古代文明鼎盛时期。从思维精神这个层次讲，都是知性思维进入成熟阶段，辩证思维处于萌芽状态。这时是人类的生机勃勃、意气风发的青少年时期，黑格尔誉之为：美的个性的体现。

人类精神状态的萌生是宇宙自然发展的一个转折点。公木指出："人作为宇宙自然自己产生的一种仿佛是异己力量而对宇宙自然自身施加的影响，说到底还是纯属宇宙自然自身的变化。"[①] 这就是说，客观自然界以及在此基础上引发的人类活动，即第一自然界与第二自

---

① 公木：《第三自然界概说》，第 12 页。

然界，都是客观的、实在的，都属于宇宙自然自身的变化。只有对它们的反映，特别是对人类实践活动的反映，扬弃其外在性上升到观念形态，才进入第三自然界，泛而言之，就是人类的精神世界。关于精神世界的描述，黑格尔的《精神现象学》从感性确定性到绝对知识（即哲学意识）的辩证进展，动态地刻画了观念形态的历史行程。公木根据当代科学技术、文艺诗歌的素材与理论，采取分析与批判的态度，塑造了他所感知的"精神世界"，这就是他的第三自然界。外在的素材与他人的理论只是用来阐明他心中的独见。所有的论述都是凸现他三十年的沉思，这种强烈的主观性正是诗人品格的表现，但决不妨碍他的可贵的艺术的真诚与执着。

人类以其独具的精神品质，使自己从一般自然物中脱颖而出。在其他天球上尚未确凿地发现类人生物以前，这个卑微地球上的渺小的人类，却以其硕大的构造天成的脑袋，笑傲苍穹，睥睨一切，"无远弗届，无所不能"[1]。

人啊！你这自然的精灵。对你无论怎样赞美，都不会过分。

因而，诗人作如是歌颂："时空无穷极，自然永生。天地有大美，人类万岁！"[2]

这就是公木的"第三自然界"的主旋律。

"三性"圆舞曲

辩证法，由于它的动态特征，一般称之为向起点复归的圆圈形运动。"这种具体的运动乃是一系列的发展，并非像一条直线抽象

---

[1] 公木：《第三自然界概说》，第136页。
[2] 公木：《第三自然界概说》，第143页。

地向着无穷发展，必须认作像一个圆圈那样，乃是回复到自身的发展。"[1] 对这个圆圈形运动，我们赋予它一点浪漫色彩，可以把它叫作"圆舞曲"吧！它的基本进程是"三个环节两度否定"，具有"三拍二顿"的节奏性。

公木关于神性、人性、理性的提出，仿佛具有黑格尔式的节奏性。精神轻歌曼舞，节奏铿然。从神话宗教起步，下环悠转，指向人间，托出伦理道德的人生百态；继而，上环盘升，徜徉于科学思维的云海风帆。这精神的三性圆舞曲是银河霄汉的天籁，"此曲只应天上有，人间那得几回闻"。

把神话宗教作为精神世界的开端，无疑是正确的。神性王国并不神秘，它与初民的精神启蒙状态是完全相适应的。"神话是远古先民的'哲学'和'科学'，他们要用这种意识形态来解释各种自然现象，解释人际关系，解释人与自然的关系，并解释他们的来源和历史，具有认识功能。"[2] 还有上古神话与巫术的结合，弗雷泽在他的名著《金枝》里有极为精辟的论述："巫术体现了人类更早历史时期的更为原始的思想状况，全人类各种族都曾经经历了或正在经历着这一状态而走向宗教与科学"[3]。这种原始思想状态，基本上是一种表面观察与直观联想，因此，认识往往是虚幻的，行动往往是荒诞的。但是，巫术的这种肤浅而谬误的改造世界、避祸祈福的实践，却帮助人类走出误区，从而产生科学技术；而其祈求超自然的神作为其后盾时，便转向宗教。巫术、神话这样的意识形态是初民认识与改造世界的最初尝试。公木认为神话不但具有认识功能，还有控制功能、律令功能，是很有道理的，当神话转向宗教之后，人的本质外

---

[1] 黑格尔：《哲学史讲演录》第 1 卷，第 31—32 页。
[2] 公木：《第三自然界概说》，第 17 页。
[3] 弗雷泽：《金枝》上，第 86 页。

化为神教而奴役自己，终而成为暴君愚弄万民的统治手段，便很少有积极意义了。不过，宗教的虚幻性与神圣性，实际上也曾推动了艺术的创造，拉斐尔的圣母其实是人间美丽、娴静、善良的年青母亲的化身。诗人是充分考虑到宗教的"艺术催生作用"的。

老诗人钟情于他的第三自然界，他所认为核心、顶峰的艺术王国。因此，对人性王国只做了轮廓式的简略分析，仅仅从其大处论及伦理道德、风俗习惯问题。他指出："伦理道德实乃一种特殊的意识形态"，"伦理道德属于'评价'，断言应当是什么，以适应主观需要为圭臬，求善、别善恶，重在践履，激扬着意志"。[①] 他反对损人利己，提倡大公无私；他推崇真实与真诚，真与善的统一。这些都是切中时弊的道德箴言。他还指出善恶相依的道理，由此，自然可以导引出恶实乃善的内在本质的辩证哲理。

他把科学思维归属于理性王国。理性一词是一种泛称，哲学家、科学家各有其界说。大约在康德以前，理性主要指人的健康理智、形式逻辑思维、数学思维，它是从事实证科学研究的绝对方法。自从康德将人类认识能力三分以来，理性就有了确定的哲学内容。感性、知性、理性，上述科学思维种种，就是典型的知性分析方法，而理性思维，特别是到了黑格尔手里，实际上是以"辩证综合"作为其理论内容。因此，这里的理性王国，严格讲，是知性王国。

世界上从来没有纯客观的科学。科学研究只能以地球为基础，以人为主体，以服务于人类的生存与发展而展开。公木提出："科学是以人为中心展开的"，"他从内部并且以自己的方式来描述宇宙"，"人把自己对象化于科学之中，把自己的精神赋予世界，并在创造中

[①] 公木：《第三自然界概说》，第 31 页。

体现自己的本质"。于是,他从而概括出科学思维的实质是:"给无形以符号,显万有之意义,以逻辑作经络,置运动于轨迹"[1]。他强调了人的科学认识的主体性,认识过程中的主客交融性,知性抽象的普适性与有效性,从而论证了科学思维在精神世界中的重要地位。科学思维高于直观联想、意志决断,真正楔入事物的内在本质之中,并为上升到艺术领悟与哲学思辨在更高层次的精神领域架起了过渡的桥梁。

三性圆舞曲以其虚实结合,层次交错,变幻莫测的各种变调,和谐奏鸣,那辩证圆圈的基调仍然是依稀可辨的。

艺术领悟的哲学沉思

老诗人直率指出:"艺术或诗在'第三自然界'中还是居于突出地位的'显族'或'超级大国'。"[2]在艺术的王国里,他三十年的沉思才大放光芒,哲理与情思互为表里,把精神世界点缀得深邃而辉煌。

科学需要想象与幻想启迪它思索的进路,软化它知性的僵直,但"在其结论中必须滤除幻想或想象的踪影"[3]。而艺术、诗歌则不然,"联想和幻想在这里占据着中枢的地位,它实际上就成为真正的艺术构思"[4]。

在这里,我好像又觉察了他在艺术殿堂里遨游的足迹,圆圈形上升的节律更使人感到那辩证音响的壮丽。他那前前后后众多的论

---

[1] 公木:《第三自然界概说》,第30页。
[2] 公木:《第三自然界概说》,第37页。
[3] 公木:《第三自然界概说》,第37页。
[4] 公木:《第三自然界概说》,第37页。

艺术与诗歌的篇章，可以概括为次第展开与上升的三个环节："艺术领悟—知性理解—哲学沉思"。

艺术的要义在于：对形象的感受，没有形象就没有艺术。但是它不是感官形象，而是通过摹仿加工，由主观感受而把握的形象。亚里士多德指出："人从孩提的时候起就有摹仿的本能"，"人对于摹仿的作品总是感到快感"。[①] 接着他分析了诗歌、悲剧等实例。这里最重要的在于指出：艺术形象源于客观对象又高于客观对象，"源于"表明艺术的客观根据，"高于"表明艺术的主观升华。公木说："诗是把现实作为可能性加以创造性的再现，无论怎样虚构，变形而不违真实，虚妄而依然真诚。"[②] 艺术的真诚，不是纯然的纪实，更不是无端的捏造，它意味着一种形象的向往与追求，它所宣泄的真情实感，只能无言领悟，击节叹赏。

公木谈到语言、符号、文字以至于理解问题，就是试图将艺术意境纳入知性理解范围。谈不可谈之事，叙不可叙之情，这真是难以两全的作业。所谓一落言诠，便成糟粕；情意绵绵，剖视既殇。即令如此，知性理解的僵死性却帮助人透悉艺术形象的内在的骨骼结构，当扬弃其僵死性以后，艺术的创造就跳跃飞升。齐白石画虾，通过对活虾节理构造的仔细观察与把握；徐悲鸿画马，便研习了解剖学，准确掌握了马的骨架以及生理结构。没有知性理解的功底，焉能创造出栩栩如生的艺术形象？这还只是一方面，另一方面，大凡诗论、画论、文论之类，都是属于理解范畴，文艺理论家、文艺批评家便是这方面的专才。

语言、文字是表达思维的基本工具。但语言文字作为有声或有

---

① 亚里士多德：《诗学》第四章，罗念生译，第11页。
② 公木：《第三自然界概说》，第43页。

形的符号，表达艺术构思是难曲尽其意的。公木从语言生成与转换做出了深刻的论述，艺术家都有自己独特的语言，如何根据各门艺术的特征，"将语言符号转化为艺术符号，从而扩大语言的张力，即努力增加语言的厚度、密度和丰富性，强化其表现力"[1]，是艺术家所刻意追求的。"两句三年得，一吟双泪流！"说明诗文绝妙之处，决非信口道来，而是创造性紧张劳动的结果。这当然是老诗人经验之谈。

他还进一步从符号系统揭示其内涵的"意义世界"，而意义世界是通向第三自然界的桥梁。这些论述都是比较富于知性分析的精确性的。如果仅止于此，我们看到的只是"艺术标本"，而我们所需要把握的，如歌德所讲的，是艺术符号之间的"精神联系"。那就是关于艺术诗歌之中所细组的"哲理与情思"。这就意味着要进入美学领域。美学是关于艺术的哲学理论。

美是怎样形成的呢？"它是由'真'与'善'相融会的形象显现而形成的，也是由人类实践创造的，它是人的本质力量对象化的产物。"[2] 公木是坚持真善美统一的观点的。这里值得注意的是：第一，真善美有机融会显现为艺术形象的说法；第二，突出了人的本质力量的对象化。如果说，第一点是情思的涌动的表现，那么，第二点就是人之哲理、自然的自我意识的显现。精神世界的艺术景点，烘托出了人类光辉的精神风貌。艺术之所以可贵、伟大就在于形象地再现了人的本质力量。

经过神性、人性、理性的圆圈运动，跃迁到精神世界的显族、超级大国的艺术领悟、知性理解、哲学沉思的圆圈运动，复归于

---

[1] 公木:《第三自然界概说》，第57页。
[2] 公木:《第三自然界概说》，第47页。

"人类万岁"的歌颂。这是一首真诚的人类的赞歌,是老诗人快半个世纪沉思探索的结晶。

我并非艺术诗歌的行家,公木同志的新作使我得以眺望第三自然界的"大美"景色,但粗略的远望,肤浅的理解,乏力的把握,是难于清晰准确地揭示其中的奥妙的。我想,只有那老中青真正的诗之友细读本书,才能把玩书中的韵味,从而得到大快乐。

(原载于《社会科学战线》1995年第5期)

传统伦理规范的扬弃与当代人文精神的建立(节选)

说明:本文发表于《江苏社会科学》1999年第1期,全文1.5万字,系萧先生生前发表的最后一篇论文。

…………

二

传统伦理规范的扬弃,即对其采取辩证分析的态度。我们首先肯定其社会客观性,然后在此基础上,研究它的历史性、操作性、有限超越性。于是,对其历史的变迁进行整体的考察,对其操作的世俗性、无思想性进行合理的升华;然后超越时代与阶级的局限,获取那些具有永恒意义的带有社会公德性质的东西。这些是历史遗留下来的精神财富,对当代行为规范的建立是有借鉴作用的。

对传统的精神财富的继承与开拓并不是所有的人都有清醒认识的。在两个文明建设中便出现两个倾向:一个强调生产经济的发展,因而特别重视科学技术。一般讲,这是不错的。但是,如若在思想上走上"科学主义"的道路,便误入歧途了。好像有了科学技术,就一定能促进生产、繁荣经济，从而这个国家便自然而然地会进入社会主义。因而，有意无意排斥人文学科的研究，并否定其作用，致使社会主义精神文明这一手始终硬不起来。现在似乎下决心要硬一下，看样子却停留在世俗性的操作水平。科学主义是狭隘经济主义、实证主义的变种，其实质是主观唯心主义，与马克思主义是背道而驰的。另一倾向是借口"国学研究"无条件地拜倒于孔孟亡灵的脚下，实际上是否定五四运动的历史功绩，重新打出孔家店的招牌。如果前者是企图在中国建立资本主义社会，后者便是梦想重温封建帝国的辉煌。

我们必须认真对待社会主义精神文明问题，既要反对阳奉阴违的态度，又要从公约守则式的单纯操作性的措施之中解放出来，深入地对传统文化伦理进行批判性的研究，不但要研究中国的还要研究西方的，找出具有人类通性的高尚公德，作为建设精神文明的内在核心。当然，这是一项巨大任务，并非一蹴而就的。

历史文化伦理传统的扬弃过程，必须反对科学主义，又要反对复古主义，我现在对这个问题只能略说一点感想。我认为，无论封建社会或资本主义社会，它们的文化伦理传统都有精华与糟粕两部分。精华部分便是那有限超越部分，糟粕部分就是那未能超越的部分。能否超越，主要看是否为人民群众所接受、融合，进而得到改造。这里，切忌急功近利的做法，而应该具有历史的眼光、哲学的智慧、诚挚的爱心，才能深入传统而又超越传统，开拓前进。

我认为，典型的封建社会在中国，典型的资本主义社会在西欧。它们所提供的伦理规范是十分丰富的。但哪些是超越的最高的伦理规范呢？这一问题可能有很多不同的答案。我考虑所及的，有如下五种：**诚信**、**公正**、**仁爱**、**尊重**、**自由**。它们涵盖中西，层次最高，既因袭了历史的精华，又开拓了时代的新意。

诚信主要是中国自古流传下来的一个最高普适的哲学范畴。西方虽说也有类似的概念，例如"诚实"之类，但其理论内容却不如中国的丰富。其实，开初它并无深意，只是对初民的淳朴状态的反映，表示一个人诚恳老实、信实无欺、真实无妄。经过历史的流传，哲人的加工，它的理论内容便日渐深邃，把它提升到哲学本体论的高度。孟轲便说："是故诚者天之道，思诚者人之道也。"① 特别是通过魏晋玄学、隋唐佛学、宋明道学的引申发挥，便把它看成是宇宙人生的根本规律了。王船山便说："诚与道，异名而同实"；还说："夫诚者，实有者也，前有所始，后有所终也"。② 这样就把"诚"看成客观物质实体了。如果说，孟轲所谓"诚者天之道"，诚还是一个精神实体，到明清之际便被规定为物质实体了。而为人之道便是如实反映客观，根据客观规律办事情。

我们把"诚""信"连用作为以天之道为根据的最高的人们的"行为规范"，而且是第一规范，就是认为古今中外为人之道：诚信第一，概莫能外。这是一个为人的起码要求，但世界越进化这又是一个越难以完全实现的要求。特别是在商品市场经济居于主导地位的社会，若无坚强有力的法律制裁与道德舆论的监督，诚信之士被视为老实可欺之人，而欺诈成性的市侩们反被认为是"机智灵活"的能人。我国改革开放以来，既未制定严刑峻法，又未倡导合理的行为规范，以致腐败堕落累禁不止，假冒伪善普遍流行。精神文明只抓鸡毛蒜皮的小事，不抓改革人心的大事，致使人们缅怀20世纪50年代初期淳朴无华的社会风气、诚信无欺的人际关系，痛感世风日下，浩叹不已。

---

① 《孟子·离娄上》。
② 《尚书引义·说命上》。

我们认为诚信固乃做人的第一要求，而且是立国之本。现在都谈"科教兴国"，其重点在于科学技术的发展与科技人才的培养，这当然是必要的。但仅止于此，能兴社会主义之国吗？不能！"诚信立国"是根本，必须先立乎其大者，"科教兴国"才有可能。试想：如果没有忠诚于共产主义理想、信守为人民服务的规范的人，科技成果与专业人才就有可能成为在中国重新滋生官僚资产阶级和买办资产阶级的土壤与力量。

因此，在意识形态、上层建筑领域"打假"更为重要。我们7000万共产党员有多少是真的呢？那些喊为社会主义建设做奉献的人有多少是真心实意的呢？一个社会最可悲的，不只是物资匮乏，而是"人无诚信，欺诈成风"。因此，重振诚信古风乃当务之急，比多少个"不准"还来得重要。

诚信所针对的是欺诈，而公正所针对的是自私。"公正无私"也是一个普适中西的最高行为规范，但在西方更显精微。从古希腊迄于近代，公正始终雄踞诸伦理规范的首位。

公正（justice），又可译为正义、公平。它是从原始社会人无尊卑上下的"平等"概念演化而来，进入阶级社会，那种原始平等的状态消失了，人际之间尊卑有别、上下有序、各安其位、各得其所，这才是公正的。亚里士多德说："公正就是合比例，不公正就是破坏比例。"[①] 这就是说，在社会整体中每人按比例有自己一份"份额"，不能超过，也不能克扣。例如，我国形成的暴富阶层就得的太多，而产业工人拿的太少；暴富阶层奉献微不足道，而产业工人奉献了毕生精力；这就是不公正。正如李耳所深刻揭露的："天之道，损有余而

---

① 亚里士多德：《伦理学》，1131^{b}17。

被不足，人之道则不然，损不足而奉有余。"①2000多年前的哲人都尖锐地指出了这种损不足而奉有余的现象，我们能无动于衷吗？

公正与诚信比较，它更多地具有西方思维方式的色彩，而诚信则充满中国直观领悟的精神，然而两者又是相通的。如果说诚信偏重于主体的自觉；公正则立足于客观的评比。诚信要在于"尽其在我"；公正则要求"施泽于人"。因此，公正作为行为规范必须对客观社会关系、人际关系的状态与变迁进行细致的考察。它恰好成为诚信无欺的具体落实与必要补充。它的较强的可操作性提高了规范的现实性。

公正在西方的历史演变中，与政治经济关系密不可分。托马斯·阿奎那便讲过，公正或正义正存在于交往关系与分配关系之中。人们互相授受，就像是买与卖一样，它可以指导商业往来的交换。还有统治者或管家按照每个人的地位分给他应当得到的东西，从而显示一种公认的正常秩序，这就表明了统治者的公正。②可见，公正在经济关系中是一个必须遵循的准则。亚里士多德更把它看成是治国的准则。他说："国民以正义为准则。由正义衍生的礼法，可凭以判断（人间的）是非曲直，正义恰好是建立社会秩序的基础。"③往后西方的思想家都是从政治经济关系出发分析公正或正义问题。他们说，正义体现为政策，背离了正义就没有政策。又说，正义是政府的目的，正义是人类文明的社会的目的，等等。由此可见，公正是治国安民、建立与维护社会正常秩序的准则。它是如此现实而又如此崇高，当它融会到人类的精神状态之中而与诚信结合时，就形成一股伟大的人格力量，对公正的虔诚地笃信，正是人生在世价值之所在。所以康德说：

---

① 《道德经》第七十七章。
② 参见阿奎那：《神学大全》，1.21.1。
③ 亚里士多德：《政治学》，1253^{a}36。

"如果没有了正义与公道，人生在世就不会有任何价值。"

中西方都谈"爱"，西方多从生理性的性爱出发，而中国伦理道德是讳言性爱的。其实，爱是血缘关系的纽带，男女互相倾慕之情正是以性爱为基础的。柏拉图之恋是缺乏现实性的，只在较高层次的志行高洁、学思贯通的人之中才有可能个别出现。男女爱情当然也不是纯生理的、肉欲的，果如是就和禽兽无异。随着文化水平的提高，柏拉图式的爱情因素也逐渐增长，因此，现实的爱情是情欲与纯情的统一。爱情扩大为母爱、兄弟姐妹之间的友情，再进一步扩大到朋友及广泛的人际关系之中，即所谓"泛爱众而亲仁"。于是，我们便有了**仁爱**这一社会行为规范。仁爱之心是以家庭的血缘之爱为本，推而广之便成了人际关系之间的协调原则了，它从家庭的私情泛化为社会的同情。因此，仁爱的现代意义就是"社会同情心"，它是维系社会整体的纽带，是人类生活的情趣之所在。"人间自有真情在"，这就是我们所企盼的、感到欣慰的。

但是，在阶级社会中的剥削阶级看来，爱是有差别的。孔丘说："仁者爱人"，这个"人"实指贵族而言而非庶人。他认为人分两等，即君子与小人，君子指的是贵族，小人指的是老百姓。孔丘认为他们学道，即学习奴隶社会那一套治国安民之道，就有不同的目的与结果。他说："君子学道则爱人，小人学道则易使也。"因此，对小人无所谓爱，只在于如何驯化他们以供役使罢了。必须对剥削阶级的仁爱观进行批判，而将人民群众的思想感情贯注其中，才能成为社会普适的行为规范。

仁爱，必须以诚信为本，以公正为度。仁爱如无诚信就成了虚情假意，仁爱如无公正就成了私情偏爱。反过来，仁爱作为一种内在的精神力量，又推动"开诚布公"的实现。

仁爱乃五德推移的中介环节。它秉承诚信、公正于先，又启导尊重、自由于后。试问无仁爱之心，能自尊尊人吗？在刻薄寡情的气氛中，能自由飞翔吗？

尊重是西方资产阶级革命的产物。在封建等级制度下是没有尊重可言的。中世纪西欧人民在宗教神权与封建特权的双重压迫下呻吟，人性为神性所践踏，人身依附没有独立人格惨遭残酷剥削。市民阶层作为第三等级的代表，高举起"人性觉醒、人格独立"的旗帜，为反对宗教神权与封建特权的统治而斗争，"尊重人，捍卫人类尊严"成了时代精神的主要内容。黑格尔敏锐地觉察到了这一点，欢呼："人类自身像这样地被尊重就是时代的最好标志，它证明压迫者和人间上帝们头上的灵光消失了"[①]。尊重作为时代精神，是人文主义的核心。它反对神权、特权，宣扬人权，可见"权利"的归属是一个关键。人们决心把他们被践踏的权利夺回来牢牢掌握在自己的手里。所谓尊重便意味着个人权利不容侵犯。

我国封建遗毒没有得到彻底的清除，又缺乏西方的权利义务观，经过"文化大革命"的折腾，封建沉渣重新泛起。人民的权利受到践踏，法治荡然无存。拨乱反正以后，政治情况有所改善，但还有一些干部内心喜爱封建等级制。他们尊重上级的意志，却不大尊重下级和人民群众的意志；他们对上缺乏自尊精神，对下却少有尊人态度。说得不客气一点，就是沾染了旧式官僚的作风。他们"媚上压下"有损革命干部形象。有见及此，大力宣传人民公仆典型，这是完全必要的。

尊重，有自尊与尊人两个方面。自尊是人格独立的表现，历史上耿介自持的士大夫也能做到这一点，嵇康敢忤权贵致遭杀身之祸，陶渊明不为五斗米折腰清贫自守，高风亮节为世所尊。而我们社会

[①] 《黑格尔通信百封》，第43页。

主义国家，居然还有"巴结权贵，屈膝钻营"的丑恶行径，真使人感到羞耻。

有自尊之心却无尊人之举，便成了自傲，自傲其实是自损。真正自尊的人能推己及人，他决不会去伤害别人的自尊心，把尊人作为自尊的前提，因此，他总是虚怀若谷，礼貌待人。一个社会要能和谐稳定、通情达理，没有上下之间的相互尊重是不可能实现的。

自由是人类永恒的主题，但中国历史上从来没有出现过西方人所理解的我们所追求的自由。它是一个道地的西方传统概念。从古希腊、罗马时代起，就提到过思想自由、言论自由、人身自由等。但它的确切含义以及它作为人类的崇高的追求目标则是资产阶级革命的产物。资产阶级革命的理论代表是洛克。他说："人的自由和依照他自己的意志来行动的自由是以他具有理性为基础的，理性能教导他了解他用以支配自己行动的法律，并使他知道对自己的自由意志听从到什么程度。"[①] 资产阶级反对封建专制主义，那是"个人说了算"的人治，他们提出"法治"。国家由议会制定法律，作为共同遵守的规范，个人自由不得与法律相抵触。法律既是人民的代表民主制定的，就体现了共同的意志，个人的自由意志也包含其中了。在制定法律、协调国家法律与个人自由的关系上必须是充分理智的，不能感情用事。而法律规定则是以权利义务为准绳。权利义务的衡量必须坚持公正无私、相互尊重的原则。

因此，自由受一系列社会利害关系的制约，绝不是为所欲为。这里容不得半点"王何必曰利，亦有仁义而已"之类的迂腐之谈。受制，岂不是不自由了吗？但自觉"受制"之合理与必要，就是真正的自由。

---

① 洛克：《政府论》下篇，Ⅵ，第63页。

人们往往将自由与放任等同，黑格尔便指出："对自由最普通的看法是**任性**的看法，……当我们听说，自由说是指**可以为所欲为**，我们只能把这种看法认为完全缺乏思想教养"，而"任性的含义指内容不是通过我的意志的本性而是通过**偶然性**被规定成为我的"。① 因此，任性是盲目地受偶然性支配，其结果恰好是不自由的。

鸦片战争以后，西方这种自由观传到中国，为进步人士特别是共产主义者所信奉，但理论上仍有所误解，行动上仍有所踟蹰。真是长年积习，积重难返。不少人还是把自由当成放任、为所欲为。自由与反自由的斗争成了任性的感情冲突，其悲惨的后果可想而知。

自由既然立足于权利与义务的关系上，那么，它就不仅仅是保卫自己的权利，还有他应尽的义务。这就要求人对社会的自觉奉献。这样的自由正是我们所缺少的，没有什么值得可怕的。

停留在权利与义务关系上看自由，还不是根本的，只有上升到辩证的形而上的高度，才能体认其"究竟义"，领悟到自由之所以成为五德的归宿，人生终极的圆满状态。

康德把自由看成是一个二律背反的概念，它不是知性思维所能理解的。他认为自由必须不被认为无规律，离开规律，自由意志就毫无意义。在一切行为上，意志是它自己的规律。这就是说，意志必须用理性的普遍的法则去规范，它是理性的自觉、意志的自律、规律的自由，于此，康德实际有了自由与必然矛盾统一的观点，从而在理论上排除了把任性当作自由的看法。他强调只有自由者才会有道德，因此我们必须证明一切有理性者的意志都是自由的。②

由此看来，自由是人类意志行为的本性，它说明行为规范虽说

---

① 黑格尔：《法哲学原理》导论第 15 节，第 25、29 页。
② 参见康德：《道德形而上学基础》、《实践理性批判》。

是命令你应该如何行事做人，但不是外在强加在于你的约束，而是你自身发出的道德的呼唤。因此，道德律是自律，遵循道德律是自觉，从而显现了意志的自由。上述的诚信、公正、仁爱、尊重诸规范都是自由的表现，这样，五德就构成了客观的伦理实体，使人类的精神意境进入人生终极的自我圆满状态。他圆满无待，达到了生之永恒。

这个伦理实体是具有公共性质的社会共体的灵魂。共体是个体的集合，个体之间彼此独立，如无伦理实体的精神凝聚作用，就只能是一群乌合之众。伦理实体为共体之中每一个个体所共有，它使个体一体化而成为一个"民族"。民族超越了个体的集合体状态。将社会共体铸造成一个牢固的客观实体。正是由于伦理实体这种胶合作用，共体成了民族，个体就成了民族的公民。公民的单纯个体不同之处在于他具有民族意识、自觉遵从一致的伦理规范。否则，势将与民族貌合神离，同床异梦，甚至攻讦诋毁自己的民族进而背叛自己的民族，那就不能为民族所容，而成为一个游离分子或叛逆者。当今那些崇洋媚外之徒就属于这一类。

伦理实体造就了民族，民族组成了国家。因此，伦理实体乃立国之本。无视国本，舍本逐末，精神文明仅停留在表面的操作性的公约守则上，而片面侈谈科教，又怎能兴国呢？

民族国家进一步具体化，形成一个外在的实质性机构，这就是政府。它是维护社会秩序的权威机构。不管你喜欢不喜欢，政府的存在是不可或缺的。你只能希望有一个体现民族精神的顺应民情、办事公道、廉洁奉公的政府，不要一个奢侈腐化、暴戾恣睢、损公自肥的政府。政府成员要模范地执行其有历史必然性的行为规范，据此制定法律、公约守则等一系列可操作的措施。而这一系列措施又无不贯注赖以立国的伦理实体所规定的民族精神。正由于这是民心之所向，上下一体，构成和谐自由的社会生活。这种生活在阶级社会只能相对地暂时达到，共产主义社会理论上则就是这样一个圆满无待的社会。

伦理规范只有上升到伦理实体的位置，才算达到哲学的云层，才能鸟瞰全局、深入人心、陶冶性情、圆融无碍、自由翱翔。这样，那些操作性措施在哲理之光的穿透下才能显示出一点精神。

三

伦理实体是一个民族历史上形成的，它是民族精神状态的结晶。进一步从哲学上提高，它就体现为一种"人文精神"。人文精神的弘扬才是一个民族脱俗超尘、一个国家蓬勃向上的标志。我们的精神文明建设必须首先建立传统精神与时代精神相结合的伦理规范，在此基础上构成富有特色的伦理实体，归结到具有时代气息的人文精神的弘扬。

开拓这样的人文精神，应以马克思学说为指针，吸取西方及世界各族的精华，结合我国的民族习俗和历史传统，从而使中华民族的精神状态跃进到一个新的水平。

我们历史传统有价值的东西是那"救世济人"的伟大抱负，西方值得吸取的是那"民主自由精神"、"爱智务实精神"，这些是建立当代人文精神的基础。

当代人文精神的建立，在理论上必须深入研究三个问题。

第一，要全面地辩证地把握"人性"。我们多年来讳言人性，甚至将马克思早年关于人性的杰出论述污蔑为马克思年青"不成熟"的表现。恰好相反，马克思继承了西方人文传统的精华并做了进一步开拓与发展。马克思、恩格斯指出：劳动是人的本质，在资本主义经济关系中,劳动异化。如果说,劳动使人在生理意义上从猿变成了人,则劳动异化使人在特定的政治经济关系中重新沦为禽兽,即供资本家役使的待价而沽的牛马,而资本家则由于脱离了劳动,丧失了人之所以为人的本质,而沦为衣冠禽兽。只有劳动异化的扬弃,导致劳动的复归,消灭私有制的剥削,才能使劳动成为安生乐生的需要,达到人的本质的复归。这一关于人性辩证发展的理论,用日后更为明确的政治语言来表达就是共产主义解放全人类的革命。

由此看来,人性的客观表现为"自然形态—异化形态—复归形态",它们的精神功能为"本能的—伦理的—实体的"。本能的,意味着人性的精神作用尚处于自发阶段,例如,原始平等、平均分配等,它属于人性的本然,无所谓有价值无价值。伦理的,意味着人性中对立产生,维持社会统一必须建立人人信守的行为规范。实体的,意味着人性之中对立的扬弃,人类的圆融无碍的精神世界出现,人类最终自由的实现,亦即人的本质充分地得到发展。

人的本质的内在精神因素有三:理智、意志、感情。在人性复归以前,各个时代、各个地区、各个民族,三因素的发展是不平衡的。纵观历史,东西方便各有所偏,西方重理智,而流于科学主义极端;东方重非理智,而流于心性理气的空谈。人性进入复归状态,这类偏执将被克服。上述"五德"便是克服偏执、有机地辩证地融合古今中外行为规范的结晶。它们体现了自觉的无待的人性的精神品格,乃为人之道、立国之本、政府之基、大同之魂。

五德构成的伦理实体,用一句话加以概括,即"有情而合理的意志"。这才是认识世界、改造世界、不断推动社会进步的精神动力。

第二,要深究主体性。主体性或曰"自我"(ego),它是"个人"升华到哲学的意境的一种表达。为了解其客观基础,我们应研究个人之成为个人。个人的身心都有其特异性,所谓"人心不同各如其面"。生理学家、心理学家从分析人的气质、能力着手，进而综合考虑性格的形成、人格的确立。人们往往从一个人的体型、体液、血型等生理状况对性格的形成做出表面的解释，巴甫洛夫深入到高级神经系统，提出条件反射学说，用以说明人的活泼、安静等特征。关于人的能力，无论认识能力，或操作能力，科学家认为都是可以客观测定的。能力是多方面的，正常人一般都具备观察、记忆、思维、想象等能力，而特殊才能未必是人人都具备的，例如，音乐、绘画、体育、写作等。能力有一定的禀赋成分，但主要是教育、培训的结果。所谓"禀赋"就是人的素质。素质是能力的自然前提，即人的神经系统及大脑结构，密切关系到能力的形成与发展。但是，气质、能力等直接与生理、心理相关的因素，绝不是"性格"的本质因素。人的性格，一般讲，是后天形成的。性格是人的理智、意志、感情，在其生存与发展的社会环境中综合而成的具有个性的表现。这三者的综合，并不是平均凑合，而是有主导的融合，因此，可以把人的性格划分为：理智型、意志型、情感型。但在长期的社会实践中，性格也可以逐渐改变。不过，在性格演化过程中，也有某些恒定因素决定其倾向。构成性格稳定而有别于他人的特质，乃是变化中的稳定性、连续性、整体性，从而决定个体的行为的倾向性。这就是个人的"人格"的确立。

从性格的形成到人格的确立，是"自我"显现的客观进程。性格的持续发展性与人格的相对稳定性构成现实的个性，个性有明显的感性特征，它是"自我"的现象形态，而自我乃个性的抽象，因而成了"个性"的思辨形态。"主体性"作为一个哲学范畴就是"自我"。

主体性的外延范围大致可以包括认知能力、意志行为、感情倾向等方面。它们的特征与关系是十分错综复杂的。教育家常说的"因材施教"，就是抓住一个人的性格特征，扬长避短，充分发挥其个性，凸现其主体性。认知能力是各有特点的，有人直观感悟能力突出，他从事艺术可能前程似锦；有人善于知性分析、精确入微、一丝不苟，他从事实证科学研究可能成就杰出；有人思辨智慧、辩证综合的本领高于常人，他如能清贫自守当一个哲学家是有希望的。而"感性、知性、理性"的认知能力又不是并列彼此不相干的，它们是思维的辩证圆圈运动的推移过渡的三个有机环节。认知能力之体现如果基本上处于理论状态，就表明它必须向意志行为过渡，所谓"察其言，观其行"！你有艺术家、科学家、哲学家的禀赋，没有终身的学习、实践过程，"成家"的愿望将成为泡影。"行"！才能使主体性见之于客观，而"行"又可转过来深化主体的认知能力。至于感情倾向更是主体的内在精神动力。作为精神动力的热情，不是简单的感情冲动，而是纯化了的悲天悯人之情，它使人发下宏愿，立志救世济人。这样的"至情"才是自我的内在灵魂。

主体性的内涵特性，就是它的能动性、抉择性、目的性。所谓能动性表示主体作用于客体的能力。有人强调物质客体的第一性，往往忽略主体的能动性，殊不知作为主体的现实表现的人，面向世界不是无能为力的，他正是以顽强的毅力作用于宇宙自然，使其能为我所用。人类世界不是天生的而是人造的；精神世界更是人类的创造，是变革世界的能源库。无视主体的能动性，绝不是一个彻底的唯物论者。能动性进一步显示为抉择性，它表示主体对客体的分析能力。它绝不是夸夸其谈，而是辨别真伪善恶，坚持真理，择善而行；它也不是单凭欲望冲动，受生理本能的驱使，干那些与禽兽没有本质差别的事情，而是节制情欲，服从理性与伦理的支配，达到真正的人类自由的意境。可惜人类兽性未泯，有时难于控制，法西斯灭绝人性的兽行就是一例。斯宾诺莎曾经尖锐指出："人类最无力控制的莫过于他的舌头，而最不能做到的，莫过于节制他们的欲望。"我们多年高喊反腐败，可以说达到夸夸其谈控制不住舌头的程度了，可是成效如何呢？欲望不是得到有效节制，而是胃口愈来愈大，致使"腐化"变成全国性顽症了。有鉴于此，全国雷厉风行实行"严打"，这完全是应该的。但愿不要只拍苍蝇而不打老虎。抉择性为人类行为的趋向提供了指导性意见，使人类行为达到既定目的。因此，目的性表示主体运动的取向的确定。目的性的形成是主体自我完善的表现。目的性自身经历了一个历史的辩证过程："适应性—自然目的性—社会目的性"。人不适应自然的变化，就无法生存与发展，适应一般讲是本能的。它的进展便是自然目的性。此时人适应自然有了一定自觉，但基本上属于个体的生理的，只有到了社会目的性，人才能在社会群体关系中自觉取向，力争达到自己的既定目的。目的性作为主体性的内涵，由于它是主体的自我完善形成，因而形成了主体性的内在辩证发展的真理性阶段："能动性—抉择性—目的性"。能动是主体的动态表征，抉择是主体的分析手段，目的是主体的圆满实现。于是：目的是主体的真理，它充分显示了主体的内在本质。

　　由此看来，主体性的外延，构成了人文精神的客观内容；主体性的内涵，引导了价值观念的开发形态；而价值观念的开发是人文主义的基本特征。

　　第三，要全面研究价值观念。"应当"（the oughtness）是价值观念的核心。它的主观感受性是不容置疑的。"应当"表明主体的自我要求，表明"我要怎样"，表明"我以为然者"。简言之，这样行事我认为值得，否则便不值得。这就是一种主观感受。当然，认为值不值有时代的民族的客观标准，那就是伦理规范、伦理实体。主观感受性通过意志、行为、鉴赏、兴趣、目的等倾向而显现，从而做出应当与否的判断，即做出真伪、善恶、美丑的价值判断。关于价值观念的理论分析，简单说来，便是如此。

至于古今中外具体的价值体系便大异其趣了。不过我们也可以大致将其分为三个层次：功利层次、伦理层次、哲学层次。它们相互联系、推移过渡、依次递进。特定时代、具体民族，可以主要是属于某一层次的或较长时间停留在某一层次。当然它迟早会推移过渡前进的。

功利层次一般讲是外鹜的，追求客观现实的具有效用的目标，比较倾向物质利益的满足。物质利益的追求，只要不完全陷入物欲的迷恋、得失的斤斤计较，应该讲这种追求是正当的，否则势将流于迂腐的道德空谈。我们不赞成以个人得失为终极目标的功利主义，倒要提倡为民族整体的前途的功利主义。发展生产、富国强兵、安生乐生、幸福自由，又有什么不好呢？

伦理层次一般讲是内省的，追求主体行为自觉服从客观伦理规范，提倡"尽其在我"，加强自我"道德修养"，力争做一个真人、贤人、圣人。圣贤之道，并不是叫你当一个苦行僧、清教徒，或自绝于社会诸关系的自然野人，而是做一个执行伦理规范的楷模，即所谓从心所欲而不逾矩。道德修养可以分为两个方面：一为文化素养的提高；一为修身养性的觉识。道德修养的日臻圆满，必须有深厚的文化素养，具体讲，要从智慧务实精神的加强，与民族自由之风的发扬着手。一个人既聪明又能干，还有平等待人、追求自由的作风，才谈得上道德水平的提高，一个粗野无文又缺乏传统熏陶的人是很难言道德的。当然，也不能绝对化。某些文化水平层次高的人作恶更甚，而质朴无文的劳动者由于劳动的磨炼，传统美德的熏陶，可以有很高的道德操守，使某些知识分子为之汗颜。文化素养只是一个条件，如不自觉地修身养性，严于律己，将反为文化所累，成为一个表里不一的伪君子。伪君子比穷凶极恶、作奸犯科的人更可憎可恨。还应注意：我们不要把伦理层次与功利层次对立起来。中国孔孟之道培养出来的腐儒，将伦理规范根据君王的意志制定成刻板的礼教规章，宣传三从四德，禁锢人们特别是妇女的言行。他们讳言物质利益、现实情况，形成"礼教杀人"的局面，这就是两个层次对立的结果。物质利益在伦理规范的制约下而得到满足，应该讲是正常的；伦理规范有了物质基础，即所谓仓廪实而知礼节，才是现实的。

现在我们要追求的是哲理层次。进入哲理层次的价值观念超越了特定的伦理规范，着眼于人类整体的前途。它吸取世界各民族文化、伦理的精英，究天人之际、穷宇宙至理、达人生真情，而臻于天人合一、人定胜天的境界。是时，相对的评价已不足以论高低了，人文精神的高扬而止于至善，至善无价，它是人类解放、世界大同的理想的实现。

当代人文精神的建立，最终是要确立具有时代气息的价值体系。有了它，才有判别是非的标准，才知道应该做什么，不应该做什么。当代人文精神的建立，也是社会主义精神文明建设的主要任务。全民素质的提高、社会风气的转变、发展方向的端正、人际关系的协调、公正自由的实现，这一切都有赖人文精神的浸润。上述五大崇高目标如不能达到，精神文明建设只是一句空话。

传统伦理规范的扬弃，必须归结到当代人文精神的建立。没有强烈的历史感与渊博的学识便无从扬弃；没有悲悯情怀与浩然正气便无从建立。"扬弃与建立"，我心向往之，但力有未逮。我只能感而抒怀，如能引起共鸣，则幸甚焉！

1996 年 5 月 29 日写于兰园 28 号

真理妄谈

说明：这是作者的绝笔之作。1997年中期写此论文时，他多年所患糖尿病等病情加重，几乎失明。作者一辈子追求真理，执着于真理，最后自谕"妄谈"真理。"妄谈"之"妄"，实际上是摆脱教条，达到"从心所欲不逾矩"的自由境界。从此文中，我们不仅可以领略到一个真正的哲学家的学问境界，更为作者追求真理的精神所感动。作者的学术研究追求体系的精神完整，尤其欣赏黑格尔否定之否定的辩证法体系，这篇文章可以视作他学术研究和追求真理的全部人生的圆圈所画的最后一笔。本文发表后，《新华文摘》全文转载。作者去世时，学生们将此文放于其口袋，在一缕青烟中伴着先生去到另一个世界。

"真理"是一个令人敬仰的字眼，岂能随便妄谈？当然，对于真理问题乱发议论、信口雌黄是对真理的亵渎，是不对的。但是，于此，我不是做这样的妄谈。

"妄"意指"虚妄"，与"真实"相对应。从来认为真理是讲求真实的，而客观真实情况及其内在本质的把握，都是通过感官经验捕捉现象，然后经知性分析与理性综合，抓住本质而获得的。因此，"真理"是感性、知性、理性的认知过程的结果。看来，真理是排斥非理性（广义的）的精神因素的，即意志、感情因素是与真理无缘的。意志行为有明显的主观倾向性，而感情更加具有浓郁的浪漫色彩。为国捐躯、义无反顾；白发三千、神游宇宙。如此豪迈的气概与壮丽的激情，是英雄与诗人的作为，一般讲无关乎真理的认知，相反，在理性之光的审视下，这些都是虚妄的。

果真如此吗？我谓不然！

"真理"绝不是纯客观的，也不单纯是知性思维活动的产物。更不能机械地把它视为对客观对象的反映、摹写、复制，如同照相那样。其实，就是说"照相"也不是机械操作，它的画面也是经过摄影者的主观裁剪的。裁剪之道，各有不同，特别是出自艺术家之手时，他的审美情趣、人生洞见、艺术手法等，均在快门启动的一瞬间，融入画面之中了。于此，主客交融，客体将主观情思对象化了，主体则赋予客观对象以独特的生命。显然，这样的照相决非自然景观的摹写、复制。因此，真理的追求与获得，必须通过主观感受性。

固然，真理有其不以主观意志与感情为转移的客观内容，但内容的取舍不能不受主观感受的影响。固然，真理的获得，理性功能是首要的，诸如对感性素材的剖析与提炼、对现象表面性的扬弃、对本质特征的抽象、对动态过程的把握，这一系列的认知活动，无不受理性支配，理性作用在认知过程中的首要地位是不容争辩的；从理性出发，视非理性因素为虚妄的，也是理所当然的；但理性认为"虚妄的"却往往包含更深层次的哲理情思。巴黎公社的起义，虽然缺乏冷静的理智的思考，以至于流血牺牲归于失败，但马克思却热情地宣称：巴黎公社的原则是永存的。文天祥大义凛然，知其不可而为之，视死如归，彪炳千古。这是英雄的风范，其中包含了更深刻的有血有肉的真理。至于艺术的创造，就更加脱离了那些冷冰冰的理智规范，李白的千古传诵的诗篇，正由于挣脱了理智的枷锁，他梦游吴越，可以"一夜飞度镜湖月"，他遨游天地，可以"霓为衣兮风为马"。这些，就理智的观点而言，岂不是虚妄的吗？然而虚妄之中却包孕了更高的"艺术真实性"，充分地如实地显示了主体的真情实感，赋予了山川日月以灵气仙风。非理智因素渗透宇宙人生的精微之处，领悟了那隽永的回味无穷的真髓，从而超越了理智认知活动的机械操作性，使真理从平面的变成立体的、从静态的变成动态的、从僵死的变成富有气韵的。

真理首先是真实的，但又不止于真实的。单纯追求真实，只止于"事实判断"，即如实承认一事一物，如"马克思生于1818年5月5日"。于此确认一个事实，无所谓真理不真理。恩格斯指出，这是在小事情上玩弄大字眼。因此，真理必须有主观评价的介入，即它成了人们追求的目标。它不止于"事实判断"，而进一步成为"价值判断"。真、善、美，是人类世世代代为之奋斗的目标，而真为价值判断之言，是总目标，是善与美的基础，没有真的善是"伪善"，没有真的美是"虚夸"。由此可见，"真理"在精神世界中，地位崇高，黑格尔有见及此，把哲学规定为：关于真理的知识。我们只有通过哲学才能获得真理，它是人类尊严与理性权威的确证。真理之所以能从事实的承认进而做出事实的评价，显然是主体感受的介入。如果没有主观感受性，"真理"只能在冷漠的客观对象的外在表面中徘徊，不可能进入丰满的精神世界。

由此看来，主观感受性规定了"真理的导向"；导致了"纯客观的超越"；完成了"价值的升华"。"导向—超越—升华"形成了真理的感受与追求的全过程。

真理的追求不是单纯的求真的理论活动，它是要诉诸行动的，即必须进入意志行为领域，促成理论认识变成客观行动，从而达到真理的实现。因此，真理的实现有赖于意志的激发性。

意志的激发过程，首先得从情欲谈起。情欲是本能的冲动，体现为原始的生命。原始生命的躁动形成一种维持与延续生命的求生愿望，它本能地驱动生命朝有利于自己的生存与发展的方向前进。在无穷的生灭交替的过程之中，产生了生命体的不断的此起彼伏、除旧更新、繁衍滋蔓。于是，生命的无限发展过程却以生命体的死亡为前提。因此，生命的永恒寓于生命体的不断死亡之中。生命体在推移过程中，凸现了生命，它是独立的点。生命的无限进展体现为绵延的线。现实的生命乃独立的点与绵延的线的结合。这个生命的客观辩证进展，使它扬弃了它的原始本能特征，从而具有了一种自觉的目的性，并显示了生命的意义与价值。特别是生命体之一的人类，此点尤为突出。生命的本能冲动通过世世代代的演化成为一种自觉的意志激发能力，使主观感受性大大增长了能动性。

自觉的目的性的形成，昭示了生命作为宇宙自然的一种客观物质活动上升到主观精神领域而与宇宙自然相对立。它是意志激发性的本质特征。它力图通过行动来实现自己的愿望。目的及目的的实现，实际上阐明了主观转化为客观的原理。黑格尔便说过："实现了的目的因此即是主观性和客观性的确立了的统一。"黑格尔还正确指出：主观意志之所以有时不能达到自己的目的，就是因为不承认不以主观意志为转移的客观现实。这里，他提出了主观意志与客观规律辩证统一的卓越观点，列宁赞扬说，这是纯粹的唯物主义！目的性的出现是意志激发性的完成的中介环节。它确立了主体的独立性、意志的指向性、行动的变革性。它还体现了主体与客体的辩证相关性、理论与现实的对立统一性、真实与真理的层次递进性。

意志激发性的要义在于它是一种变革现状的力量，从而使主观见之于客观，能动地根据主体的需要改变现状使其服务于主体的生存与发展。这就是"革命实践"。主体的顽强的求生意志驱使他在理智地认识世界的基础上革命地改造世界。黑格尔曾经谈到"善的理念"问题。这里的"善"不是伦理上的善恶，实际上指的是合乎客观现实的主观目的、趋向，即人们想实现自己的目的的趋向，想在客观世界中通过自己给自己提供客观性和实现自己的趋向。因此，黑格尔的"善行"就是"能动地改造世界"。"世界不会满足人，人决心以自己的行动来改变世界。"①黑格尔的这一合理因素，成为马克思新的世界观的天才萌芽。其次，人必须适应宇宙自然、把握社会人生，才能主动出击达到目的。必须注意，行动不可流于盲目。盲目的结果只能是事与愿违，使意志激发的力量落空。还必须理解，自然、生命、社会、行动四者的关系：自然发展的最高成就是有机生命的出现；生命发展的飞跃突变是人类社会的形成；社会构成的凝聚力量是行为规范的确立。这一切了然于心，主动出击才能成功。如果说上述观点可以概括为对"天人合一"的把握，再前进一步便是达到"人定胜天"的意境。人定胜天意味着主动出击的胜利，改变世界为我所用的成功。于此，意志激发性的完成，展现为"革命实践通过对天人合一的把握从而主动出击达到人定胜天的意境的过程"。

由此看来，意志激发性通过"生命的演进"、"目的的形成"、"实践的行动"三个环节自我完成，从而将"感受真理"提升到"实现真理"的高度。

"实现真理"使真理的追求诉诸行动，从而提高了真理的层次，使它不但具有理论认知的意义，而且有了直接现实性的品格。然而它还未能解决真理的现实内容和真理对人类生活究竟有什么用处的问题。它的现实内容源于生活，生活的真谛成为真理的灵魂。黑格

---

① 列宁：《哲学笔记》，第228—229页。

尔曾经讲过：同样一句格言，对于一个不谙世故的青年和对一个饱经沧桑的老人有完全不同的含义。这就是说，生活的阅历使人抓住了生活的真谛，从而使格言包含的真理，从表面的抽象理解上升到对它的内在的活生生的灵魂的把握。因此，抓住生活的真谛才是深化真理、活化真理的必由之路。这种深化了的活化了的真理才是真正对人类生活有用的。我们并不赞成实用主义的真理观，但并不把真理当成古董，专供清玩。它必须有益于人类生活，促进人类生活朝真善美的目标健康发展，使得人类生活幸福美满、积极向上，从而使人类具有高尚情操与远大理想。"生活真谛性"才是我们真理追求的终极目标。

　　那么，生活真谛性的内在实质是什么呢？沸腾澎湃的激情！生活植根于激情之中，没有激情也就没有生活，没有生活的光和热，没有生活的欢愉和苦难，从而整个宇宙人生消失在黑暗和冷漠之中。意志与感情同源而分流，它们都源出于情欲，如果说意志是情欲的升华，那么，感情就是情欲的净化。人类的情欲中最主要的一种是"性爱"。性爱是一种延续生命的生理本能，它没有任何道德意义与人文价值，人们的性爱结合与动物的发情求偶并无原则区别。但是，在人类世世代代的演化中，人们由蒙昧野蛮状态进入文明状态，那性爱引起的"激情冲动"得到了净化。它的净化过程恰好遵循辩证的三段论式：情欲（desire）—情绪（emotion）—感情（feeling）。情欲是生理性的，情绪是心理性的，感情是社会性的。感情超越了生理心理状态，从客观物质性中摆脱出来，进入精神领域而获得独立自由的发展。有此，人才最终成其为人，人类生活才具有真实的意义与价值。作为生活真谛的灵魂，是以这样的"感情"为其内在实质的。

　　感情的成熟也不是一步到位的，它也经历了一个辩证发展的过程。首先它表现为一种"血缘亲情",所谓舐犊情深,它融情于父母夫妻兄弟姐妹之间。他们之间无私的关怀、生死与共的情结、绵延不断的情丝,把他们凝为一体。父母的慈爱、夫妻的恩爱、兄弟姐妹的友爱,构成了血缘亲情的主要内容。生活之中没有这种亲情,还能活下去吗?当然,在一个功利观点占统治地位的社会,亲情日渐稀薄了。在物欲横流的人际关系中,父子反目、夫妻离异、兄弟成仇,是常有的事。但这只能看成是不正常的现象,亲情是不可能完全泯灭的。然而,亲情究竟有其局限性,它基本上限于家庭成员。家庭是构成社会的细胞,细胞结集为一个族类,族类组合为一个民族,民族构成为一个国家。于是,家庭成员超越了他的血缘局限,变成了国家公民。

民族国家的公民是靠一种什么样的感情维系成为一个坚实的整体的呢?那就是"民族豪情"。我们的民族具有勤劳、智慧、勇敢、朴实的美德;我们的民族坚如磐石是不可摧毁的;如此等等。这种民族的自豪感,使他们笑傲人生、排除险阻、不断进取。如果说血缘亲情还多少保留了某些生理心理性的痕迹,民族豪情便是彻底社会性的了。它通过历史的发展逐步形成而定型,在社会生活中成为一股强大的感染力量,给人打下了终身不可磨灭的烙印。炎黄子孙!哪一个中国人,包括远走天涯的海外华人,不以此为荣呢?!这种民族自豪感是一个民族的整体荣誉感,为了维护这种荣誉,民族的成员心甘情愿地做出奉献,甚至牺牲。这种真诚无私的感情是崇高的、豪迈的。当然,也会出现民族败类,例如汉奸、洋奴,但只是个别的,而且令人唾弃、遗臭万年。现在令人担忧的是,有人为汉奸说"公道话",不少人以当洋奴为荣,这是民族危机出现的信号,是"民族豪情"受到压抑的体现。"民族豪情"也有它的不足之处,它有待突破民族与地域的局限性,放眼世界,面向全人类。人们业已觉察到了民族的狭隘性、地域的隔离性，力图将本民族融入全人类整体发展的洪流中，将自己生活的有限场所纳入世界总的联系之网中。"天下一家"是他们追求的最高目标。

"天下一家"的追求，使感情产生了脱毛之变。"悲悯情怀"（pathos）使奔腾澎湃的激情弥漫于宇宙，登上了感情的顶峰。人们为"浩然正气"所鼓舞，那发自胸臆的正义的呼声，使人超越个体、摆脱世俗、深化爱心、情通天地，从而孕育出了一种"悲天悯人"的至情。黑格尔把这样的感情叫作"pathos"（我把它译为悲悯情怀）。这种"至情"使感情升华不为尘寰的是非得失所困扰，生死大限亦无论矣。于是，神驰天地俯视苍生，悲悯之情发自衷心。悲悯似挚爱而不执着，似悲恸而不伤神，似怜悯而不动容。它将冷隽的哲理、刚毅的壮志、坚贞的感情融合为塞苍冥、贯日月的元气至情。他顶天立地、情满寰宇、救世济人、普度众生。这就是人类应有的志向，生活真谛的精髓，真理追求的现实内容。真理的探求如不达到这种境界，那又算什么"真理"呢？

由此看来，感情的辩证进展，通过三个环节逐步回升。这三个环节是："血缘亲情—民族豪情—悲悯情怀"，简言之，乃亲情、豪情、至情的辩证推移过程。生活真谛性正是这一动态过程的写照。它才是真理之所以成为具体的现实的真理的决定因素。

关于真理问题，往往把它视为"理智认知活动"的成果，在不少科学家、哲学家之中，甚至将它绝对化，从而将非理智因素，即主体、意志、感情等排斥在真理之外，认为相对于理智而言，那些都是"虚妄不实"的，只是一些主观想象、意志行为、感情冲动的产物。如前所提到的："白发三千丈"是虚妄不实的，目前长发记录不超过两米。这是一种十分偏执的观点。

我们认为，这种"虚妄"之中有真理，甚至是全面地历史地探讨真理所不可缺少的。我们从"真理的主观感受性"、"真理的意志激发性"、"真理的生活真谛性"三个环节，辩证地论述了非理智因素对于真理而言，不但是不可缺少的，而且是决定性的。理智认识活动只能提供一个"骨骼框架"，它是干瘪的、僵死的。而主体、意志、感情，则为这个骨骼框架增添了血肉与灵魂，这样，真理才是圆满的活生生的有益于宇宙人生的。

目前，理智认知活动绝对化的危害不可低估。它的极端化形成一种所谓"科学主义"观点，这种狭隘经验主义、主观唯心主义思潮，似乎形成了一种支配力量，令人忧虑。我们今天看重非理智因素的探讨，便旨在纠正科学主义的倾向，挽救科学、振兴哲学、捍卫社会主义的前途。

鸿迹篇

学术年表

萧焜焘学术活动年表

时间	事项
1945年12月	毕业于成都金陵大学哲学系数理逻辑专业,获文学学士学位。毕业论文《真值涵蕴与严格涵蕴》,由王宪钧先生指导。该论文约5万字,在成都华西坝五所大学(金陵大学、金陵女子文理学院、燕京大学、齐鲁大学、华西协和大学)毕业论文评比中获得一等奖。毕业后留校担任助教,讲授"科学方法与科学思维"、"数理逻辑"、"哲学概论"等课程;编写《逻辑学讲义》(约20万字,未正式出版)。大学期间,他还撰有《魏晋思想的复活及新人生观建立的刍议》等重要论文
1946年	随校复员回南京,开设文学院必修课"哲学概论",本系专业课"高等逻辑"
1947年—1948年	主要从事英文学术翻译工作,翻译了美国康奈尔大学教授柏特(Oburtt)所写的《哲学方法论问题》(全书约2万字);随后,又翻译了逻辑实证论者卡尔那普(Carnap)所著《语义学引论》(全书约250页)的3/4的内容(以上两篇译稿均未正式出版)
1949年	改授"辩证唯物论",并负责政治理论课教学工作
1950年1月	担任讲师
1951年9月	任政教组主任,并担任金陵大学工会副主席
1952年	《斯大林论民族问题》一文发表于《新建设》
1952年10月—1954年2月	任南京工学院马列主义教研室主任,讲授辩证唯物论、社会发展史、形式逻辑和数理逻辑等课程
1954年2月—1956年2月	在中共中央马列学院(后更名为中共中央高级党校)一部三班哲学专业学习
1955年7月	《列宁论社会主义革命》一文发表于《南工学报》创刊号
1956年2月—1963年3月	任南京工学院党委委员、党委宣传部副部长、马列主义教研室副主任

续表

时间	事项
1963 年	《哲学·政治·科学》一文发表于《南工学报》复刊第 1 期
1963 年 3 月—1969 年 12 月	任江苏省哲学社会科学研究所哲学专业组长
1964 年	《革命的号角,科学的利剑》一文发表于《江海学刊》6 月号
1969 年 2 月—1974 年 8 月	下放江苏省泗洪县委党校,任副校长
1974 年 8 月—1977 年 10 月	在江苏省"五七"干校任教员
1977 年 10 月	重回南京工学院马列主义教研室
1978 年	任中国自然辩证法研究会第一届理事,在南京工学院马列主义教研室创建自然辩证法教研组,首次创办马列师资班
1978 年 9 月	为马列师资班学生讲授"西方哲学史"
1978 年 10 月	成立南京工学院自然辩证法研究会,任理事长
1979 年 3 月	在苏州师范大学(现苏州大学)举办江苏省高校自然辩证法讲习班
1979 年 10 月	《关于辩证法科学形态的探索》一文结稿
1979 年 11 月	任南京工学院马列主义教研室主任、党总支书记,为 78 级研究生讲授《费尔巴哈论》
1980 年	晋升为教授
1980 年	《关于辩证法科学形态的探索》一文(全文 4 万字)发表于《中国社会科学》第 2 期,中英文版同时发表。该文获江苏省第一届哲学社会科学优秀论文一等奖
1980 年	应安徽省科协邀请,在九华山系统论述哲学,特别是自然哲学的内容
1980 年 10 月	在南京工学院成立江苏省高校自然辩证法教学研究会,任第一届理事会理事长,主持编写研究生教材《自然辩证法概论》
1981 年 8 月	《辩证法探源》一文结稿
1981 年 8 月	《从黑格尔、费尔巴哈到马克思》一书结稿
1981 年 10 月	在扬州主持江苏省高校自然辩证法教学研究会学术研讨会暨第一届年会
1981 年 12 月	出席江苏省哲学学会成立大会暨第一届年会,做大会发言
1982 年	建立南京工学院自然辩证法专业硕士点,开始招收研究生,为自然辩证法专业研究生讲授《费尔巴哈论》
1982 年	任中国自然辩证法研究会第二届理事、江苏省哲学学会副会长
1982 年 3 月	《黑格尔论意识精神的生长过程》一文结稿

续表

时间	事项
1982年4月	统稿《自然辩证法概论》一书，由江苏人民出版社出版，获得江苏省社科优秀著作二等奖
1982年5月	《从黑格尔、费尔巴哈到马克思》一书由江苏人民出版社出版发行，该书被列为全国必读的七本理论书籍之一，并被重印8万册
1982年5月—1985年8月	任南京工学院自然辩证法研究室主任
1983年—1987年	任江苏省第三届哲学社会科学联合会副主席
1983年	《辩证法探源》一文发表于《教学与研究》
1983年9月	《读黑格尔〈自然哲学〉笔记》一文结稿
1983年10月—1990年7月	任江苏省社会科学院副院长
1983年12月	《辩证法史话》一书由江苏人民出版社出版，获华东六省一市优秀著作二等奖
	在镇江出席毛泽东同志诞辰90周年纪念会暨关于自然观的历史发展学术讨论会，就亚里士多德、黑格尔、恩格斯的自然辩证法著作及其发展关系，做大会发言
1984年	任江苏省首次哲学社会科学优秀成果评奖委员会委员
	为自然辩证法专业硕士研究生讲授"西方哲学史"
1984年7月	《自然·时空·运动——读亚里士多德〈物理学〉》一文结稿
1984年夏	在江苏省委党校组织自然辩证法原著系列讲座，主讲《自然哲学》
1984年11月	在南通市组建江苏省哲学史与科学史研究会，被选举为会长，会上做《哲学·哲学史·哲学方法论》主题报告
1985年	《自然·时空·运动——读亚里士多德〈物理学〉》一文发表于《长沙水电学院学报》
	《黑格尔自然哲学笔记》四篇，其中两篇分别发表于《教学与研究》与《社会科学战线》，《论马克思主义自然哲学》发表于《求索》
1985年夏	在连云港市举办并主持《精神现象学》和《小逻辑》读书、讲习班，主讲黑格尔《精神现象学》
1985年8月	为江苏省自然辩证法研究会成立而写的《自然辩证法与历史辩证法》一文结稿，发表于《科学·辩证法·现代化》1986年第1期

续表

时间	事项
1985年9月—1988年10月	任东南大学哲学与科学系（所）主任（所长），为自然辩证法专业硕士研究生讲授"西方哲学史"、"黑格尔《精神现象学》"、"黑格尔哲学述评"
1985年11月	在南京举办"西方哲学史与伦理学史"讲座，邀请著名康德研究专家、北京大学哲学系齐良骥教授等做专题学术报告
1986年	承接国家"七五"重点课题，任中国人民解放军南京政治学院兼职教授
	任江苏省高级职称评审委员会主任
	《本体论·诡辩论·价值论》一文载于《中国大百科全书（哲学）》
	《一部天书》一文发表于《书林》
1986年1月	《哲学·哲学史·哲学方法论》一文发表于《江海学刊》1986年第1期
1986年2月	《先进的哲学与落后的研究》一文结稿，发表于《哲学探讨》
1986年7月	《自然辩证法与社会主义精神文明建设》一文结稿
	为江苏省自然辩证法研究会首届年会撰写的《唯物主义与当代科学技术综合理论》一文结稿，发表于《社会科学战线》1987年第3期
1986年9月	《辩证法史话》第2版由江苏人民出版社出版
	《精神文明建设理论考察》一文结稿，发表于《江海学刊》1987年第2期
1986年10月	在黄山市主持"哲学与科学的关系"学术研讨会
	在北京中国人民大学学术交流中心主持"江苏省哲学史与科学史研究会、江苏省自然辩证法研究会年会"，做专题报告
1987年4月	《精神世界掠影》一书结稿
1987年10月	《科学社会主义的理论与实践》一书由兵器工业出版社出版
	任中国人民解放军陆军指挥学院兼职教授
1987年10月—11月	根据中国社科院与英国学术院的协议，率团前往英国进行了为期四周的学术考察；被荷兰阿姆斯特丹国际论证学会聘为中国代表，被大不列颠黑格尔学会接纳为正式会员
1987年11月	《精神世界掠影》一书由江苏人民出版社出版发行，获华东六省一市优秀著作一等奖

续表

时间	事项
1987年12月	在南京市主持为纪念黑格尔《精神现象学》出版180周年而召开的"《精神现象学》与马克思哲学"研讨会，做《〈精神现象学〉与马克思哲学》主题报告（论文发表于《江海学刊》1988年第2期）
1988年	《观沧海》一文发表于《江苏社会科学联合会随笔集》
1988年6月	《死的默念与生的沉思》一文结稿，后作为宋希仁所著《不朽的寿律——人生的真善美》代序（改名为《生之永恒》于1990年发表）
1988年9月	《海难》一文结稿，发表于《南京政治学院学报》1989年第1期
1988年10月	在镇江主持"西方近现代思潮"学术研讨会
1989年3月	为纪念五四运动70周年而写的《五四科学精神的由来与发展》一文结稿，发表于《江海学刊》1989年第4期
1989年7月	主编《〈自然辩证法概论〉新编》一书由江苏教育出版社出版发行
1990年	《论中华民族精神的形成与发展》一文发表于《学海》1990年第1期
1990年	应邀为《哲人忆往》一书写学术自传体文章《生之欠》
1990年4月	在南通主持江苏省哲学史与科学史研究会第二次会员代表大会暨"中华民族精神的形成与发展"学术研讨会，做《论中华民族精神的形成与发展》主题报告，再次被选举为会长
1990年5月	《自然哲学》一书结稿
1990年7月	《自然哲学》一书由江苏人民出版社出版发行，获得中国图书奖二等奖、江苏省哲学社会科学优秀成果（著作）一等奖、华东六省一市优秀著作一等奖
1990年8月	《关于物质范畴的历史与逻辑分析》一文结稿，发表于《南京政治学院学报》1990年第6期
1990年9月	在南京主持"全国自然哲学学术讨论会"
1991年	《哲学与科学分合的历史观》一文发表于《学海》1991年第5期
1991年	担任《南京社会科学专家学者名录》编辑委员会委员，提议在该名录中辑录60名中等学校优秀教师资料，获采纳
1991年12月	在苏州大学主持西方哲学史与科学史的关系学术研讨会
1992年	《再论中华民族精神的形成与发展》一文结稿，发表于《南京政治学院学报》1993年第1期
1992年11月	在南京师范大学主持"儒释道与中华民族精神"学术研讨会

续表

时间	事项
1992年—1998年	为南京师范大学教育学原理博士研究生（91—96级，共六届）开设"西方哲学史"、"精神现象学"、"科学认识史论"课程
1993年	神交著名诗人公木先生，为公木《第三自然界》一书写书评《诗论三题》
1993年5月	在南京主持"传统文学艺术与中华民族精神"座谈会
1993年10月	出席《江苏社会科学》编辑部举办的"1993南京地区社科界知名学者学术恳谈会"，发表讲话，批判林彪、"四人帮"把实践论变成实用主义，把"一分为二"变成斗争哲学，抨击出版界的伪、劣、空现象及社科研究中的急功近利现象
1993年12月	在南京主持"民族精神与精神文明"座谈会
1994年3月	主编《科学认识史论》一书结稿
1994年8月	在连云港主持"传统文学艺术与中华民族精神"学术研讨会
1994年	《悲悯情怀与民魂迴升——三论中华民族精神的形成与发展》一文发表于《学海》1994年第5期
	自传体文章《精神跋涉的历史轨迹》结稿，载于《我的哲学思想》（广西人民出版社1994年版）
1995年	《读公木〈第三自然界概说〉》一文发表于《东方论坛》1995年第4期，《哲理情思渗透字里行间——读公木〈第三自然界概说〉》发表于《社会科学战线》1995年第5期
1995年4月	《爱国辨》一文结稿（发表于《高校理论战线》1995年第9期），8月出席"中国炎黄文化研究会"等单位在山东曲阜举办的"纪念抗日战争胜利50周年及爱国主义学术研讨会"
1995年8月	《科学认识史论》一书由江苏人民出版社出版发行，获江苏省哲学社会科学优秀成果（著作）一等奖，国家教育部人文社科成果三等奖
1995年9月	《知天·达人·通变》一文结稿
1995年11月	在通州主持"市场经济·科学主义·人文精神"学术研讨会，做《知天·达人·通变》主题报告
1996年10月	《传统伦理规范的扬弃与当代人文精神的建立》一文结稿。编成《精神的复归——萧焜焘文集》（40万字，未出版），主编《黑格尔文集》结稿（80万字，未出版）
1996年10月下旬	应中国人民大学伦理研究所邀请，前往北京为人大哲学系伦理专业师生做《传统伦理规范的扬弃与当代人文精神的建立》学术报告

续表

时间	事项
1996年11月下旬	赴珠海参加"当代马克思主义与跨世纪战略"学术研讨会
1996年12月	在南京主持"哲学的发展与人文精神的变革"讨论会
1997年	出席黄山"真理问题讨论会",做大会发言《真理妄谈》
1998年	《真理妄谈》一文发表于《江苏社会科学》1998年第2期,《新华文摘》1998年第6期全文转载
1999年春	《传统伦理规范的扬弃与当代人文精神的建立》一文发表于《江苏社会科学》1999年第1期